网络营销决胜武器
软文营销
实战方法·案例·问题

第2版

徐茂权 著

電子工業出版社
Publishing House of Electronics Industry
北京•BEIJING

内容简介

随着互联网的发展，特别是移动互联网的发展，网络门户网站抢占了搜索引擎的重要位置，论坛、博客尽管日趋没落，但是微博、微信相继崛起，媒体碎片化的时代已经来临。软文营销随着时代的发展已经开始再次凸显其巨大的智慧和能量。这是国内第一本系统地介绍软文营销实战方法的书籍。作者在媒体行业从业近 10 年，研究和撰写了大量软文，书中总结的软文撰写方法和技巧都源于实战经验。同时，本书作者是网络营销专家联盟成员，培训的许多学员都验证了这些方法的可行性。更难得的是，本书还收录了 25 个软文案例，作者逐一进行了精彩点评，以及 90 个软文营销的常见问题，以问答形式呈现给读者。本书对于研究和实践软文营销的读者具有较强的参考和指导价值。

本书适用人群包括想开展软文营销的人士、个人站长、网店店主、企业企划人员、文案、中小企业主等。

图书在版编目（CIP）数据

网络营销决胜武器：软文营销实战方法、案例、问题 / 徐茂权著. —2 版. —北京：电子工业出版社，2015.5
ISBN 978-7-121-25933-3

Ⅰ. ①网… Ⅱ. ①徐… Ⅲ. ①网络营销－研究 Ⅳ. ①F713.36

中国版本图书馆 CIP 数据核字（2015）第 083127 号

责任编辑：董　英
印　　刷：三河市华成印务有限公司
装　　订：三河市华成印务有限公司
出版发行：电子工业出版社
北京市海淀区万寿路 173 信箱　　邮编：100036
开　　本：720×1000　1/16　印张：18.5　字数：332 千字
版　　次：2013 年 6 月第 1 版
2015 年 5 月第 2 版
印　　次：2020 年 9 月第 13 次印刷
印　　数：30301~31300 册　定价：49.00 元

凡所购买电子工业出版社图书有缺损问题，请向购买书店调换。若书店售缺，请与本社发行部联系，联系及邮购电话：（010）88254888，88258888。

质量投诉请发邮件至 zlts@phei.com.cn，盗版侵权举报请发邮件至 dbqq@phei.com.cn。

本书咨询联系方式：010-51260888-819，faq@phei.com.cn。

专家力荐

青泉的这本书，传递了正能量，让软文营销开始走入营销界人士的视野。注重社会责任的软文营销必将有力推动中小企业营销手段的创新，让社会各界正视软文的力量。

——国家发改委培训中心投知管理高级人才培训基地主任　王猛

智慧是力量的代名词，从这个角度来讲，软文对于品牌的塑造和维护功不可没。山有势，水无形。愿软文无形而有势，为中国品牌多传递正能量！

——品牌中国联盟副主席、北京奥运会整体形象战略设计总召集人　杨子云

力举千斤不可取，智取万斤方可为。软文的力量就像一粒种子，条件成熟会给世人惊叹！愿软文不断迸发出正能量！

——中国互联网新闻中心财经中心副总编　朱地术

兰芳不厌幽谷，君子不为名修。淡定与从容，方能无为而有为，这就是软文营销的魅力。愿青泉团队将软文营销的更多无为化有为，帮助更多中小企业和网商成长！

——中国十大网商、秀姿美内衣创始人　韩红英

青泉的软文从调研到策划、撰写，都非常严谨。更为重要的是，他一直在倡导和实践软文营销的正能量。我们支持他！

——西部发展控股有限公司副总经理　杨秀仁

脑白金曾经用平面软文打天下，这对于医药保健品类企业来讲并不陌生。但是青泉的这本书还是让我感到惊讶，随着互联网的发展，软文的特点和优势越发凸显，软文营销也与时俱进了，郑重推荐！

——山西振东制药股份有限公司董事会秘书　宁潞宏

硬广是让人被动接受，软文是让人主动接受。在硬广充斥的时代，软文与硬广配合，确实是一个很好的选择。青泉团队的软文，创意很好，向读者和客户传达的是有价值的内容。支持正能量，支持青泉。

——北京华业地产股份有限公司董事会秘书　赵双燕

初识青泉老弟是在我的办公室，也许是研究软文多了，感觉他的谈话中点子很多，逻辑性也很强。青泉的这本书，传达的是一种正能量，希望能引起诸多网络写手的思考，在做好营销工作的同时，大家都多一份社会责任感。我很高兴为中小企业和从事网络营销工作的朋友们推荐这本书。

——绵世股份董事会秘书　张成

我和茂权（青泉）是校友，他涉足过多个行业，包括他背后主推的泉之媒，但是主业一直没有变，一直致力于研究软文对于营销的贡献，也见证过他的软文力量。这本书，确实是他多年经验的总结和梳理，对于中小企业开展软文营销非常有帮助。

——首善财富管理集团副总裁、北京市首善律师事务所合伙人　张军

艺术行业的评论文章，要么学术性太强，大众读起来晦涩难懂；要么写得比较肤浅。青泉撰写的艺术类文章，认真研究艺术家的个性和艺术风格，将两者有机结合，传播效果明显。本书中介绍的软文撰写技巧值得所有人学习。

——北京传是拍卖有限公司现当代艺术部总经理　阎安

喜欢这句话："空谈误国，实干兴邦。"青泉团队做事脚踏实地，实事求是，对于中小企业来讲务实是最重要的。我们支持他！

——重庆市天域园林艺术有限公司副总经理　杜金秀

软文营销以润物细无声的传播效果在营销界崭露头角，就当前日趋激烈的市场竞争环境而言，软文营销不仅可以提升企业的整体形象，以及产品和服务的知名度、美誉度，还可以使其具有亲和力，这是其他宣传方式很难做到的。青泉的这本书系统化地总结和分析了软文营销的方法和技巧，对于中小企业而言非常实用，强烈推荐！

——山东远东国际生物化工股份有限公司副总经理兼董秘　刘永杰

喜欢实战派。这本书中总结的技巧和方法，来源于实战，我读这本书有种酣畅淋漓之感。此外，本书中对软文营销的法律风险结合案例总结和分析得也比较全面，强烈推荐！

——盈科律师事务所资深律师、新经济时代投融资管理专家　张晓英

软文和硬广相比，优势就在于“软”字，既能对目标客户传达有价值的信息，又能将公司营销理念、产品信息等巧妙融入进去。我把青泉这本书中的案例带到课堂与老师、同学们探讨，大家获益匪浅，强烈推荐！

——复旦大学 12 级 MBA 学员　李秀新

软文营销我一直在关注，因为软文与硬广不同，好的软文能够深入客户心里，软文操作也比较灵活。青泉的这本书实战性很强，值得收藏和推荐。

——北京赛德丽科技股份有限公司董事会秘书　谢元明

软文的力量就像水，有细语柔情的一面，也有气吞山河的霸气。青泉的这本书系统地总结了软文营销的方法和技巧，对于企业品牌塑造和维护都有重要价值。更为可贵的是，青泉在本书中用了专门章节讲述软文营销的社会责任，这对于增强软文写手的道德意识和法律意识大有帮助。强烈推荐！

——南京中央商场（集团）股份有限公司董事会秘书　陈新生

好的软文信任度很高，对消费者、企业和社会都负责任。软文营销在新媒体时代，力量越发强大，是值得企业认真研究的营销手段。这本书总结的方法和技巧来源于实战，注重社会责任，我很高兴为青泉的这本书做推荐。

——山东新华锦国际股份有限公司董事会秘书　盛强

很高兴青泉老师的这本书顺利出版发行。作为网络营销服务机构，我们也希望更多企业通过这本书受益。一路走来，青泉在软文营销方面投入了大量的精力，他凭借丰富的软文营销经验及务实创新的工作作风，为我们网络营销机构的许多客户提供了非常好的服务，得到了众多客户的一致认同和信任。相信软文营销必将被更多中小企业所熟悉和应用。软文营销，魅力无穷！

——易城中国网络营销服务机构董事长　邹信成

本书是目前国内最系统的软文营销书籍，除了对传统平面媒体软文的研究和分析之外，书中还结合搜索引擎营销，对网络软文及新媒体软文进行了研究，也非常有价值。在网络营销中，软文营销是一条主线，可以贯穿始终。最重要的，软文营销对于事件营销来讲，进可以攻，退可以守，强烈推荐！

——网络营销专家联盟

石建鹏、邱道勇、刘东明、江礼坤、罗安林、康路晨联合力荐

青泉在软文方面研究和实践了多年，在传播方面也很有经验，主导了泉之媒，这本书第 2 版修订稿又对微信中的软文应用做了系统的梳理。新版软文营销这本书，一书在手，能够对网络营销的内容有很大帮助，强烈推荐。

——单仁资讯副总裁、牛微新媒体总裁 李国建

软文不是新东西，但是在新媒体时代软文的表现形式和力量更让人刮目相看。时间碎片化了，信息碎片化了，人群碎片化了，社会碎片化了，媒体也碎片化了，软文营销在新的时代更有意义了！

——新浪微博名人　老徐时评

软文营销其实是搜索营销的灵魂，无论是软文的战略思维还是关键词布局，都与搜索营销有不解之缘，为软文营销的专著点赞。

——企帮网创始人　刘剑

在传统企业互联网化中，基于互联网思维的商业模式创新，网络工具的应用都是必须要考虑的，其中只有一个可以全部贯穿始终，那就是软文。谙熟软文营销，传统企业就插上了一双互联网化的翅膀。

——资深互联网营销专家

胡世佳

软文营销的魅力

这是一个媒体破碎的时代。博客、网络论坛、微博、微信，信息正以新的传播方式迅速裂变，但是最终迸发出来的力量让人震撼！

以脑白金为代表的保健品企业实施软文营销的经典案例已经成为历史，现如今娱乐圈、旅游行业用软文打天下延续着一个又一个传奇！

在市场竞争激烈的今天，互联网彻底改变了人们的生活和消费方式。我们欣喜地看到，大批企业开始尝试网络营销。然而，除了做营销型网站，做百度竞价与阿里巴巴、慧聪之外，很多企业茫然无措。一个强有力的声音将告诉你：千万别忘记软文营销！

如果说平面媒体时代软文营销操作难度大，在网络已经成为一种生活方式的今天，企业开展软文营销机不可失！因为，软文营销的魅力在互联网时代尤为突出！

第一，软文传播力度大、范围广。带有知识性或者趣味性的软文会被网友在博客、论坛、微博、微信中转载，网络门户网站也会推波助澜，当网络世界充满你的企业产品或者服务信息的时候，知名度还有什么难的吗？

第二，软文对于搜索引擎有着巨大贡献。“有问题百度一下”，大多数消费者在选择产品或者服务之前，经销商在选择合作伙伴之前，都有“百度一下”的习惯。当软文与 SEM（搜索引擎营销）结合的时候，无论消费者还是经销商都会对检索结果满意，可信度不再是问题。

第三，软文是事件营销的法宝。网络软文时间性更强，事件营销策划好付诸实施后，线下活动启动，微博、微信传播启动的同时，网络软文能同时跟进，能够迅速将事件“引爆”。

当然，软文营销还具有成本低、沉淀效应、品牌宣传等优点，不再赘述。下面讲两个我自己的真实故事。

2008 年春节前两周，一个创业多年的朋友，打电话约我吃饭，让我给他出个主意。原来，他们团队中的一名工作多年的业务经理要辞职自己创业，给他股份、加薪、多次挽留都无济于事。

我建议他给业务经理的家人写一封感谢信，再准备一份年货，直接安排人送到家里。我让那个朋友写的感谢信，我帮他做了修改。主要内容分四个部分，首先是感谢其家人对业务经理工作的支持，其次是介绍公司现状及业务经理在公司取得的成绩，之后详细介绍了公司创业的过程及未来的发展规划，最后介绍了业务经理的未来晋升空间和薪资待遇，同时列出了业务经理自己创业公司将给予的支持。这封感谢信言辞恳切，晓之以理，动之以情，全文没有一句套话。

春节过后一上班，我的朋友兴奋地打来电话，告诉我这名业务经理的所有家人看完这封信后都成了他的说客，最终这名业务经理放弃了自己的创业计划。如今，他和业务经理之间的关系更融洽了，彼此更加信任了。我很高兴，一篇信函形式的软文，轻松地解决了问题。

2010 年 10 月，我受邀担任北京市文化创意产业博览会艺术中国项目的核心策展人，到东北出差期间碰巧联通手机卡上话费余额不多，很快就打完了。我一连充值 300 多元，居然也没有撑过两周。于是打电话给联通客服查询话费消费情况，被客服小姐礼貌地告知：“如果当月手机卡上的钱不够 5 元，免费接听服务自动取消，从下月开始重新生效。”这是联通公司的规定，没有办法更改。这意味着本来应该免费接听的电话全部变成了付费电话，难怪充了 300 多元，没怎么打电话，话费也没了。

我咨询了盈科所的律师朋友，她告诉我这个官司应该能打赢，但是会很耗时间和精力，为几百块钱的事情不值得，建议我别浪费时间。我不是为了钱，是觉得憋了口气，于是一个多小时一篇稿子又出炉了。这篇软文中有理有据，将我的诉求表达得非常清楚，稿子最后留了真实的署名和联系方式。

在我把文章打印下来传真到联通总部后，不到一个小时，联通三个客服陆续给我打来电话，告诉我事情正在协调，让我等消息。很快，联通客服告诉我已经将 300 多元话费返还到了我的手机卡上。钱不在多少，关键在于事情的处理速度和联通的态度。一篇软文，让我个人的维权事情变得如此轻松！

老子在《道德经》第七十八章中说："天下莫柔弱于水，而攻坚强者莫之能胜，以其无以易之。"软文就像水一样，既能润万物而无声，又能开山破石、气吞山河。

如今，随着软文营销操作案例越来越多，我越来越深刻地感受到软文对于企业的营销、对于企业维权及危机公关都能发挥重要作用。

正心利他，有理、有据、有节，软文能够顶天立地！

软文营销，魅力无穷！

青 泉

二〇一五年四月

目　录

第 1 篇　软文营销实战方法

第2篇 软文案例点评

第3篇 软文营销90问

第1篇

软文营销实战方法

软文营销在国内曾经为脑白金等企业的营销创造过辉煌战绩，目前软文营销更是网络营销之魂，所以软文营销不是要不要干的问题，而是到底怎么能干得更好的问题！

软文营销到底有哪些优势？中小企业为什么要开展软文营销？软文营销的方法和技巧有哪些？软文营销与网络营销如何结合？软文如何整合营销？软文营销有没有风险？如何防范？在本篇中您都将找到答案。

本篇中笔者将软文营销的大量实践经验进行了总结和梳理，也许还不够系统，也许还不够完善，但是笔者相信“纸上得来终觉浅，绝知此事要躬行”，更相信毛泽东说过的“通过实践来发现真理，而又通过实践来证实真理和发展真理”，这将是一个循环的系统。

阅读完本篇的内容，请赶快行动起来吧，您一定会获得超出想象的收获！

第 1 章　见证软文的力量

Chapter One

一、软文给力企业营销

1. 迪拜七星级酒店的软文营销

迪拜有个七星级（目前是八星级）酒店，这个酒店建在一个人工岛上，外形酷似帆船，一共有 56 层，321 米高。这个酒店 2007 年后重点拓展中国市场之时，没有投入一分钱广告费，只是在国内的几家报纸类媒体做了几篇系列软文。

其中比较典型的是以下两篇：《长江商报》2007 年 8 月 20 日的报道“全球唯一七星级酒店：24 吨黄金装饰”，《北京青年报》2010 年 8 月 9 日的报道“迪拜七星级酒店六成中国客，消费能力让人吃惊”，这两篇文章的核心内容被新华网、人民网、搜狐、腾讯等各大门户网站争先转载，被其他平面媒体报道引用。结果帆船酒店成了国内富商、明星等争相参观的景点，以及入住的首选。

据统计，帆船酒店的客人至少超过 10%来自中国！

2. 脑白金软文赢天下

1998 年，史玉柱准备用脑白金东山再起之际，是拿着借来的 50 万元，而背后负债是 3 个多亿。如何用有限的资金让脑白金迅速打开销路，是史玉柱团队面临的严峻挑战。

压力就是动力。史玉柱带着他的团队决定用软文来打开市场，他们创作了几百篇软文，从中精挑细选了十几篇软文进行了平面媒体投放。

他们的具体做法就是，首先在一些权威的报社刊登一些新闻软文，最早的文章有“人类可以长生不老吗?”、“两颗生物原子弹”。这两篇文章表面上是普通的科普新闻，却抓住了用户渴望长寿和健康的普遍心理。“两颗生物原子弹”这篇文章，其实就是在给客户包装脑白金这个概念，同时利用权威数据来消除客户的质疑心理。

第二轮的软文有“一天不大便等于抽三包烟”、“人体内有只‘钟’”、“夏天贪睡的张学良”、“宇航员如何睡觉”、“人不睡觉只能活五天”、“女子四十，是花还是豆腐渣”，还是继续向客户传递健康科普知识，这一轮力度更大，给客户营造迫切解决问题的心理，最后刊登启事、留咨询电话，从而达到客户主动找产品的目的。

脑白金软文营销的主要软文

类　型	标　题	字　数
睡眠篇	你会睡觉吗	785 字
	不睡觉，人只能活五天	876 字
	美国睡得香，中国咋办	662 字
	宇航员如何睡觉	767 字
妇女篇	女子四十，是花还是豆腐渣	603 字
	女性大苦恼	921 字
衰老篇	“年轻”的老人	762 字
肠胃篇	一天不大便 = 吸三包香烟	590 字
综合篇	武汉出现“美国疯狂”的征兆	1170 字
	风波过后	1002 字
	真革命，还是假革命	780 字
资料篇	年龄与脑白金体	186 字
	东京会议	301 字
	著名的实验：白鼠长寿，临终美丽	494 字

3. 格兰仕“豆腐块”打天下

梁德庆，格兰仕的创始人，20 世纪 90 年代初，他使得最初只拥有 7 个人的乡镇企业，利用软文营销最终成了微波炉市场的领导者。

格兰仕成立之初，同样没有足够多的钱打广告，面对对微波炉了解甚少的国内消费者，梁德庆决定在中国发动一场规模浩大的微波炉“启蒙运动”，以此来教育和引导消费者使用微波炉。格兰仕就找了一批人专门写软文，撰写了“微波炉做菜 1000 法”，在全国几十家地方小报上刊登，后来全国报纸都在疯狂转载这些“豆腐块”式的文章。格兰仕的销量也随着媒体的转载直线上升。

于是格兰仕当时索性联合了 150 多家报纸，以栏目合作的方式，介绍微波炉怎么用、有什么好处、怎么保养等。随后，格兰仕又组织国内专家编写微波炉的系列知识丛书，免费发送了 100 多万册。此外，他们还制作了数百万张光盘进一步普及微波炉的知识，微波炉火了，格兰仕也火了。

以 2001 年年底格兰仕推出的光波微波炉为例，格兰仕也用一系列软文，诸如“数码光波开创微波炉新时代”、“格兰仕打造光波炉神话”等市场新闻、功能介绍和消费资讯，成功开启了新产品的市场。2001 年 12 月份，光波微波炉月销量仅 2000 台，2002 年 3 月份月销量达 33000 台！

即使在十多年后的今天，只要提起微波炉，人们第一个想到的依然是格兰仕！

据统计，在美国报纸传媒上，由企业提供并完成刊发的经济新闻，占比高达 60%以上。国内除了脑白金、格兰仕、洗之朗软文打天下的经典案例外，世界网络业巨头思科公司在中国媒体发稿量是每月 600 篇，联想每月发稿量超过 50 万字，海尔集团曾经每周投放 1600 篇……大批的企业从软文营销中获得了业绩和品牌的双丰收。

二、软文因载体变化进入新的时代

“我知道广告费至少有一半被浪费掉了，但问题是，我不知道究竟是哪一半。”这是约翰·沃纳梅克的名言。实际上，企业越大，品牌越大，广告费浪费越严重。大企业财大气粗，浪费一半还能承受；而中小型企业资金实力不强，没有那么多钱用来浪费，那么有没有另外一种方法呢？

有！答案是肯定的，还是软文营销！

也许有人会说，软文营销已经过时了，脑白金软文打天下的时代已经不会再出现了。诚然，上述案例都有其特定的时代背景，如今的消费者已经“炼”就了火眼金睛，他们对软文已经具有了一定的辨别能力。

1. 报纸上的软文营销

首先来看 2013 年 3 月 14 日《京华时报》中的一个版面，这个版面除了三个豆腐块形式的硬广之外，都是新闻形式的软文。“过期药可免费换新”有宣传广药集团的影子，更有易讯网、三星平板电脑、大中电器、丰田朗世、容声冰箱的新闻性软文。最厉害的是“iPhone 4S 跌至 3499 元”，这有可能是迪信通的软文，只有第一句话介绍了迪信通调价，这种软文篇幅非常小，传播信息非常准确，在平面软文应用方面值得借鉴。

一个财经动态的版面，仔细分析能够融入多篇软文，而且并不影响读者的阅读，可见软文营销应用的普遍性和广泛程度。

再来看看 2015 年 4 月 7 日这个广告版面，包含了玛咖、老人鞋、松果体素、盐藻和蜂胶 5 种产品，每一种表现形式显然已经突破了文字与图片的界限，是软文应用的新变化。

财经·动态 B47
BUSINESS
过期药可免费换新
本市16家药店参与回收
易迅网推出主动价保服务
三星平板对抗iPad mini
大中承诺先行赔付
iPhone 4S跌至3499元
一汽丰田自主品牌定名“朗世”
大专本科
北京师范大学
容声冰箱成节能产品上佳选择

2013 年 3 月 14 日《京华时报》的一个财经版面

A20 广告
ADVERTISEMENT
进口秘鲁玛咖 今天75元
元气伤 腰膝酸软？吃玛咖 好好补补！
买3送1
010-63382988
春夏款老人鞋 现在包邮
129元
010-63382988
小盐藻 大健康
美国松果体素
一觉睡到大天亮
99元
买3送1
128元
升级蜂胶 19元
010-63382988

2015 年 4 月 7 日《京华时报》的一个广告版面

因此，即使是平面软文，对于当前的企业营销来讲也并没有过时！

更重要的是，我们必须注意到，在互联网迅猛发展的今天，网络媒体、博客、论坛、微博、微信已经深入了人们的生活。软文营销因为载体的变化也迎来了新的革命，软文营销整合平面媒体、网络媒体和自媒体（微博、微信、博客等），通过软文关键词植入，在搜索引擎中的检索效果也越来越强。可以肯定地说："软文营销能够帮助企业迅速找到目标客户，塑造企业品牌、提升销售业绩。"

时代变化了，软文的载体也变化了，软文的形式和传播规律也必须要变！如果说平面媒体时代软文还是大公司的专利，那么在网络时代，软文就是中小企业制胜的法宝。

2. 汽车和房地产行业的软文营销

慧聪研究媒体监测数据显示，2012 年 1 月份，乘用车企业信息监测总量达 26910 篇。其中，平面媒体报道 6330 篇（报纸媒体报道 5896 篇，杂志媒体报道 434 篇），网络媒体报道 20580 篇。网络媒体报道在整体报道中所占比例相当大，占总量的 76.4%，平面媒体报道量仅为 23.6%。

各企业新闻传播文章内容 2012 年 1 月份主要以产品信息类为主，重点介绍车型配置、产品形象的相关信息，其次为促销活动和价格信息。各品牌企业危机类文章传播总量达到 664 篇，排名第八位。另有 266 篇企业召回信息。

从各企业的报道监测量来看，广汽本田传播量居于首位，共有 4567 篇报道发布，促销和价格信息居多；上海大众排名第二，共有 3974 篇，侧重产品信息的宣传；一汽丰田位居第三，发布了 3643 篇。

2012 年 1 月份主流乘用车企业新闻传播媒体类型分布

媒体性质	篇数（篇）	字数（万字）
网络	14548	1909.86
报纸	4121	794.36
杂志	239	120.00
总计	18908	2824.22

（数据来源：慧聪研究）

以上仅仅是汽车行业一个月的软文发布统计，我们注意到，食品百货、数码产品、化妆品、保健品、房地产、电信服务、医疗器械、医院、服装服饰等各个领域软文投放都占据了相当大的比重。

再来看一下区域范围内的房地产行业软文案例。据日照置业网统计，截止到 12 月 31 日，2014 年全年日照市各大房地产商在《齐鲁晚报》、《日照日报》、《黄海晨刊》日照市三家知名纸媒上投放硬广和软文共计 284 则，其中《齐鲁晚报》90 则，《日照日报》79 则，《黄海晨刊》115 则。在 2014 年房地产市场整体下滑宏观经济不景气的大背景下，日照房地产的软文投放数量受到的影响有限。

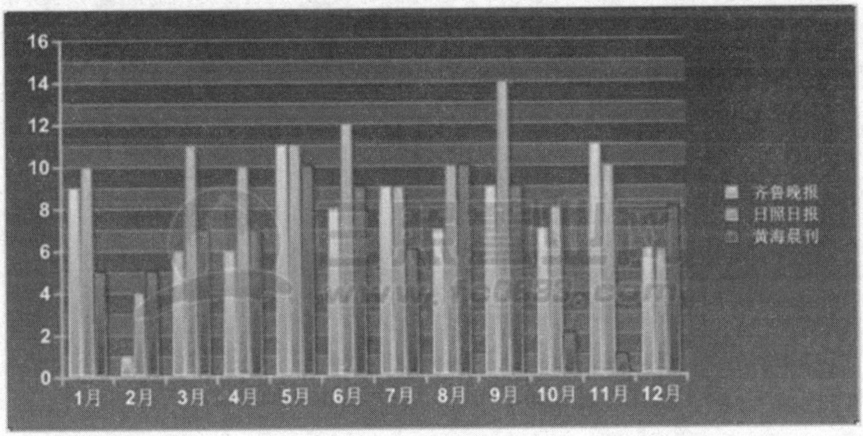

截至到 12 月 31 日 2014 年三大报纸硬广与软文投放量

因此我们认为，软文营销随着传播载体的变化、随着目标受众的阅读习惯改变，已经步入了新的时代！

三、小得不能再小的两个软文营销案例

也许有些创业期的企业会觉得，规模太小的企业现在开展软文营销是不是没有意义，或者说不好开展呢？下面举两个我们操作过的小案例。

1．胡麻油的案例

2012 年 6 月份，一对从香港科技大学来北京创业的夫妇，准备在互联网

上销售家乡传统方法压榨的胡麻油，这个油的确是当地农民父辈相传的压榨油，食用安全，胡麻香味浓厚。可是他们没有多少资金，也没有厂房，只有农村老家能压榨的胡麻油。怎么办？怎么营销？

我们参与了他们的项目策划，建议用软文营销起步，经过几次碰撞和思考，他们注册了一个商标，又做了一批外包装。我们一起做了一系列的软文策划，主要是在淘宝店、论坛、博客进行投放，个别文章也在门户网站上进行了发布。有这些软文作为基础，他们与客户的沟通很顺畅，经过他们的努力，半个月后这个产品竟然在网上销售了2万瓶！

首战告捷，又传来好消息。河北有一家胡麻油生产企业主动找上门，给出了两种合作方案，一种是出价40万元收购这个品牌，另外一种是股权合作，要知道人家的企业资产规模至少是几千万元！

只有一个简单的企业网站，只有一个博客，只有一个注册商标，一个月不到，能有企业主动出让股权要求合作，能有企业出价40万元买商标，凭什么？

显然，软文发挥了重要力量！

胡麻油系列软文标题如下：

- 我们家的千里运油线
- 在中国，亲历一场悲怆的食品革命
- 香港女博士回大陆创办食品安全联盟
- 写给在绝望中寻找希望的人们
- 携手互助，拯救襁褓中的孩子
- ……

2. 利比亚籍模特的案例

另外一个案例是一位利比亚籍的模特，想提高出镜的收费标准，让更多的经纪公司和他合作，我们详细和他沟通后，先后策划撰写了两篇软文，在博客发布之后很快被腾讯娱乐收录，百度检索效果非常好，他的收费标准直接提高了10倍，找他拍片的人也多了几倍！

四、软文让你获得超出想象的收获

企业的正常生产经营离不开各种文案，商业计划书、合同、广告单页、企业宣传册、工作总结、工作计划、感谢信、合作函、活动策划方案、新闻稿、讲话稿、电子邮件、企业内刊等。不同的文案发挥着不同的作用，无论信息化程度多高，这些企业文案都是少不了的。

长期以来，随着互联网的普及，职场人士开始变懒，很多人很少提笔写字，Ctrl+C、Ctrl+V 已经成了习惯。导致很多企业文案错误百出，严重损害了企业的形象。很多企业写软文，软到毫无传播力、毫无影响力，更不用提软文的生命力和战斗力了，这样的软文对于企业品牌也是有损害的。

我们经常见到很多套话连篇的感谢信和合作函，也经常见到流水账似的新闻稿，更见到过部分中小企业负责人对广告公司提供的广告稿“指手画脚”，把策划公司提交的文案修改得“面目全非”。如果说指挥得好，修改得好，也无可厚非，可惜大多数是越改越差。

企业研究软文，系统地学习软文营销，能够掌握和了解软文的创意方法、软文的撰写技巧、文章的结构和文字的表达方式，这对于全面提升企业的文案水平和营销意识大有裨益。

软文和硬广（硬广告的简称）也是不分家的。硬广中的软文要求更高，软文营销搞清楚了，玩得转了，企业打硬广的水平也会上一个台阶。

此外，软文营销，需要企业家的高度、记者的敏锐、文案的功底、策划的水平、律师的严谨。企业研究软文和实施软文营销，实际上从企业战略、商业模式、公司定位、公司治理、品牌传播、产品推广、危机防范等各个方面都会详细地做多次梳理，对于企业健康持续发展有现实的意义。

老子曾经说过：“天下莫柔弱于水，而攻坚强者莫之能胜，以其无以易之。”软文就像水一样，可以锲而不舍而水滴石穿，可以涓涓细流最终汇成汪洋大海，也可以飞流直下无坚不摧！

第 2 章　走进软文的世界

Chapter Two

一、什么是软文

软文是软文营销的基本工具和手段，是软文营销的核心，但软文并不是软文营销。那么，什么是软文呢?

有学者认为，凡事未涉及重大政治、军事、社会事件的新闻，一律被称为软新闻，也就是我们平常所说的软文。进一步解释一下，软文是从重大的新闻报道中脱颖而出的信息内容，人们根据这种信息来对自己的生活方式、工作方式和采购等行动做出指导和选择。

请看下文。

一只狮子引发的一场离婚案

有一个男的出差在外面，突然回家，在门口听到有男人打呼噜的声音。

男的默默地走开了，发了个短信给老婆："离婚吧!"

之后扔掉了手机，远走他乡……

三年后他们在一个城市偶遇。

妻子问："为何不辞而别？"

男的说了当时的情况。

妻子转身离去，淡淡地说：“那是瑞星的小狮子。”

以上是瑞星推广产品的一个经典软文。

也有学者认为，软文就是企业通过策划，在报纸、杂志或者网络媒体上刊登的可以提升企业品牌形式和知名度、促进企业营销的一系列宣传性、阐述性文章，包括特定的新闻报道、深度文章、付费短文广告、案例分析等，因此又被称为“软文广告”。我们认为，在如今媒体破碎的时代，微博、微信已经改变了媒体的格局，以上对软文的定义也有些 OUT（过时）了。

而广告界的朋友大都认为软文是相对于硬广而言的软性广告，这种说法有一定的道理，但是按照这种说法，如何理解硬广表现形式的软文呢？例如遭到疯狂模仿的凡客体。

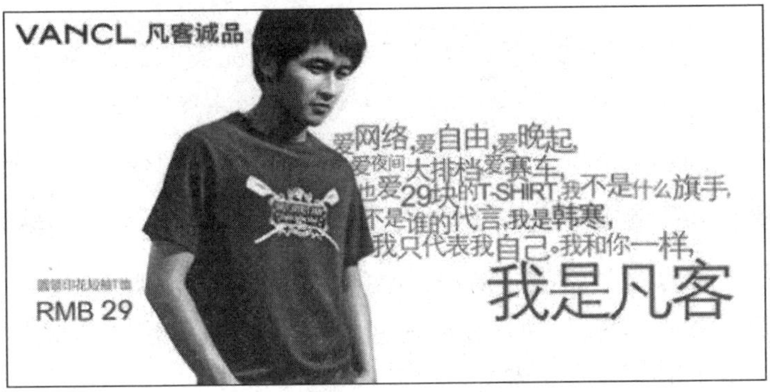

遭到疯狂模仿的凡客体

也有人认为，软文是基于产品特点的概念诉求与问题分析，对消费者进行针对性心理引导的一种文字模式，从本质上来说，它是企业软性渗透的商业策略在广告形式上的实现，通常借助文字表达与舆论传播使消费者认同某种概念、观点和分析思路，从而达到企业品牌宣传、产品销售的目的。

我们注意到，软文不仅是企业营销制胜的法宝，在政府舆情引导、政府形象塑造方面同样在发挥着重要作用，把软文的定义局限在企业与消费者层面也不够全面。

在互联网、3G 普及、4G 迅速推广的时代，我们也许对这些技术概念理解不够深刻，但是针对软文可以很简单地理解：“通过某种形式传播的，以达到某种目标的文字或者文字的组合就是软文。”相信这个定义也不尽完美，也会有人来“拍砖”，但是这个简单的定义却是软文的真谛：软文是有行动目标的，软文是要传播的！

二、软文怎么分类

根据体裁，软文可以分为两大类：一类是文章体裁，分为记叙文、议论文、说明文；另一类是文学体裁，分为小说、诗歌、戏剧、散文。在上述文体中，都可以植入某种行动目标，因此都可以成为软文。

根据软文的内容特点，软文可以分为新闻类、故事类、科普类等，具体内容在软文创意中详述，这里不赘述。

根据软文的主要行动目标，软文可以分为产品类软文、服务类软文、品牌类软文、公关类软文。

根据人们的理解方式，软文可以分为传统软文和网络软文。下面重点对比一下传统软文与网络软文的特点，以便我们更清晰地了解网络软文的力量。

传统软文以杂志、报纸、海报、书籍、信函、宣传册等为主；网络软文基于互联网的形式存在，可以演变成博客、论坛、微博、微信、QQ 留言、E-mail、网络签名、电子书、百度文库、百度问答等。

传统软文与网络软文的特点对比

特　　点	传 统 软 文	网 络 软 文
介质	以印刷或者打印为基础的表现形式	门户网站、博客、论坛、微博、微信、网页、QQ 群、企业或者个人网站、电子书等
成本	撰写要求高，发布成本高	可以根据不同传播途径的特点撰写，形式更灵活，发布可以付费也可以免费
发布时间	因审稿、校对、上版等，时间长	随时可以发布
覆盖面	限于媒介的传播范围	基于互联网，范围不受限

续表

特　　点	传 统 软 文	网 络 软 文
针对性	很难找到精准的目标人群	结合搜索引擎，可以找到精准的目标受众
寿命周期	短，难保存，阅读率低	长，只要服务器不出问题，永远存在
整合性	比较差，不同媒体审稿标准、收费标准、出版周期不一致	撰写完成一篇网络软文之后，可以根据不同传播途径进行再次修改、提炼，在同一时间段可以进行整合操作
客户体验	差，需要拨打电话咨询或者再次上网检索获取信息	强，通过嵌入的图片或者链接，单击一下鼠标即可获取所需信息
互动性	差，需要向媒介反馈	强，可以直接回复

从上表可以看出，网络软文的优势极大，但是必须提出的是，传统软文的可信度大，仍然有非常强的影响力。因此，我们认为，将传统软文与网络软文结合起来，整合的力量威力巨大！

三、软文载体及其特点分析

1. 平面媒体软文

平面媒体主要指国家新闻出版总署批准的具有发行刊号的报纸、期刊。当然，拥有国际刊号的、有一定影响力的媒体也算在内。这些媒介上的软文，需要各个媒体的审核，不同的媒体审稿标准不同，收费标准也大相径庭，部分知名媒体的软文刊登费用甚至直逼硬广价格。

软文营销选择这些媒体作为载体，撰写方面要下足功夫，必须提前研究所投放媒体的选题偏好、媒体风格、媒体的读者群及费用预算。除此以外，还有一个最重要的问题就是出版周期与发行日期，这些直接影响到软文营销中发布平台的整合。

2. 非正式出版的基于印刷、打印形式载体的软文

主要指政府、企业自己印刷的宣传册、DM 杂志、企业内刊等。这些载体上的软文没有较严格的审核标准，一般是政府、企业自己内部的流程。在软

文营销实施过程中，这些载体上的软文一定要和硬广分开，该软的软，该硬的硬。否则，本来就已经心存芥蒂的读者，会对这些载体上的软文不屑一顾。这类载体上的软文要特别注意校对，因为自己找自己的毛病不太容易。

3. 硬广中的软文

主要指户外广告、平面媒体广告中的文字。这些文字除了要符合广告设计的原则之外，还要承担软文营销的目标功能。文字一般不多，但是字字必须千锤百炼，一字抵千金!

有一点必须注意，广告中的软文不一定需要华丽的辞藻，实现目标才是重点。如下图所示案例语言虽然很美，但是重点不突出。

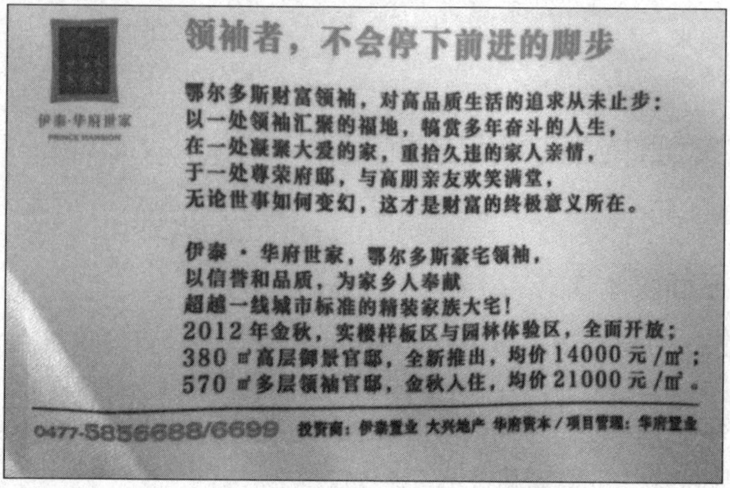

青泉在北京至深圳的航班座椅上拍到的软文形式的硬广

试想一下，如果把客户定位为在鄂尔多斯生活或者工作过的人，包括在外地打拼的鄂尔多斯人，甚至所有到过鄂尔多斯旅游的人，以“献给家乡亲人的尊贵府邸”为主题，言语再朴实一些，介绍项目的卖点是不是更好?

4. 博客中的软文

博客中的软文相对比较轻松，毕竟博客是博主说了算的。博客中的软文可以多角度、多形式地撰写，不用担心文章被删除，不用担心不能加链接，不用担心图片加不上去，只要符合相应的圈子文化即可。博文的篇幅也不受限制，但是建议每篇不要太长，600 字以上，1000 字左右都行，只要把想表达的观点阐述透彻即可。

博客没有固定的访问量，博客文章的访问来源可能是你的好友、圈子、搜索引擎。博客中的软文在软文营销的实施过程中，应该承担关键词优化的重要责任。

应该指出的是，如果一篇软文在网络媒体上投放了，建议不要原封不动照搬放到博客上，这样会降低百度收录网络媒体上该篇软文的概率。此外，如果读者从博客上看到原文章，信任度也会大打折扣。即使要放进博客，也要以转载网络媒体新闻的形式来操作。

5. 微博中的软文

微博尽管也是博主说了算，但是每条微博都限制在 140 个字符以内，去掉标点符号，文字没有多少。想用有限的文字达到某种目标，难度远远高于博客。

微博中的软文要么性感，要么有趣，要么经典。否则，没有人去阅读，没有人去转载，在微博中发了软文只能是自娱自乐。微博中的软文要特别注意及时回复粉丝和好友的反馈。微博软文撰写的最有效手法是创意式和分享式，具体在本书后面的软文创意中会有详述。

在保证微博软文质量的前提下，微博中的软文推广有两个窍门：一个是尽量去@名人，当然，也可以去@你的目标客户；另一个就是许诺某种利益，让别人转发。

6. 微信中的软文

微信与微博最大的不同在于微信中的好友大都是你认识的，或者是你朋友的朋友，因此微信中的软文比微博中的软文更有可信度。微信中的软文可以比微博中的“软”一些。当然，分享性、趣味性和价值感同样是微信软文的诱人之处。

微信软文的推广取决于你微信的好友数量，一般微信软文主要在公众平台（订阅号和服务号）发布，也可以再转回到微信的个人账号中。转到微信个人账号中的软文可以分享到微信朋友圈，也可以群发核心内容带链接。因此如果微信软文创意够好，推广扩散即使没有营销费用同样可以做得很好。

特别值得提出的是，如果微信软文的内容写得比较好，除了真实地邀请朋友协助用微信传播以外，建议增加传播费用预算，借用第三方的发布平台来进行微信的矩阵传播，再辅助以其他媒介形式的传播效果更佳。目前第三方的发布平台主要有泉之媒、乐推微、云自媒等，平台上聚集了媒体的微信公众号、不同层次意见领袖的微信私人号码。

7. 论坛中的软文

论坛是版主说了算。论坛中的软文一定不能太像广告，否则会随时面临被删除的生命危险。软文的用语不要太书面化，尽量多用“有木有”、“尼玛”、“任性”、“Duang”之类的网络语言。论坛中的软文如果加图片或者链接遭到抗议，可以退而求其次，注意关键词优化到了即可。

论坛中的软文与其他载体的不同之处在于，发布完之后可以顶帖，如果帖子创意很好，再加上成功顶帖，就会成为热门帖子，效果就会事半功倍了。

如下图所示，热帖排行中的第三条“网络雅思培训，我看好北京诚信外语”，这个论坛软文的标题为了追求关键词优化，没有什么可圈可点之处，但是居然也排到了热帖中的第三条，可能进行顶帖操作了。如果软文质量好，标题也不错，再加上顶帖，是不是效果会更好?

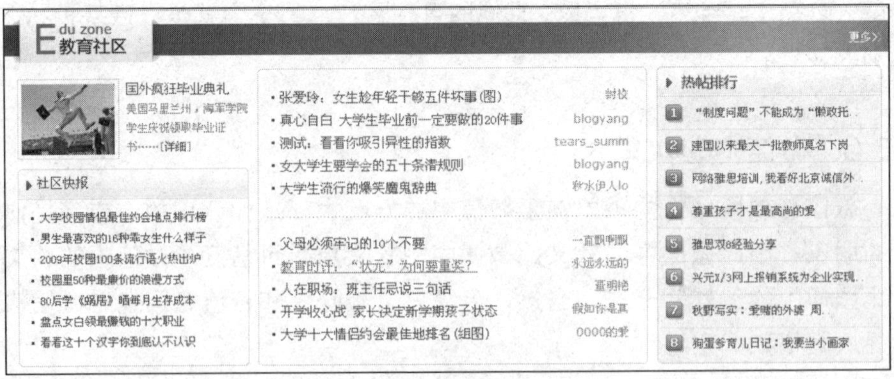

新浪论坛教育板块截图

8. 网络媒体软文

网络媒体主要分为全国门户、地方门户和行业门户等，他们对软文的审核标准差别也很大。网络软文在实践中，主要是为了引流和展现搜索的效果，其次是解决品牌的信任度问题，最值得企业去探讨和研究实践的是，网络媒体软文营销与百度竞价相组合，如果玩得好能够独霸某些关键词的百度首页。

必须指出的是，一般情况下，大站审稿都比较严格。新浪、网易、人民网等媒体，很多频道发布软文是不能带链接的，同样，只要文章标题优化了推广的关键词也是可以接受的。

值得注意的是，目前很多代理发布软文的公司发布的软文在很多网站没有入口，甚至部分软文发布出来尽管有链接，但是实际并没有在门户网站发布出来，百度新闻和网页格式都没有收录。

如下图所示，圈中所示为我们操作的案例“首善限售股质押座谈会受好评”，在网站的二级页面能查看到，即“有入口”。同理，如果二级页面查看不到，就是“没有入口”。

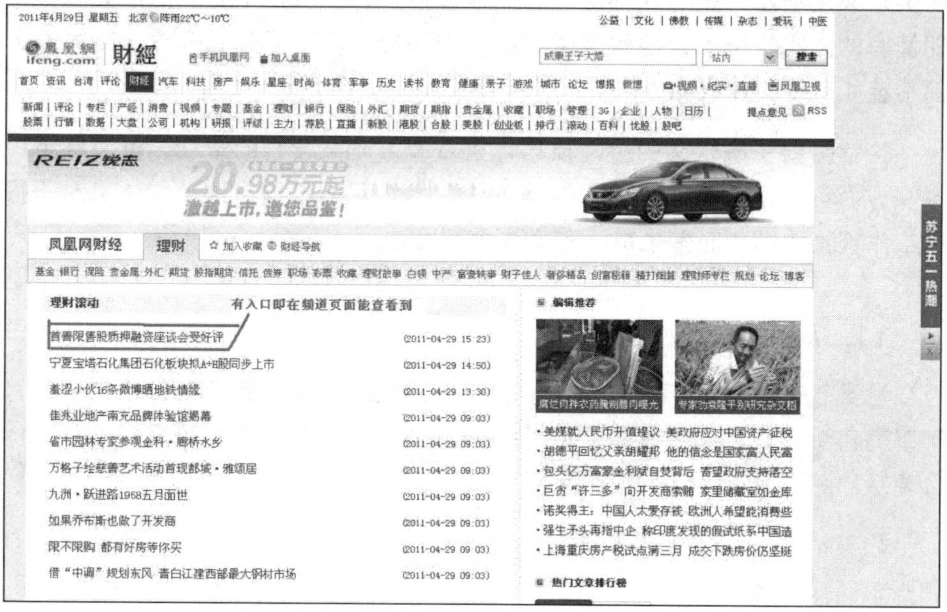

凤凰网财经频道截图

9. 电子邮件中的软文

几年前流行的电子邮件营销，让网民很受伤，也让反垃圾邮件的技术越来越成熟。即便如此，目前电子邮件营销依然是个不错的手段。电子邮件软文也就显得尤为重要。

电子邮件中的软文不需要进行太华丽的平面设计，否则会被别人当成广告直接拒绝或者根本不打开看。建议标题和正文精简再精简，目前不太建议用附件形式再展现，除非是图片之类的不适合直接展现的内容。一般网友 6 秒内能判断出这封邮件是否有价值，以决定是否继续阅读。所以，电子邮件中的软文重点应该放在标题和开头上。软文的标题和开头的写法在后面章节将详细阐述。

10. 站长软文

这类软文的主要目标是迅速增加网站流量，其次才是提高客户转化率，这类软文更看重外链。大部分站长工作量很大，很难抽出时间专门写软文，即使有的能写也很难按照软文营销的流程来操作。对于站长来讲，绝大部分都希望能有软文速成的办法。

这就需要了解软文的撰写技巧，重点做好软文营销的策划、撰写环节。撰写方面可以适当用一些伪原创的方法，尽管我们不提倡这种方法，对于很多工作繁忙的站长而言也是没有办法中的办法。

11. 淘宝店软文

这类软文就是电子商务网站中的产品描述的软文，其销售目的更直接，可以写得更软，实际上就是要回答清楚三个问题：产品的优势是什么？为什么要从你那里买？为什么现在就要立即买？

如果扩展一下，还要解决信任度的问题，买了不好怎么办，产品背后有哪些东西能让人更信服。这些文字可以独立成章，也可以独立成篇，要与图片配合在一起展现在淘宝页面中，销售力才会实实在在地看得见。这类软文也可以应用到企业产品的宣传单页上。如果应用到网页的设计上，就是营销型网站最核心的部分。

12. 销售信

销售信应用得比较广泛，可以打印出来，可以用电子版，可以用网页呈现出来，还可以用简约的文字+图片呈现在微信中。

销售信的相关理论已经有很多专家进行过详细的总结和梳理，其中比较重要的是销售信“五要素”的提出：

- 注意力（Attention）——吸引注意力
- 兴趣（Interest）——激发兴趣点
- 欲望（Desire）——点燃内心的欲望
- 行动（Action）——号召行动
- 感觉（Sense）——强调拥有后的感觉

在这里把我操作的经验分享给大家。我认为销售信其实背后的思路就是“引流、说服、成交”，围绕这个思路具体展开。

首先，要确定一个直接内心的标题。这个标题可以不考虑载体，只求杀伤力，字数、风格都不受限制（吸引注意力）。

其次，销售信开篇，要深挖客户的痛点，不怕往伤疤上撒盐，但是语言不要啰唆（吸引注意力）。

接着，把产品对客户的好处说清楚，可以只说重点，附带其他点。注意这里不是说卖点，卖点是站在销售方的角度，这里说好处是站在客户的角度（点燃内心欲望）。

然后进一步塑造产品或者服务的价值，如果能有层层递进的过程效果更好（强调拥有的感觉）。

接下来，要写客户见证，也就是说凭什么我们说的是真的，荣誉、奖项、第三方评价都可以归入这个板块（点燃内心欲望）。

有了客户见证之后，要给客户吃定心丸，就是销售承诺。站在客户的角度考虑风险，把这些风险主动提出来给出答案（强调拥有的感觉，号召行动）。

最后要给出行动的理由，客户为什么和我们成交，为什么现在成交而不是以后成交，能给出合理的理由（号召行动）。

第3章　为什么要做软文营销

Chapter Three

一、什么是软文营销

在了解软文营销之前，有必要先探讨一下软文推广。在一篇软文中，植入了政府要主动传播的信息、公司的产品或者服务信息，并进行了发布，我们认为这就是软文推广。如果在操作之前，对行动目标（写软文的目的）进行了仔细调查，调查了内部环境、外部环境，之后进行了充分讨论，形成策划方案，包括软文谁来写、写什么、写多少字、发布到哪里、怎么去引导二次传播、怎么去监测、怎么去评估、怎么去调整，是否需要进行第二轮软文修正或者进一步推动，这就是软文营销。

结合以上分析，我们认为，综合运用营销、策划、新闻传播、网络营销的知识，进行有计划的实施和监控的系列软文操作就是软文营销。简言之，有目的、有策划的系列软文操作就是软文营销。

其实，软文推广可以理解为软文营销中的两个环节，本书重点在于软文营销的实战操作，概念性的东西仅抛砖引玉，在此不做深入探讨。

二、软文营销的优势

孔子在《系辞》中说："一阴一阳为之道。"自然界中存在着阴阳，是对立统一的阴阳两种能量，是构成万事万物的基础，世界上存在的一切都是由基本的阴阳能量所构成的。

基于此，有“硬广”必然有“软广”，也就是大众所理解的“软文”。相对于硬广而言，软文的优势主要表现在以下几个方面。

1. 软文成本比较低，性价比高

2012 年“中国好声音”总决赛的广告费最高曾经达到 100 万元/15 秒，央视一套广告费每秒动辄上万元，黄金时段广告费每秒超过 10 万元也是很正常的事情。平面媒体和户外媒体的广告费也让很多中小企业望尘莫及。而软文，除了主流平面媒体和网络媒体需要付费之外，有很多免费的平台。如果调研、策划、创意、撰写都到位，很有可能用免费的方式获得硬广付费都达不到的效果。

2. 增强信任度，客户容易接受，有可能实现二次或者多次传播

新闻类的软文，容易让受众信任；故事性的软文，容易让受众记住你；科普性的软文，让受众觉得有收获。大家对于软文“润物细无声”已经达成共识，道理也就在于此。只有先付出才会有回报。对于软文来讲，如果确实能给受众带来价值，哪怕是一句话、一个观点对受众有启发、有帮助，受众都愿意接受并且极有可能帮助你传播。

案例：

“岁末年初，2010 减肥方法大盘点”，这篇软文中我们列举了诸多减肥方法，比如药物减肥、针灸减肥、运动减肥、饥饿减肥等，客观地评价了每一种减肥的优缺点，最后重点突出了全营养减肥法，也就是这篇软文的行动目标。结果这篇文章被很多网站主动转载，传播的效果比较理想。（文章可以通过百度搜索查阅。）

3. 软文的持续性强

平面媒体软文，除了当期能与受众见面之外，也可以从图书馆或者数据库中查找到。如今很多平面媒体也有了网络版，从网络也能检索到。网络软

文，更不用说了，只要服务器不关，只要互联网不消失，将永远存在。

案例：

股速融是上海首善财富管理有限公司推出的上市公司股票质押业务，是服务产品化的名称。我们为股速融策划了几篇软文，下图为在百度中搜索“股速融”的效果。

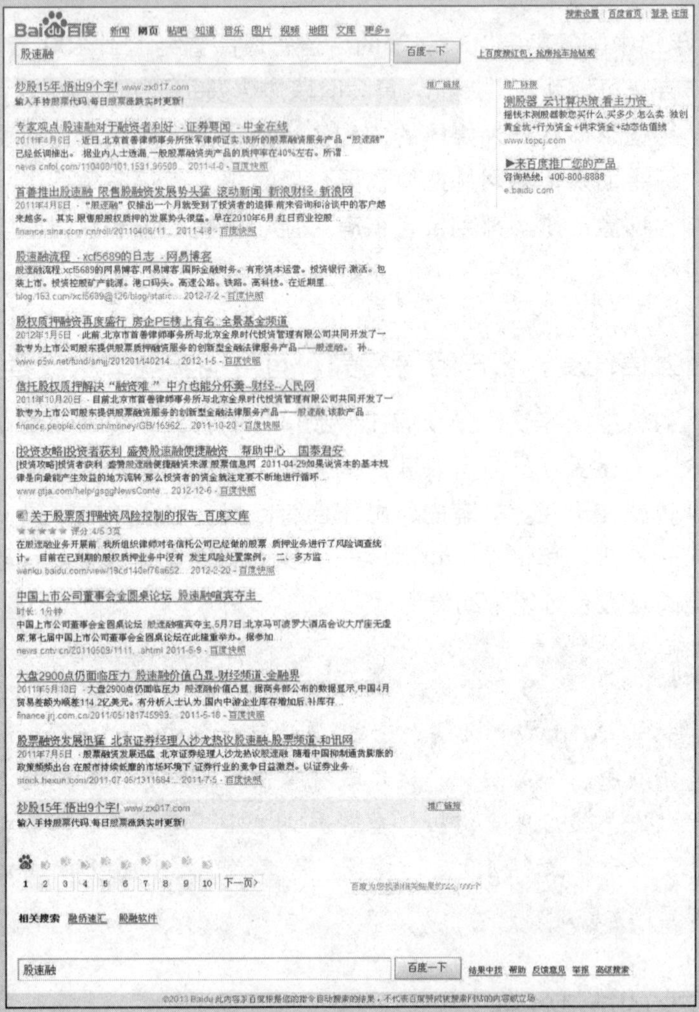

在百度中搜索“股速融”的效果

4. 软文的受众更精准

硬广仅限于能够直接见面的受众，不知道是不是目标受众，瞎子拿机枪，只能乱扫一气，能打几个算几个。软文相对来讲针对性更强，从标题、内容上都可以精准地针对受众，特别是网络软文，通过百度检索过来的更为精准。

案例：

我们为了推广“云营销论坛”网络营销培训项目撰写了软文“网络营销培训实战课程让众多企业家受益”，当时在一段时间内通过百度检索关键词“网络营销培训”在首页可以找到这条新闻标题，点击即可阅读该新闻。通过检索网络营销培训关键词访问的绝大多数是合作伙伴和潜在客户，比较精准。实践中，我们主张这种方法可以配合百度竞价来操作，能为客户节约费用，效果会更好。

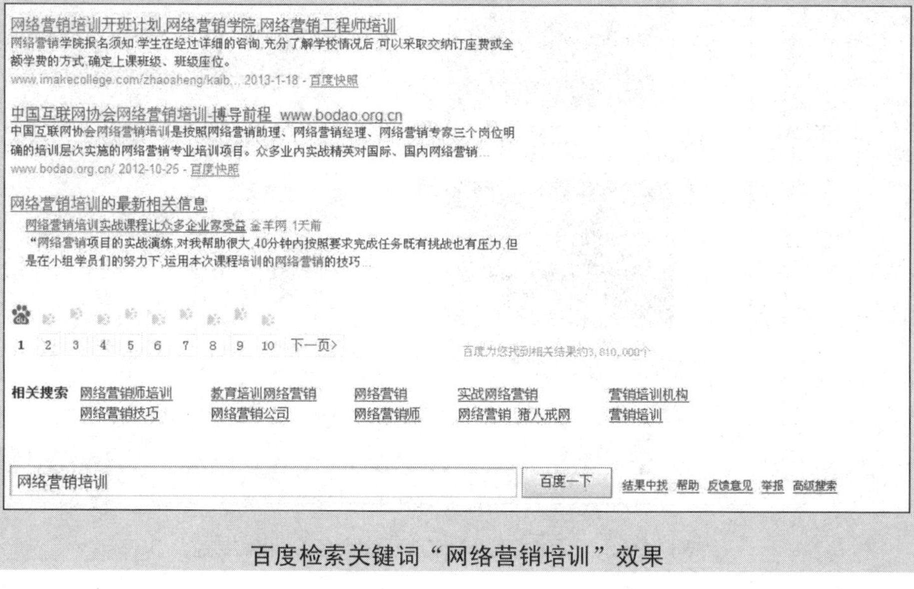

百度检索关键词“网络营销培训”效果

5. 软文操作更灵活

硬广被时段、版面、刊期等限制较死，软文除了平面媒体受刊期、版面篇幅所限之外，网络软文可以不限篇幅，可以插入图片，可以插入超链接，可以设置百度检索的“关键词”。

案例：

我们在网络营销培训软文中配了图片，自然融入了云营销论坛和网络营销总裁顾问班的信息内容，相当于免费打了网络硬广。

网络营销培训实战课程让众多企业家受益

来源：大洋网　发表时间：2013-01-24 14:57

2013年1月15日，为期五天的“首届云营销论坛暨网络营销总裁顾问班”在北京太申祥和山庄结束。本期总裁班授课讲师分别是网络营销实战专家石建鹏、网络营销品牌专家邱道勇、网络营销整合专家刘东明、网络营销推广专家江礼坤、软文营销专家徐茂权、数据库营销专家罗安林、网络营销高效管理专家康路晨。

左起：江礼坤、罗安林、刘东明、石建鹏、邱道勇、康路晨、徐茂权

“网络营销培训最重要的就是实战，本次授课讲师均从一线实践中来，授课的案例大多是他们自己执行的案例，感觉挺实用。”来自北京电信的学员们对授课内容给予了充分肯定。

首届云营销论坛暨网络营销总裁顾问班全体学员合影

“网络营销项目的实战演练，对我帮助很大，40分钟内按照要求完成任务既有挑战也有压力，但是在小组学员们的努力下，运用本次课程培训的网络营销的技巧出色完成任务是对自己能力的最好证明。”学员智慧弘扬广告传媒公司大客户总监李月然课后显得依然兴奋。

据本次云营销论坛组委会吴翠娇介绍，云营销论坛作为本次网络营销总裁顾问班的热身，旨在引领网络营销行业“专业、诚信”品牌的塑造，让网络营销真正帮助中小企业实现腾飞。云营销论坛此次为首届，本届论坛由网络营销专家联盟和山东协力生物、上善道果茶联合主办，北京鸿道营销、推一把网、深圳深山老林、上海安读软件等单位承办。

据论坛组委会介绍，首届云营销论坛结束的同时已近开始了第二届的筹备工作。第二届云营销论坛暨网络营销总裁顾问班计划2013年5月23日至26日在深圳举办。

金羊网截图：网络营销培训课程让众多企业家受益

三、软文营销的作用

有很多媒体的朋友说，软文营销已经被用烂了，受众（消费者）已经有了免疫力了。的确，提起软文营销，大部分人还都沉浸在脑白金、海尔、格

力等 20 世纪 90 年代软文打天下的美好回忆中。殊不知，互联网时代，创意的价值因为传播渠道和途径的多元化让软文营销有了新的生命力。软文营销，能够让“草根”翻身，能够让中小企业与大企业相抗衡！

具体来讲，软文营销的作用分内部和外部两个方面。

1. 软文营销的内部作用

在企业内部的作用也主要表现在两个方面。

1）帮助企业产品定位和梳理营销脉络

软文营销是与企业的战略目标紧密结合的，软文营销也是企业实施的具体营销方式之一，系统的调研、周密的策划、撰写的创意、动态的调整，都能够帮助企业进一步完善营销方案，明确品牌定位、公司定位。

案例：

我们曾经做过北京的一位知名摄影家的软文营销顾问，他专门拍摄一线企业家的人物肖像。在软文营销的调研阶段，他不以为然，认为写软文按照他给的题目或者思路写就可以了。他除了擅长摄影外，还喜欢画油画，他计划组织一场艺术个展，通过展示其摄影作品和油画作品来塑造自己的品牌，要求我们重点围绕艺术个展做软文策划。

我们在对他的工作室及他个人的情况进行全面调查和分析后，给他的建议让他大吃一惊。我们认为，他在摄影艺术业界首屈一指，不过，他的油画水平确实一般。如果在摄影界还没有形成个人强大的品牌之前加入油画，虽然对于写软文来讲多了个话题，但是时机不合适，会削弱他个人及工作室的品牌定位。所以我们建议他的个人艺术展砍掉油画，专注于摄影。

他又咨询了很多营销界的专家，最终听了我们的建议，结果个展好评如潮，在圈子里的影响力大大提高。他还通过个展直接成交了几个客户。这件事情彻底改变了他对软文营销的看法，后来他个人和工作室的大小事情都愿意及时和我们反馈和交流了。

2）企业文化建设的法宝

文化是产品和品牌的个性和灵魂，是它们的精神内涵。在企业里，内刊是企业开展软文营销的重要阵地。具体来说，内刊是企业统一思想，提高企业内部凝聚力的最有效手段。内刊是员工之间、管理层与员工之间交流的桥梁，能够有效传达企业上层的思想政策和管理理念。员工可以通过这个平台了解企业的发展动态，接受现代管理理念，开阔视野。企业可以通过平台了解员工的心声和想法。

当我们用内刊影响员工的时候，实际上也在间接地影响我们的客户。如果把内刊赠送给客户，恐怕对外的影响力已经不仅仅是企业文化建设了吧！

可惜的是，目前国内有内刊的企业不足 4 万家。如果说用传统的纸质载体做内刊，涉及排版、印刷等环节，对于部分企业来讲会觉得成本高，但是电子内刊成本低，电子内刊中的优秀软文还可以直接应用到传统媒体和网络媒体。遗憾的是，这么好的营销方式还有大批企业没有应用起来。

除了内刊，在企业内部，领导写给员工甚至员工写给领导的感谢信、表扬信等也是软文营销的重要表现形式，对于增强企业凝聚力和企业文化建设也有重要作用。

2. 软文营销的外部作用

对外部来讲，软文营销的作用主要表现在促进销售、品牌塑造和危机公关三个方面。本书前两章已经给过案例，做过简单分析，在此不再赘述。除此以外，要重点指出网络软文营销对于网络营销的贡献。

我们来分析一下客户购买行为的产生，一般有两种情况。一种是无意识下的购买。客户在线下接触到了产品，临时产生了购买欲望，精明的消费者会直接掏出手机检索，查看报价，查看网友评论，查看媒体报道。这些软文对消费者的最终购买有着直接的影响。

另外一种情况，是有准备的购买。客户已经有了需求，已经对要购买的产品有了一些了解，在正式购买之前，会查一些相关的网络信息，是为了让自己的购买行动得到一些肯定和支持。

举个例子，很多人患了感冒，因为身体不舒服还是要跑去医院看医生。即使对于经常感冒的人来讲已经基本能够判断什么症状用什么药了，但是还是要和医生请教一番，其实这就是一种求证，一种心理上获得肯定和支持的需求。

软文营销对于品牌塑造的作用大家能够想象得到，不赘述。软文营销对于危机公关来讲，更容易理解。用软文真诚地与客户沟通，用软文去消除不良信息对于客户检索结果的展现，这些都是软文营销的外部作用。

值得欣喜的是如今很多传统企业，已经在开展网络营销，但是仍然停留在做了营销型网站、做了百度推广及做了关键词优化的阶段，没有考虑其他的手段。

软文营销是网络营销的灵魂，有了它，网络营销才会有内涵和高度。此外网络软文关键词嵌入、链接插入会直接为营销型网站带来流量，带来精准的潜在客户。

第 4 章 “1+1>2”网络软文与搜索引擎营销联姻效果倍增

Chapter Four

一、SEM 简介

SEM 是“Search Engine Marketing”的缩写，中文意思是搜索引擎营销。SEM 所做的就是全面而有效地利用搜索引擎来进行网络营销和推广，包括 SEO、PPC（Pay Per Click，即按点击付费，如百度竞价排名等）、付费登录等形式，其中以 SEO 和 PPC 最为常见。

简单理解，SEM 就是利用搜索引擎引导客户进行消费的一种方式。以百度为例，客户在搜索引擎输入相关关键词，就会获取商家的联系方式及宣传信息，通过与客户沟通产生交易机会。目前国内的搜索引擎主要有百度、360 搜索、搜狗、谷歌、有道、雅虎、搜搜等。

如下图所示，搜索引擎营销实现网站流量，最后转换成网站成交量，一般是通过搜索关键词进入网站的。当然还有其他的超链接、网盟推广方式，但是道理都是一样的。潜在客户只检索自己感兴趣的关键词，正因如此，搜索引擎营销抓到的客户才更精准。尽管是付费推广，从投入产出比来讲，每年仍然有大批中小企业因 SEM 而受益。

搜索引擎类型	2013年02月使用率	2013年02月占有率
百度汇总	70.49%	70.58%
360搜索	12.36%	12.51%
搜狗	7.85%	7.60%
谷歌	4.25%	4.25%
搜搜	3.92%	3.89%
必应	0.52%	0.57%
雅虎	0.28%	0.27%
有道	0.26%	0.27%
其他	0.07%	0.06%

CNZZ 数据中心：搜索引擎使用情况分析报告（国内主要搜索引擎）

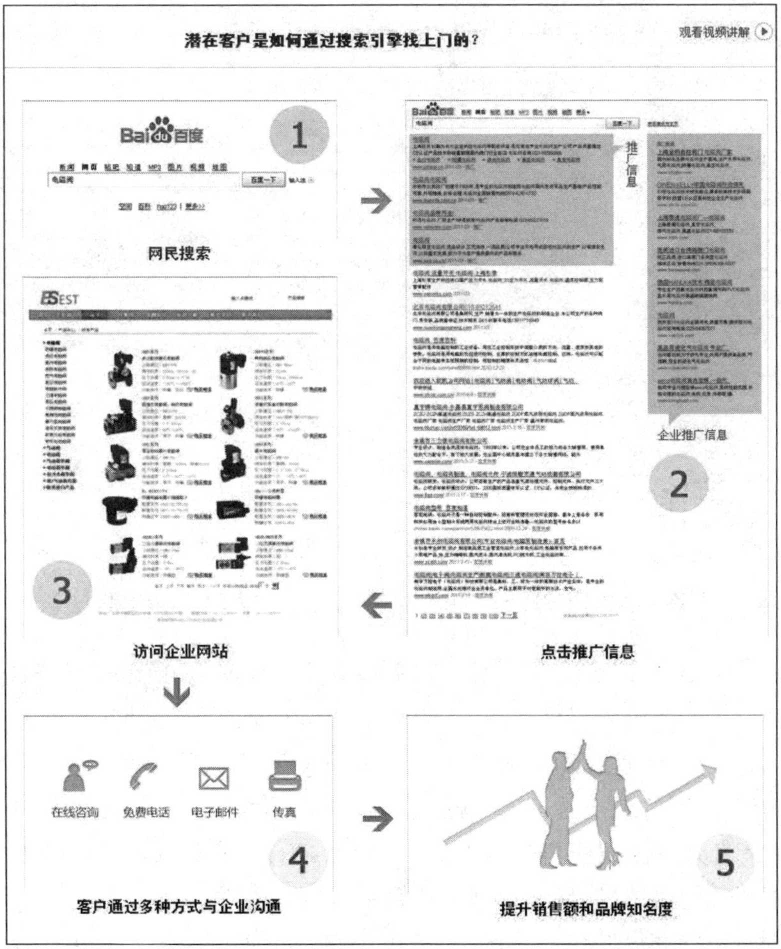

百度官方网站截图：搜索引擎营销实现流程

如下图所示，在百度首页出现的只要信息尾巴后边有“百度推广”的都是付费的竞价排名，根据关键词热度及在百度首页出现的排名顺序，收费标准从高到低。通常，百度的付费推广在检索页面的最上边和最底部，以及右侧信息栏的位置。只要在百度开设的账户有资金，信息就会显示，一旦费用消耗完，信息就不会再出现。

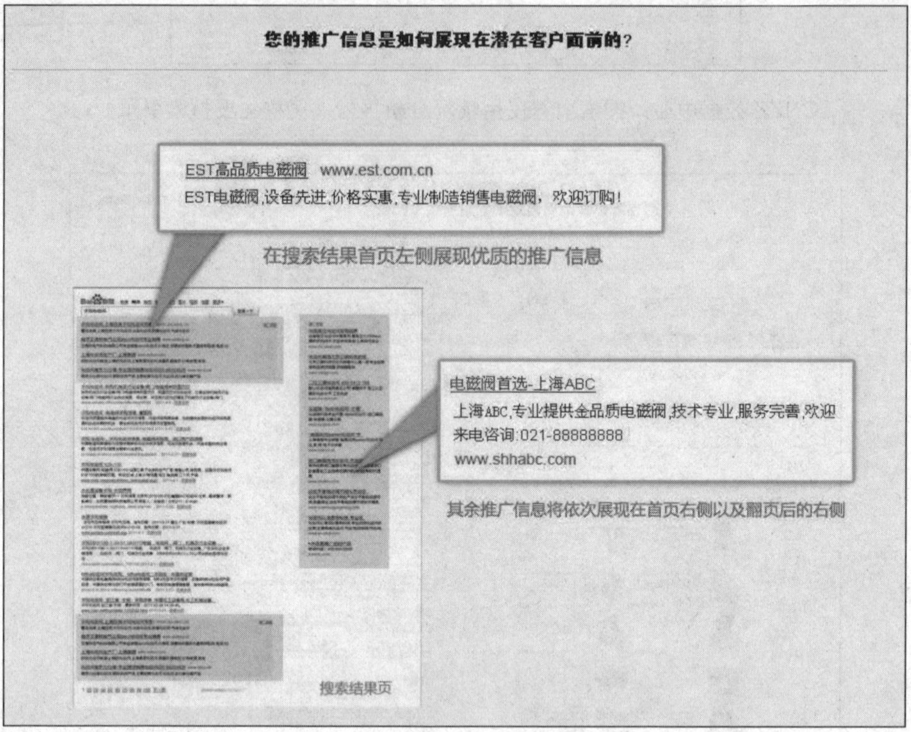

百度官方网站截图：百度竞价（百度推广 PPC）示意图

如下图所示，在百度中搜索“软文营销培训专家”，显示在推广链接下面的“百度快照”第一条“徐茂权|青泉|软文营销专家|软文营销实战专家|软文营销培训专家”就是通过SEO优化显示的结果。百度快照的第二条“青泉时评软文营销青泉”的信息是通过博客关键词嵌入检索到的。百度快照的第六条“软文营销青泉：如果于丹出身北大”、第七条“北京软文营销专家批青岛机场君威广告太血腥”都是通过博客中的软文关键词嵌入检索到的。点击即可访问到博客，不需要为此支付任何费用。而且按照一般情况来讲，这种关键词检索的效果只要博客经常有原创软文更新，就不会掉下来。

百度：“软文营销培训专家”截图

SEO 的具体方法属于网络营销领域研究的重点，网络营销实战专家石建鹏、网络营销策略专家、推一把论坛创始人江礼坤的相关书籍和课程都有深入的研究，本书重点研究软文营销，对此不再赘述。

二、软文对于 SEM 的贡献

SEM 主要是网络营销的术语，本章中的软文也重点针对网络软文而言。

其实软文对于 SEM 而言，无论是付费的百度推广还是基于技术的 SEO，都有重要作用。因为用软文操作来实现的搜索引擎营销，如果不考虑软文撰写和发布的成本，几乎是免费的！退一步来讲，即使发布付费，也比百度推广按照点击量收费划算得多。

国内搜索引擎上的竞价排名，始创于百度，也以百度的市场份额最大。据百度官方称，占到了 95%以上市场份额。在百度上付费推广的热门关键词，比如“婚纱摄影”、“家电维修”、“驾校”、“发电机”等热门关键词，排在前十位的单次点击收费少则 1 元，多则十几元。中小企业在百度推广上每年投入少则几万元，多则几十万元。

除了节约营销费用以外，更重要的是百度推广是“钱在信息在，没钱靠边站”，一旦百度推广账户里没“银子”了，信息立即检索不到。如果是用软文优化的，被搜索引擎收录之后，除了新的信息收录，一般来讲，检索结果会长久存在。

此外，中小企业开展网络营销，首先离不开网站。如果用软文来推广网站，还会增加网站的搜索权重。那么什么是网站权重呢？网站权重是搜索引擎给网站（包括网页）赋予一定的权威值，是对网站（含网页）权威的评价。一个网站权重越高，在搜索引擎中所占的分量越大，在搜索引擎中排名就越好。

因此，提高网站权重，不但有利于网站（包括网页）在搜索引擎的排名更靠前，还能够提高网站的流量，提高网站的信任度。

在软文营销的实践中，除了发布到极个别的全国门户网站的软文不能带链接，很多地方门户和小站与编辑沟通后，大多数都能保留一个链接，即使没有保留链接的也有可能在软文中留下网址或者网站中文名称。试想一下，当一篇好的软文被转载了数以千次、万次的时候，意味着所推广的网站增加了千个、万个外链，无论是电子商务网站还是企业网站，这都是各个网站站长（网管）梦寐以求的事情！

三、软文的关键词

上文谈到了软文对于 SEM 的贡献，那么软文操作如何实现这种贡献呢？这就必须先了解什么是关键词，因为软文主要通过关键词来实现搜索引擎营销。

1. 什么是关键词

这里所说的关键词专指对搜索引擎而言，就是网民输入搜索引擎搜索框中的提示性文字，也就是网民希望通过提示性文字在搜索引擎中寻找到的自己想要的信息。

关键词的内容可以是：人名、网站、新闻、小说、软件、游戏、星座、职位、商品品牌、商品名称、居家生活服务等。关键词可以是任何中文、英文、数字或中文英文数字的混合体。可以是一个字、一个词组、一个短词，甚至可以是一个文章标题。

现在互联网提供的信息巨大，网民已经习惯借用搜索引擎来寻找自己感兴趣的内容。因此，关键词的排名十分重要，只要该关键词在搜索引擎中的排名靠前，就意味着网站有更大的流量，就意味着更多的成交机会。软文中的关键词如果设置得好，软文就能够通过搜索引擎对目标读者进行更加精准的传播。

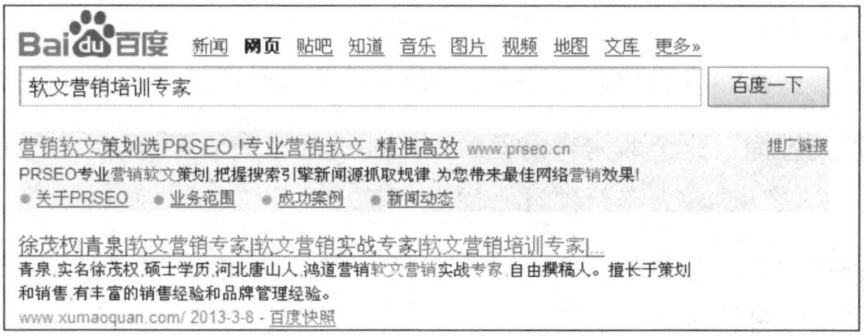

百度“软文营销培训专家”，“软文营销培训专家”就是关键词

2. 关键词的种类

通常来讲，关键词的分类有以下几种方法。

1）按关键词热度可以分为热门关键词、一般关键词、冷门关键词

热门关键词：主要是搜索量或者搜索频率比较高的词汇，比如网络营销。

一般关键词：搜索量和搜索频率不太高的词汇，比如北京网络营销。

冷门关键词：用户搜索目的性很强，但是搜索量很小的词汇，比如北京网络营销电话。

2）按关键词的长短分为短尾关键词和长尾关键词

短尾关键词：一般由两个字或四个字组成，比如软文营销。

长尾关键词：一般在四个字以上，比如软文营销培训、软文营销机构，长尾关键词在软文中容易使用和拓展。

3）按照其他的分法可以分为泛关键词、别名关键词、时间关键词、错别关键词、问答关键词

泛关键词：搜索量很大，模板很不准的词语，通常都是代表一个行业或者一个事物，比如房地产、摄影、白酒、金融、服装、化妆品等。

别名关键词：这个主要是根据事物本身的不同名称而来，比如计算机（电脑）、移动电话（手机）、番茄（西红柿）、婚纱摄影（婚纱照）等，特别是随着地域的不同，很多东西都有不同的叫法。

时间关键词：就是在关键词词前面加入时间，一般是加入最近的、最新的这类时间，比如3月份北京展会、2013车展、最新的女装款式等。

错别关键词：这个非常容易理解，比如迅雷（讯雷）、机票订购（机票定购）、资讯（咨询）、火车票预订（预定）等。

问答关键词：以关键词为核心展开的问题。比如北京婚纱摄影哪家好、软文营销培训哪个好。

3. 如何确定软文的关键词

对以上关键词的分类熟悉之后，根据软文的行动目标，也就是说软文要推广的对象，结合相关工具来确定软文的关键词。主要有以下途径可以迅速

确定软文的关键词。

1）百度知道

了解用户搜索行为才能够更好地把握软文的内容，软文中的关键词也更容易确定。我们通过“百度知道”便能够进一步掌握搜索用户需要寻找的问题和答案。

2）百度下拉框

当在百度下拉框中键入某个词组时，下拉列表中存在不少提示，这些提示都是与之相关的长尾关键词，百度都是根据用户行为而设定的。这些长尾关键词往往会给网站带来不少流量，正因为如此，网络上更是存在专业刷百度下拉框的“人士”。

从百度下拉框中也能简单看出用户的搜索行为，百度下拉框中列出的 10 个提示，是根据某个时段估算出来用户搜索次数决定的。当时如果想利用此类关键词作为核心关键词，需要针对长尾关键词做进一步深入研究分析。

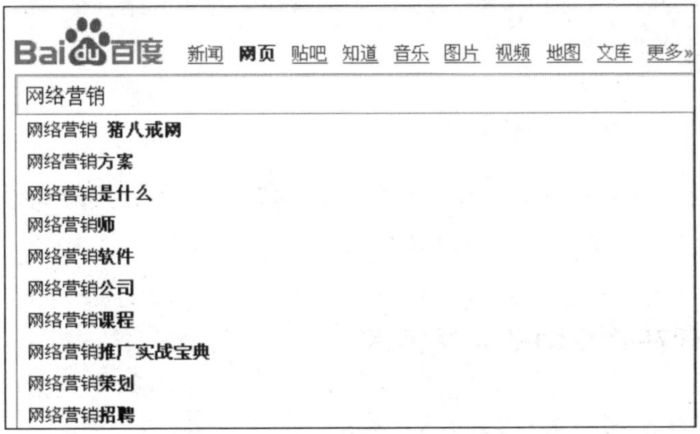

“网络营销”百度下拉框

3）百度相关搜索

无论是在百度搜索引擎还是在 Google 搜索引擎中，在其最下面都有“相关搜索”这样一栏。“相关搜索”充分体现了百度注重用户体验。可以根据这个情况来决定软文的关键词，甚至能够确定文章的一些段落标题。

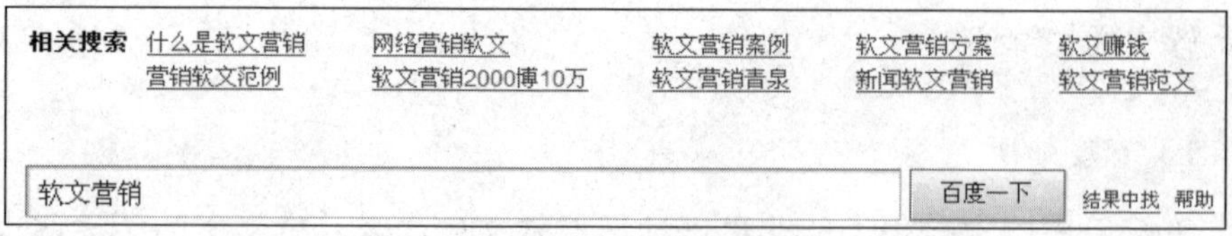

"软文营销"相关搜索

4）关键词挖掘工具

中文的关键词挖掘工具"百度一下"，能找到很多，特别是站长工具类网站一般都能提供免费查询。

此外，百度指数(http://index.baidu.com)、谷歌趋势(www.goolge.cn/trends)、Google Adawords (http://adwords.google.com/select/keywordtoolexternal)，英文关键词挖掘工具 wordtracker、keyworddiscovery，都可以为我们所使用。

5）博客流量统计工具

博客流量统计非常好用，通过这个工具，我们能清楚地看到博客中文章的访问量是通过何种途径到来的，这对于了解用户平时的搜索行为、确定文章关键词更直观。

6）向你的竞争对手学习

还可以看看你的竞争对手，他们发布的软文使用的关键词是什么，这个非常有参考价值，正所谓"知己知彼，百战不殆"。

4. 如何在软文中植入关键词

1）网络软文植入关键词的三个原则

高热度，低竞争度。尽可能选择百度指数高（百度指数高意味着热度高）而竞争度较低的词。实践中不太容易找到，但是一旦被我们发现这样的词，软文效果就会翻几倍、几十倍，所以通过站长工具对关键词进行详细对比分析，也许会有惊喜，还是值得一试的。

软文中的关键词不要太密。我们的操作经验是软文中植入的关键词一般不多于 6 个，不能影响阅读效果。如果一定要多植入，可以用长尾关键词去拓展（具体方法在本书第 3 篇有介绍），也不能重复出现。比如，以网络营销为关键词写软文，就可以拓展出来“北京网络营销公司”、“网络营销培训”、“网络营销评估”等关键词。当然，以追求 SEO 优化效果为第一目标的网络软文不受此限。

软文中文章描述要表现软文内容的中心思想。软文内容必须与软文标题的关键词密切相关，搜索引擎会抓取与标题关键词相关的内容作为描述。千万不能为了嵌入关键词而导致文不达意。欺骗了搜索引擎，搜索引擎也会惩罚你。

2）关键词植入哪里

首先，软文的标题中必须要植入；其次，软文的第一段一定要植入。因为标题和第一段对于搜索引擎抓取的作用最大。

在正文中的关键词要积极拓展，可以根据关键词的分类，自然地嵌入。如果正文嵌入影响阅读，可以把关键词尽量集中在头尾两个部分。软文关键词的嵌入一定要讲求自然、行文简洁，太过冗长的话语只会起到适得其反的作用。

此外，如果发布网站的编辑允许，标题或者软文中的关键词可以加黑或加下画线，这样也有利于搜索引擎收录。

比如，我们撰写的一篇软文“国内第一本微信书《微信改变世界》3 月 3 日发售”，文章标题和第一段都提到“第一本微信书”，而且标题做了加黑，百度检索“微信书、第一本微信书”都能轻松找到。

四、网络软文与 SEM 合力见证奇迹

1. 除了关键词网络软文还要带什么

网络软文要想对 SEM 做出卓越贡献，除了以上谈到的软文中要嵌入关键

词，还要考虑插入图片。我们在实践中的经验是，如果是发布到全国门户网站的软文，带上两张图片已经不错了。如果是发布到地方门户和小站的，则不受此限。建议配三张图片，因为图片太多会导致阅读文字的概率下降。如果是发布到论坛和博客的软文，除非是以图片为主、文字为辅的软文，也不建议配图太多。

软文中的配图一定要与文章内容相关，配图中如果有肖像的要特别注意是否会引起侵犯肖像权的情况，图片中是否有将人物切割开的东西，图片内容尽量不涉及政治、宗教内容。图片要清晰，图片不要太大。图片下面要加上图片说明。配上图片的软文在百度检索的时候相当于有了一次免费硬广的机会。如果点击打开，又有了二次硬广宣传的机会。如果一篇软文中配图多了，百度抓取的概率反而会大大降低。

第一本微信书《微信改变世界》3月3日上市发售 慧聪网 2013-03-03 11:10:00
国内第一本有关微信方面的图书是哪本?毫无争议,是中国财富出版社的《微信改变世界》。据该书的编辑向笔者介绍,早在2012年下半年就曾经与网络新经济研究者、... 3条相同新闻 - 百度快照

微信改变世界,中国微信群线下第一聚 汉网 2013-02-06 10:19:24
中国首席品牌官微信群,正在感受和推动着微信的应用和发展。微信改变世界,中国首席品牌官微信群改变中国品牌之路已经启航。(文/徐茂权)... 百度快照

微信这一年,改变世界 创业家 2012-12-19 11:03:05
2012年9月17日,小马哥在腾讯微博上宣布微信用户数突破2亿,整个互联网刹那间沸腾…………乔布斯已经去世了,雷布斯倒在小米盒子上没爬起来,我只能期待张小龙和... 4条相同新闻 - 百度快照

《微信改变世界》在京发布 中国经济时报 2013-03-04 17:50:43
中国经济新闻网讯:(记者程小旭) 3月3日,《微信改变世界》新书发布活动在中国财富出版社举行,该书由网络新经济研究者、中国电子商务协会专家邱道勇撰写。 IMG_5400... 百度快照

微信改变世界软文中插入的图片检索效果

如果是推广网站的网络软文，最后千万不能忘记插入超链接，这个超链接极有可能直接成为网站流量的入口。超链接一定要选择关键词，而且不能把超链接选为文章标题和小标题。一篇软文即使是投放到博客、论坛的，建议超链接也不要超过 3 个，最好将超链接放在最后。

2. 网络软文与 SEM 如何合力

说到底，这两者之间就是一个配合的问题。因为目标基本一致，都是为了搜索引擎收录，都是为了网络营销效果的实现。网络软文做优化可以按照 SEO 的方法去操作，这里重点谈一下如何与竞价排名的配合。

根据百度竞价关键词的投放，统计一下点击量多的时段和成交的比例，找出点击量大但是成交比例低的时段。这一时段就是投放网络门户软文的时间。确定好关键词，围绕关键词撰写一系列的文章，注意一定要在百度网页格式下收录好的网站投放，因为百度推广是在网页检索形式下，必须与此对应。如果软文发布到新闻收录好的网站对于 SEM 来讲贡献就小多了。网站大小没有关系，只要百度网页格式下收录好。网页收录格式如下图所示。

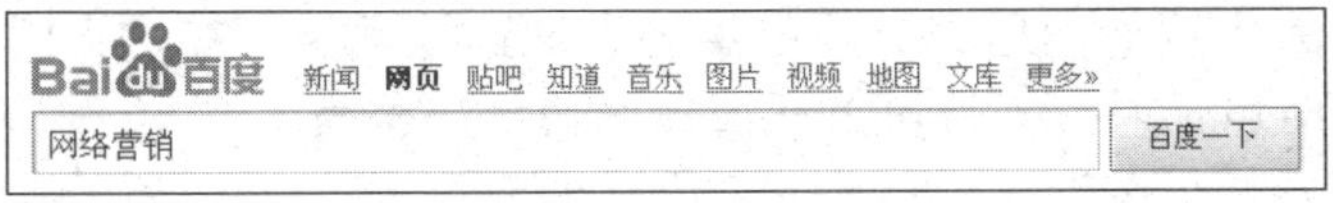

如下图所示，在网页格式下搜索“网络营销”，不管百度首页上面有多少推广，百度右侧有多少推广信息，在下面关键词的最新相关信息中出现的就是软文。如图所示的第二条，“北大青鸟昌平网络营销师为大学生带来的就业巨变”就很可能是一篇软文。

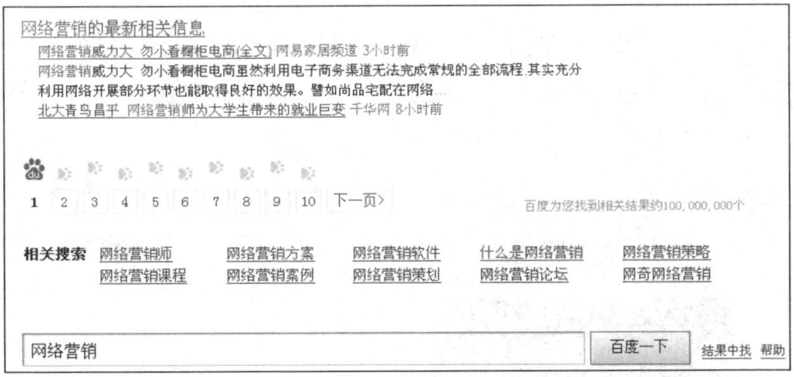

网页格式下百度“网络营销”的效果

最后还有一点要补充说明一下，就是投放的数量不需要太多，要保持投放的频度，这就需要多撰写软文，不能简单地更换标题了事，毕竟百度对于原创文章的判断还是比较精准的。换了标题不换内容，也能收录几次，超过 3

次基本没有可能在如上图所示位置出现了。如果投放了，没有出现岂不是白白耗费了财力，有时间还不如多写几篇原创文章效果好。

近年来，网络软文和 SEM 合力典型的案例很多，一般除了铺天盖地地打广告之外，还会炮制大量网络软文与百度竞价排名相互补充，以实现网络高曝光率和塑造品牌的目的。

五、新媒体时代软文与搜索引擎联姻有新的意义

2013 年以来，智能手机迅速发展，3G、4G 网络和 WIFI 大面积覆盖，移动互联网的发展具备了较好的条件和基础，微信席卷了中国手机用户。基于移动互联网的应用如雨后春笋般在中国大地遍地发芽，在这个时代背景下软文的应用渠道更加广泛，点对点的传播显得更加重要。

其中特别要提醒大家注意的是，基于移动端搜索引擎的变化，百度在 PC 端搜索引擎市场中一家独大，在移动端依然占有绝对优势。微信公众平台刚刚兴起的时候，笔者检索微信公众平台内发布的文章关键词，曾经能在 PC 端搜索引擎上抓取到，然而时间不长，笔者多次测试发布在微信公众平台上的文章，未能在 PC 端检索到。

与此同时，一个有意思的事情出现了。360 搜索在首页直接增加了微信搜索的链接，特别是搜狗搜索，在首页专门设置了微信搜索的入口，分公众平台和公众号两种方式，如下图所示。

搜狗搜索首页的微信搜索入口

更让微信粉丝们开心的是，微信也充分展现了搜索功能，如果检索关键词，直接能搜索到微信群内及微信个人账号聊天信息，还能搜索到微信公众平台的文章，出人意料的是紧随其后还能搜索到 PC 端的信息。下图是在微信个人账号中搜索“徐茂权”的展现结果。

在微信个人账号中搜索“徐茂权”

互联网和移动互联网搜索引擎的环境未来趋势一定是更加公平、客观，百度迟早有一天也会能够检索到微信内容。那么接下来就是和软文相关的事情了，在微信公众平台发布的文章由公众平台的操作者说了算，发布到这里的文章 PC 端能够检索到，甚至直接发布到 PC 网站上的文章在手机端也能检索到。这意味着什么？一个巨大的机遇！关键词的应用绝对不仅仅是做传统 SEM 那点事儿，应该怎么做套用一句网络语：“你懂的！”

第 5 章　软文整合营销

Chapter Five

一、如何整合软文

前面已经讲过，不同软文载体的特点是不一样的，因此要整合软文，就要紧紧围绕行动目标来进行操作。

举个例子来分析，2013 年 3 月 1 日，我们接受网络新经济研究者、云海汇首席架构师邱道勇先生的委托，为他的新书《微信改变世界》做软文营销。这本书邱道勇先生 2012 年 12 月份就已经完成书稿，因为很多朋友比较关心，要写推荐和序言，因此耽搁了一段时间。

为了预热，3 月 1 日我们在网易、人民网先发布了该书要上市的消息。不料，该信息被另外一本正在组稿中的微信相关书籍编著团队获悉，对方为了抢时间，于当日也在中国广播网、和讯网等网络媒体发布了“史上第一本微信书隆重出版”的信息。实际上他们组稿中的书只是完成了封面设计，当时并没有上市发行，而邱道勇的《微信改变世界》已经印刷完毕！

为此，我们研究决定本次软文营销的行动目标是让网民知道《微信改变世界》是国内第一本微信相关的书籍。我们连夜围绕这个中心策划软文，选择投放媒体。

平面媒体因为审稿较为严格，我们降低了标准，只要求作为新闻类消息发布即可，只要体现书名、作者、第一本微信书籍三个要素就算达标。

广播媒体，因为推广费用有限，不能做访谈，就选择了中央人民广播电台的一个频道与编辑沟通，正好赶上一个微信的选题，成功地做了新闻植入。

网络媒体方面，因为不受字数严格限制，将上述三个传播要素进行了丰富和扩展，特别进行了文章标题、内文小标题“第一本微信书”类似关键词的植入，迅速投放，百度的检索效果很好。微信因为字数不限，我们在诸多微信群上进行了全文转发。

微博因为文字受 140 字所限，只是拓展了上述信息，涵盖了三个要素。除此之外，又使用了微信漂流瓶的功能，设置了“第一本微信书《微信改变世界》的作者是谁，回答对了的朋友有礼品赠送”，再次将要传播的三个要素进行了推广。

尽管我们接受该书软文营销任务的时间只有三天，比较仓促，而且费用有限，但是我们进行了软文的整合式营销，传播效果非常理想。华夏智库运作的 2 万册图书一周之内售罄！也许有朋友要说这两万册图书售罄还有线下推广的功劳，没错，如今的营销是一个合力，但是软文整合营销对于传播的贡献毋庸置疑，无传播不营销！

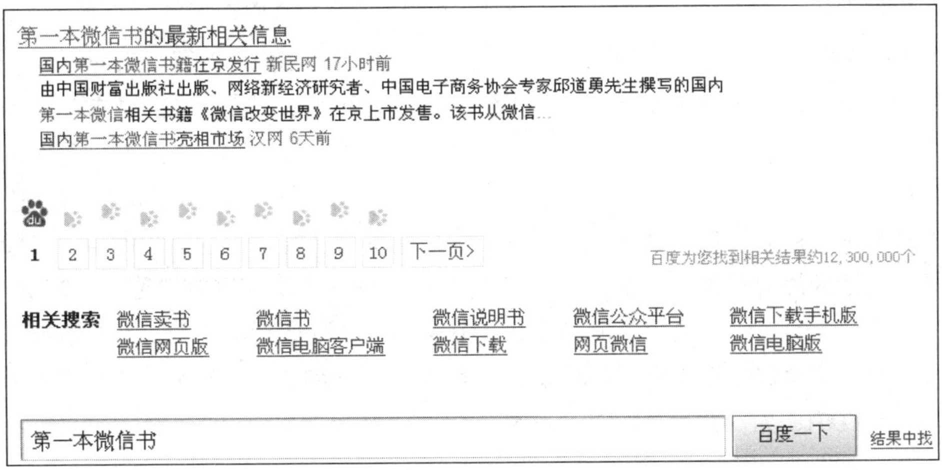

“第一本微信书”相关信息

软文整合营销，简单地说就是要梳理一下传播途径，根据不同的传播途径围绕同一目标撰写软文进行组合投放。这样不同投放渠道之间还可以引起互动，事半功倍。上述《微信改变世界》的推广如果策划的时间够，形成微博、博客、论坛的互动，与网络门户软文相呼应，效果就会更好。

二、软文与硬广如何配合

尽管软文与硬广从概念和表现方式上来讲是不同的，但是我们认为，软文与硬广不是相互矛盾的，而是相互有益的补充。遗憾的是目前很多企业依然只重视硬广，忽视了软文营销的力量。有些开展软文营销的企业，也没有把软文营销和硬广有效地配合，严重浪费了资源。根据软文营销的实战经验，一般来讲，最能卖货的软文都是软文和硬广巧妙配合的结果。

那么如何来配合呢？大致分为以下两种情况。

1. 软文融入硬广中

第一情况是在同一个版面之下，特别是对平面媒体的应用，一个整版或者一个半版，付费买了版面，只要内容没有政治问题、没有广告法禁止的情形，怎么用都由客户说了算，简单说这种情况就是软文融入了硬广中。

这种情况下，有一个重要的法则——黄金分割法则，必须要引起重视。黄金分割（Golden Section）是一种数学上的比例关系。黄金分割具有严格的比例性、艺术性、和谐性，蕴藏着丰富的美学价值。在人体结构中，到处都存在着“黄金分割”现象。如正常人肚脐以下的长度与身高之比接近0.618，上肢与下肢的长度比值也接近0.618。更有意思的是在人体生理功能中，人体最感舒适的外界气温约为23℃，这正接近人体正常体温37℃的“黄金分割值”22.8℃。人的视觉中最感舒服的矩形，其宽与长之比也为0.618。人在精神最愉快时，脑电波频率下限（8赫兹）与上限（12.9赫兹）之比亦为0.618。这都说明0.618的“黄金数”常意味着人体的最佳状况。

同样的道理，软文和硬广的比例越接近黄金分割比例，越具有杀伤力。具体来讲，图片和文字的配比如果符合黄金分割法则，不容易让受众产生审美疲劳，阅读时会更感轻松舒适。可以将纯文字部分所占版面与图片和广告艺术字部分所占版面的比例进行大概的估算，如果符合这个比例，这样的软文与硬广的配合就是最佳的。如下图所示的京华亿家的广告，硬广与软文配合得就比较好。

2013 年 3 月《京华时报》的广告

此外，还要注意文字要精练，文字表述的内容与图片和广告体文字要一致，文字的排版字体不要太小，不要太花哨，以方便阅读为标准。我们认为即使是单纯的形象广告，文字与图片比例可以不按照黄金分割法则，但是至少文字应该把卖点提炼出来。

如下图所示《劝和小组》的电视剧硬版广告，2013 年 3 月投放到了主流都市报上。文字少可以理解，但是有限的文字并没有突出片子的亮点，除了摆出了几个主演剧照之外，其余没有太多“看点”。这个广告软文与硬广的配合我们认为就没有到位。

至于整个版面的设计和创意可以参考平面广告的相关书籍，我们这里只研究文字的应用和注意事项。

《劝和小组》硬版广告

2. 不同的传播途径相互配合

第二种情况是不同的传播途径相互配合。硬广是平面的，也可能是网络的，还有可能是户外的，软文是单独的传播途径。这种软文和硬广之间的配合主要有两种操作手段。一种是软文配合硬广的投放，将硬广传播的要点进行提炼，以新闻性报道去进行二次传播。传播中甚至可以直接插入硬广的图片。硬广和软文之间在内容和投放时间上都配合好。另一种操作手段是在硬广的版面中展示系列软文的标题，标题就是相应的软文。

如果是网络软文，也可以在硬广中插入二维码，用手机扫一扫就可以阅读软文。免费操作的方式有几种，这里教大家一种比较简单的方法。首先将要在线下推广的软文在公众平台中的图文编辑好，然后用微信网页版在 PC 端登录，打开发布的文章链接，将这个链接复制到网络上的一些免费的在线二维码生成器中，扫描获取到的二维码就可以直接阅读文章了。如果获取的二维码比较传统，可以做个小图片，PS 到二维码中间，还可以在二维码下直接写上“扫码阅读+标题”。这种操作手法实际上相当于把硬广的版面做了延伸。

以下面的二维码为例，用手机扫码即可打开阅读。

扫描阅读：后众筹时代的冷思考

如上图所示的扫描图片做得比较粗糙，扫描后阅读展示的网页排版也不漂亮，只是一个示意。试想一下，如果将二维码的图片专门设计一下，扫描阅读后的链接网页文章精心设计一下，标题提炼一下，是否能够更方便阅读呢?

我们为一家企业做过线下的活动，没有像大多数线下贴二维码的活动一样，全部二维码都是公众平台入口，而是用二维码作为了精心选择的软文阅读入口，结果反馈比较好，该篇文章阅读量大增。以前只让人扫描进入公众平台，很多人进入后并不会阅读公众平台的历史消息。

软文营销的这两种整合手段也可以相互结合，总之，软文和硬广不能割裂开来，形成合力对外出击的力量才能达到最佳的效果。

三、事件营销与软文营销的互动

事件营销在英文里叫作 Event Marketing，是企业通过策划、组织和利用具有名人效应、新闻价值以及社会影响的人物或事件，引起媒体、社会团体和消费者的兴趣与关注，以求提高企业或产品的知名度、美誉度，树立良好品牌形象，并最终促成产品或服务的销售目的的手段和方式。

简单地说，事件营销就是通过把握新闻的规律，制造具有新闻价值的事件，并通过具体的操作，让这一新闻事件得以传播，从而达到广告的效果。

软文营销不一定是事件营销，事件营销离不开软文营销的配合。在软文营销的过程中随时会策划出事件营销，事件营销会为软文营销带来软文创意和撰写的话题。尽管读起来有点绕口，这也正说明事件营销与软文营销互动的必然性。

2012 年 8 月 21 日，河南省新乡市延津县一个养猪场的门前秦金周和他的亲属们为 3000 头打疫苗突然死亡的猪开追悼会。据当时的媒体公开报道，事件起因是 2012 年 8 月 1 日，秦金周按照成都天邦生物公司使用说明书和经销商的要求，给 300 多头猪进行了全面的一次性伪狂犬疫苗注射。

8 月 2 日，他发现许多猪躺在地上，吃东西都站不起来。8 月 3 日，有两头母猪流产。8 月 4 日，两头母猪死亡。8 月 5 日，猪场出现大范围的流产与死亡，用药无效。然而，没有注射疫苗的生猪则没有病症。此次事件共导致 200 多头母猪流产，2600 余头小猪夭折，50 多头母猪死亡，直接经济损失达上百万元。

然而成都天邦生物公司方面表示，只要养殖场能够证明该事故是由厂方的疫苗所致，愿意给予赔偿。但是在疫苗的鉴定上却出现了很大的问题，秦金周找了多家鉴定机构，竟没有一个能为该疫苗进行鉴定的，并且对于鉴定的效力，厂方表示不予认可，双方交涉一直未果。因此才有了给 3000 头猪开追悼会的事件出现。我们认为，这是一个典型的用事件来维权的案例，从事件策划到媒体引爆，都取得了明显效果。但是后期的推动明显乏力，如果秦金周的养殖场从 3000 头猪的追悼会提升到为中国养殖业疫苗的行业问题斗争，为解决中国养殖业面临的困境奔走呼号，可以从这个角度再发起新一轮的话题。

给猪开追悼会现场图片

如果在整个事件中，不仅打击成都的疫苗公司，更要借机宣传秦金周的养殖场，树立这个养殖场最负责任、最讲究品质的养殖基地形象，也许在维权的同时还能让秦金周的事业上升到一个新的台阶。要想做到这些，必须让事件与软文互动起来，让软文来控制事件的节奏并且将事件本身上升到一个高度。

其实，如果软文驾驭得好，事件营销完全可以“二次引爆”。一个事件经过发酵，成为舆论关注焦点后，可能会因为新的新闻出现，也可能会因为事件本身经过一个时间段，大家的眼球和记忆都疲劳了。这个时候就需要用软文进行新的诠释，要么引发争议，要么引入深思，把原来引爆的事件重新引回到舆论关注的焦点之下，这就是“二次引爆”，或者说“持续引爆”。

当然，有些事件本身如果没有好的策划和时机，不适合“二次引爆”，那么可以用软文进行梳理和总结，把好的经验整理出来，把事件营销对于品牌的意义拔高一下，写成总结性的文章，这将成为品牌积累和沉淀的重要元素。

简单总结一下，软文对于事件营销、互动的具体意义在于，软文能够引爆事件，能够控制节奏，能够唤起网民的思考，能够引导舆论导向，能够成为最终品牌沉淀和积累的证明。

第 6 章　软文营销五部曲

Chapter Six

软文营销不同于软文推广，软文营销是一个完整的流程，我们认为可以分成调研、策划、撰写、发布、评估这五个部分。如果企业长期实施软文营销，这五个部分是一个闭环的体系。

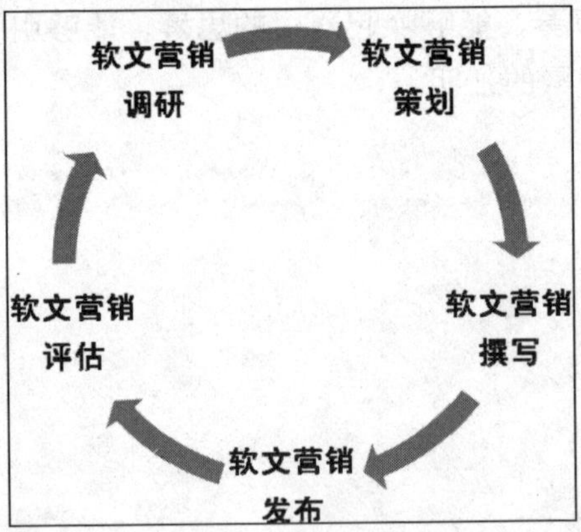

一、软文营销调研

毛泽东说过“没有调查就没有发言权”。调研的重要性不啰嗦理论，讲两个真实的案例。我们曾经接到过一家企业的委托，在我们提出要实地考察和调研才能合作后，对方拒绝了。因为和我们谈过合作，对他们比较关注。时间不长，央视 315 就曝光了他们的产品缺陷，对消费者健康有害，产品质量有问题，如果根据客户的要求直接去策划、撰写软文，传播的效果越好，伤害的消费者越多。

还有一个维权的案例。一个远房亲戚找到我，要我用软文帮他维权。说实话，我们维权成功的案例还真不少，但是有一个基本前提就是“有理、有据、有节”，在决定帮他之前，认真地看了他的证据，查阅了相关资料。正在我们义愤填膺、决定口诛笔伐的时候，多年的经验告诉我“兼听则明”，还是深入调研一下。于是打电话约对方见面，看了对方手上的资料才觉得事情并不像我们最初想象的那样。

我们不是法官，也不是公益组织，维权的事情应该找他们。这本书的第 1 版出版之后曾经有几位热心的读者找到我，希望我用软文帮助他们维权。对于读者所讲述的情况我们确实没有精力去实地考察和深入调研，只能告诉他们思路和方法。

不是我们没有爱心，也不是我们能力不够，人活一世，不仅仅要创造价值，更要对社会负责任，对别人、对自己都要负责任。在人人都是自媒体的时代，传播裂变会让好的东西传播得更广泛，也会让误导他人的信息传播裂变，可能会间接伤害到别人。

此外，软文营销调研除了能够对社会、对自己负责任获取客观信息之外，对于软文营销的效果更是起着至关重要的作用。如果开展软文营销想妙笔生花，让软文实现一字抵千金、一字抵万金的效果，就必须要调研。如果不去深入研究，实地考察，还能够做到不误伤别人，能把不了解的东西写好，只能送上一句网络语：“饿的个神啊！”

那么，中小企业开展软文营销如何调研呢？如果是企业自己的团队来操作，就相对简单了。如果是委托的第三方，就应该从两个方面入手，从三个群体去了解。

1. 调研两个方面：企业内部和外部

两个方面就是企业内部和外部。内部要调查企业的创建历史、企业的商业模式、经营范围、企业资质、经营业绩、企业荣誉、企业组织架构、企业领导人资历、经销商数量、客户群体、公司管理模式、人力资源体系、企业办公环境、生产环境、企业法务状态、企业参与的公益活动、企业员工的工作、生活状态等。

当然，并不是说以上所列出的项目都要全部了解得一清二楚，即使企业愿意配合也基本不太可能，但是至少要初步了解一下，这样便于后期的软文策划。特别是有些特殊行业，国家法律法规要求具有资质的情况，必须要查看原件。

对于外部而言，那就是要全面了解这个行业的发展情况，与公司相关的新闻热点，公司客户群的主要特征和行为习惯，主要竞争对手的基本情况，特别是竞争对手已经开展软文营销的，更要认真收集和研究。当然，我们收集这些并不是要诋毁竞争对手，而是要从中学习经验，找出竞争对手的弱点，从而制定差异化、个性化、系列化的软文营销策略。

2. 从三个群体去了解：企业内部人员、企业合作伙伴、第三方人员

三个群体主要是指企业内部人员、企业合作伙伴、第三方人员。

企业内部人员，包括企业经营负责人、企业创始人（有时候企业经营负责人未必是企业创始人）、企业主要部门负责人、企业员工。

企业合作伙伴，主要是指企业的主要经销商和供应商、企业的大客户。

第三方人员，主要指行业内的竞争对手，行业协会、监管机构人士，普通消费者。

对于以上三个群体的调研，不一定面面俱到，但是主要的应该覆盖，可以像新闻媒体记者那样列出采访提纲，也可以通过轻松地聊天的形式来侧面了解。对于消费者的调研必不可少，消费者说出来的话往往是最真实的，他们的评价是对产品检验的重要真理。

有一点必须要注意，对于涉及企业商业秘密的具体内容，尽量不去谈。即使了解到了这些信息，也必须严格保密，否则这些信息的泄露有可能就意味着这家企业的现实经济损失。

我们建议中小企业如果计划长期开展软文营销，如果是委托第三方，而

且接受了对方调研，一定要签署保密协议。如果能够协商成功，最好签署一个行业排他性协议。

二、软文营销策划

实际上，实施软文营销就相当于对企业的各个方面做了一次全面梳理，做了一次初步的管理咨询。这些事情在调研阶段已经解决了。

那么如何来策划呢？策划这个阶段应该完成什么任务呢？我们的建议主要是完成三件事。

第一件事就是要明确软文营销的行动目标。这个行动目标就是软文营销要达到的目的，是为了树立品牌还是为了拉动销售，是对竞争对手采取的策略做出回应还是配合公司的重大战略部署，必须要明确。如果有多个目标，一定要排出顺序，否则就是没有目标。

第二件事就是要明确软文营销实施策略。具体来讲，要明确软文营销的时间要求和数量要求，还要初步明确软文营销的投放渠道，当然这三个可以根据预算做一些灵活调整，但是必须等有了这三个要求，才能制定软文营销的策划案。

第三件事就是根据前面确定的行动目标和策略，进一步明确软文撰写的角度。这些角度既可以是文章标题形式，也可以是撰写思路的简单记录。只要前期调研充分，有了行动目标和策略，具体的围绕行动目标（一个事件、一个网站、一款产品），要吃透它，先建立一个清晰的写作框架，将写作分解成不同的侧面和角度，几大块一划分出来，头脑风暴，迅速将文章撰写角度列出来。这样，一个事件、一个网站、一款产品往往可以一层层分解出上百个不同的角度，组织出上千上万篇不同的文章，从中筛选出比较满意的撰写角度就会轻松得多。

这三件事都做完了，可以开个简短的讨论会，经过企业经营主要负责人确认，就可以形成书面的软文营销策划案了。

必须要指出两点，软文营销的策划案必须要与公司的发展战略一致，对外传达的声音与形象要与企业的品牌规划相一致。

软文营销策划案要素表

行动目标	撰写角度	投放渠道	数　量	投放时间	费用预算

三、软文营销撰写

1. 软文撰写不完全是技巧

很多中小企业都认为，开展软文营销需要有文字功底特别好或者文采好的员工，这个观点不完全正确。实际上只有平面媒体的软文和网络门户的软文要求较高，对于博客、微博相反对文字功底要求并不高，也不需要有文采，只要写出真实情感，写出对别人有价值的文字，真诚之下更能见深刻，朴实之中也能见精彩。

即使是对文章要求比较高的主流媒体，如果按照本书下面章节所讲的撰写技巧去实践，多加练习，也能很快写出漂亮的软文，也能顺利通过主流媒体编辑们的审稿。

软文撰写要注意与投放的渠道特点相符合，主要投放渠道的特点在软文分类章节已经分析过。软文撰写的技巧主要分为标题、内容布局、语言风格运用、收尾等方面，在本书接下来的章节中会逐一详述。

2. 软文撰写禁忌

1）忌不重视读者

尽管前期调研和策划都做得不错，围绕软文的行动目标也做了深入系统的研究，这样做写出有血有肉、生动传神的好软文不是难事，但是千万不要忽视读者。也就是说一定要充分考虑目标受众最关注的是什么，易于接受的传播方式是什么。否则，软文写得再好也会很主观，不会有理想的效果。

2）忌标题差

软文的标题是整篇软文的重中之重，读者看软文先看文章标题，之后经常是先速览一下每段内容的标题，如果有兴趣才会接着阅读。据调查数据显示，一般读者决定是否看某一个内容，70%是由大标题和副标题决定的。标题是整篇软文的点睛之笔，所以，要在标题上下足功夫。不过也不要为了标题创新而不顾标题与内容的关系，一旦文不对题就成了人人讨厌的标题党。没有吸引力的标题和标题党类的标题效果都不会理想。

3）忌拖泥带水

读者看软文通常没什么耐心，如果不能在几行字之内抓住读者的眼睛，后面的内容即使再精彩也毫无意义，所以软文要避免像写流水账一样，要精练语言，前后呼应，使得一篇软文浑然一体。

4）忌吹大牛

软文的目的在于引导、说服或者引起读者的共鸣，将信息植入读者的大脑，促使最终软文行动目标的实现。因此要充分考虑软文对于读者的“可接受性”。也就是说，软文一定要给读者一种“可信度”。切忌过分地夸大与拔高，切忌把软文写成类似硬广的夸张，如果引起受众怀疑甚至反感就白费力气了。适当夸大可以，千万别吹大牛。

5）忌有头无尾

我们见到过很多软文，标题、内文、布局都很好，行动目标植入得也很好，可惜没有尾巴。就像在高速上开车，车子跑得正兴起，突然没有路了，至少得有个提示，来个刹车吧。

四、软文营销发布

1. 软文发布的注意事项

1）选好平台

发布软文并不是简单地进行软文发布，对于软文发布的平台要有选择性。

首先，要注意的就是根据产品的特征选择发布平台，所以要选择跟产品行业相关的网络平台。重点考虑目标客户在哪里，结合软文风格和内容，在预算范围内选择平面媒体、网络媒体或者免费平台。

其次，要注意网络平台在搜索引擎中的权重，一些权重较高、有新闻源的网站往往是发布软文的第一选择。同时，要注意发布软文的时间间隔和范围，不能只一次发布就当作已经完成软文发布了，而是应该选择一些合适的平台进行有一定的频率的、多范围的发布软文活动。

值得指出的是，目前发布到平面媒体的软文，因为很多媒体已经有了网络版，一定要跟踪网络版发布情况，甚至可以让平面媒体协助联络一些网络媒体转载。(部分平面媒体会与一些网络媒体结成战略合作关系，稿件会相互摘录或者转载。)

2）要注意和发布渠道管理者处理好关系

首先是尊重。人都有被尊重的需求，我们在别人的地盘上做事，尊重管理人员是一个基本的原则。即使平面媒体的稿子被毙了，论坛中的软文被删除了，也不要和编辑或者版主发生正面冲突。

其次是怀有一颗感恩之心。如果我们的平面软文审稿顺利通过，如果我们的网络软文被推荐或者被加精华了，请一定要联系审稿编辑或者给你推荐、加精华的管理者，表示我们的感谢，哪怕我们的感谢仅仅只是语言上的。

最后是用心交往。我们需要建立重要平面媒体及网站管理人员的人脉圈子，每个人都不希望被利用，但是如果我们在发布软文之前就已经和管理人员熟悉了，后面的事情就会很简单。线下的吃饭、送礼物、喝茶、打球是增进感情、加强沟通的重要方式。

切忌直接送钱，收了之后人家会有压力，因为人家也不一定能够完全保证你发布的所有软文都让你通过，都能及时按照你要求的时间发布，也不能保证论坛板块的软文不会被删掉。此外，这样做也有法律风险，这样建立起来的朋友关系也会非常脆弱。

2. 软文发布之前的检查

扎实的调研、周密的策划、巧妙的撰写之后，重头戏就是发布了。所谓发布也就是前面所说的投放的概念。

发布到博客、微博、微信等渠道的软文就不单独强调，这里重点讲一下发布到平面媒体和主流网络媒体的文章。在发布之前，一定要仔细检查一遍，检查的内容和顺序建议如下：

- 行动目标是否植入。
- 软文的标题是否足够吸引人。
- 软文的内文是否上下连贯。
- 软文中关键词植入得是否过密。
- 软文的配图是否合适，是否有法律风险。
- 软文是否有结尾。
- 网络软文的超链接是否正确。
- 软文中是否有错别字，特别是涉及的人名、地名、产品名称。
- 平面软文中的标点是否有明显错误（括号、引号、书名号等是否完整，标点符号用法可以参见《国家标准标点符号用法》）。

3. 软文发布的途径

除了电视、广播的软性植入之外，以下渠道较为常用。

- 平面媒体，如报纸、期刊等。
- 网络媒体，主要指全国以及地方门户网站，如新浪、搜狐、网易、中国网、千龙网、广州视窗、东北新闻网、红网、荆楚网等。
- 搜索引擎，如百度知道、百度空间、百度百科、网易有道等。
- 网络论坛，如新浪论坛、网易论坛、人民网论坛、天涯社区等。

- 博客，主要指企业自己开设在各大门户网站上的博客。值得指出的是除了自己的博客之外，也可以找名人博客发布，也可以在其他点击量高的博客中以留言形式发布。
- 微博，特别是影响力大的名博。
- 微信，如果说微博是大社会，微信就是小圈子。可以动员一切能调动的资源在微信圈子里发布，众多的小圈子就是大社会了。
- 分类信息网站，如58同城、手递手、赶集网等。
- 资源性平台，如豆瓣网、百度文库等。
- 企业邮件。
- 企业内刊及宣传册等其他形式。

需要说明的是，不同的软文营销项目和不同的企业选择的软文发布渠道可能不尽相同，可以结合优势资源，结合软文特点整合几种形式，没有必要所有的软文统统地把这些渠道全部利用上。这样不太切合实际，也没有可操作性。

4. 软文发布的最佳时间

如果软文发布的时间允许，平面媒体建议尽量选择在有重大选题的刊期刊登，因为有重大选题的当期，报纸的销量和传阅率都会明显增加。

网络媒体软文尽量选择在周一至周五的上午10点至11点投放，因为很多小站的编辑会在这一时间段转载文章。

新浪微博商务部的调研数据表明微博用户活动有如下规律。

- 微博用户周一、周二反应冷淡：用户往往面临比较大的工作压力，心理处于紧张期，对于企业微博的反馈并不是非常积极。
- 周三、周四互动最集中：用户进入一周的稳定期，对于微博的反馈积极性有明显的提高。但是企业目前对于这两天的利用不足，发微博比例偏低。

- 周五、周六、周日用户更活跃：用户处于对周末的期待中，相对于评论而言，更乐意进行简单的转发。
- 工作日下班后的时间段（18～23 点）营销价值大，企业需关注。周末午饭后（13～14 点）和晚饭前后（17～20 点）的用户互动更加积极，这两个时间段用户转发和评论都比较积极。
- 周末的 23 点之后仍是用户积极互动的时间：由于周末休息较晚，23 点之后企业微博仍然可以获得较多的用户反馈。

因此，微博软文的发布时间尽量选择在用户活跃度高的时间段，收效会更好。微信软文发布可以参考微博的时间段。

不同行业的软文微博发布最佳时间，可以参见网络营销整合专家刘东明编著的《微博营销：微时代营销大革命》，第 169～177 页。

五、软文营销评估

1. 软文营销拒绝效果评估的 *N* 个理由

提起软文营销效果评估，有些专门实施软文营销的团队会反对。大部分人会说软文营销不像数据库营销，也不像搜索引擎营销，可以计算出来到访流量是多少，实际意向客户有多少，成交量是多少，然后可以计算出投入产出比。对于软文营销，这样的评估方法不适用。

也会有人提出软文营销的见效是长期的，因为软文特别是网络软文是永久在互联网上传播的，任何时候用户都可以通过搜索引擎来访问它。因此，这种效果需要一个沉淀的过程。

还会有人提出，软文更重要的作用在于品牌传播，而不是直接销售产品。当然我们并不否认有些软文是针对某些活动的销售设计的，但总体而言，软文更趋向于传播品牌形象，这是不能评估的。

更会有人提出，软文营销需要方方面面的配合，比如需要硬广的支持、需要产品质量过硬、需要客服的跟进等。

软文营销拒绝效果评估，能找出 *N* 个理由来，我们认为说到底，是惧怕软文营销策略的调整，惧怕软文的竞争，惧怕软文创新!

2. 软文营销评估的意义

就像企业开展的绩效考评一样，对于员工来讲是一种鞭策，更重要的是，对于提升企业经营业绩具有重要的作用。软文营销的效果评估作用同样如此。无论是中小企业将软文营销外包了，还是企业内部组建团队实施的软文营销，客观地对软文营销的效果进行评估都有两个方面的现实意义。

- 首先，对于软文营销本身来讲，能够通过效果评估，去鞭策我们进一步思考软文营销下一个流程的循环应该重点放到哪里。也能够及时总结好的经验，为下一步提高软文营销的水平奠定基础。
- 其次，对于实施软文营销的团队来讲，也是一种学习和进步的机会。软文营销涉及的环节比较多，影响因素比较复杂，软文营销效果评估能够客观上使软文营销团队注重调研、思考，有利于软文营销团队与企业的市场部、销售部及其他部门的团结合作。

因此我们坚持认为软文营销必须评估，尤其是对于长期实施软文营销的企业，更需要如此。唯有如此，软文营销的创新能力才会持续提高，才会让企业最终切身感受到软文的力量。

3. 软文营销评估的方法

我们认为，软文营销对于企业认知度、品牌知名度、产品线下的销售促进等作用，也是不容忽视的，即便不能进行数据统计，但效果客观存在，也能够通过一些客观的指标做一个相对客观的效果评估。

我们结合大量的实践案例，对软文营销效果评估方法总结为以下几种，尽管不一定全名，也不足够科学，仅供大家参考。

- **成本评价法**：主要针对以销售为导向的企业。将实施软文营销周期内的销售业绩与同时期进行对比，将软文营销投入的费用与业绩增长额进行对比，如果远远超出业绩增长额，那么软文营销的效果就毋庸置疑了。这种方法适合评价平面软文和网络软文。

- **搜索引擎收录评价法：** 主要针对网络门户软文。在实施网络软文营销之前，分别在百度网页和百度新闻格式下检索相关关键词，记录检索到的数字结果。实施软文营销后，将检索结果进行对比。还可以增加谷歌、搜狗的检索对比。三个主要搜索引擎已经能够客观评价网络软文的收录效果了。
- **转载率评价法：** 也可以简单理解为二次传播量评价法。无论是平面软文还是网络软文全部适用。平面媒体的软文引起网民主动引用或者评价了，即可认为是一次二次传播。网络软文主要看网站、论坛的帖子转载量了。
- **流量分析评价法：** 主要针对推广网站的网络软文，为网站带来了多少点击量，这个通过站长工具可以非常精确地统计出来。这个评价方法最客观。
- **置顶率评价法：** 主要针对网络论坛中的帖子形式软文，简单来说就是有多少次被置顶了。

必须指出的是，软文营销的效果评估不能绝对化，因为在个别情况下，软文的行动目标不一定是销售，有可能是危机公关，有可能是信息反馈。我们建议软文营销的效果评估将以上几个方法综合考虑。我们实施的项目都会出具详细的软文营销执行报告，其中会将软文逐一列举，将发布平台逐一列举，将评估效果书面分析，便于客户客观地评价。这一做法值得自己组建团队开展软文营销的中小企业借鉴。

如果是大型企业，必须要求 KPI 的，建议可以根据以上要素设置成表格，设置不同的权重，加权平均的量化指标就有一定的科学性了。

第 7 章 软文创意 18 招

Chapter Seven

软文创意，简单地理解就是软文从哪个角度写，怎样写软文更吸引人。创意其实就是功力，我们总结出了 18 招，仔细研究一定会让你轻松下笔，思如泉涌。

第1招：挖历史

我们在这里没有必要苛求历史的定义，按照通俗理解就行了。任何企业都会有历史，即使刚刚成立的企业创始人也不是一蹴而就的，也一定有他自己的创业想法萌生、筹备、实施和落地的过程。这个过程对于当前来讲就是历史。

此外，千万别忘记了真正地向历史要东西。历史和文化是紧密结合的。企业所在地有没有历史可挖掘，有没有文化传承。企业的产品或者经营项目有没有历史。如果能找到历史典故，那么首先要恭喜企业一下，企业已经具备开展软文营销的“地利”了。

白酒企业都善于挖历史，用历史文化来美化自己，而且都见到了效果。“百年牛栏山”让正宗二锅头在消费者心中落户牛栏山，五粮液也号称百年历史，号称国外酒类评奖八十年金牌不倒。茅台宣传茅台镇是黔北名镇，古有“川盐走贵州，秦商聚茅台”的繁华写照，茅台酒早在 2000 多年前就有了。

这些品牌挖出来的历史如今已经成为消费者津津乐道的话题，也让这些酒类品牌深入人心。

我们操作过的胡麻油的软文案例，也借用了胡麻油产地的历史古迹“将台堡”作为历史见证，让古法压榨的胡麻油增加不少文化底蕴和神秘色彩。

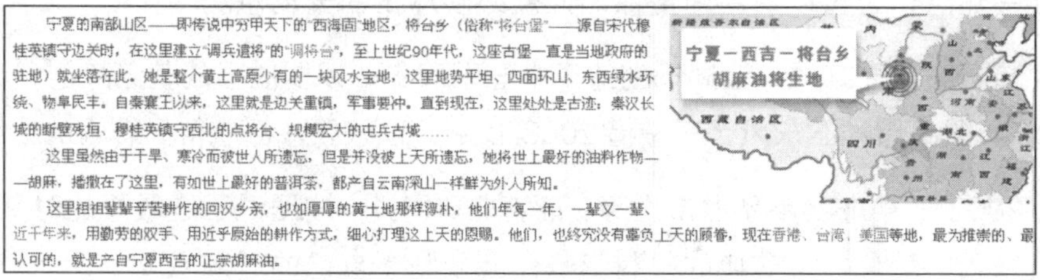

宁夏的南部山区——即传说中穷甲天下的“西海固”地区，将台乡（俗称“将台堡”——源自宋代穆桂英镇守边关时，在这里建立“调兵遣将”的“调将台”，至上世纪90年代，这座古堡一直是当地政府的驻地）就坐落在此。她是整个黄土高原少有的一块风水宝地，这里地势平坦、四面环山、东西绿水环绕、物阜民丰。自秦襄王以来，这里就是边关重镇，军事要冲。直到现在，这里处处是古迹：秦汉长城的断壁残垣、穆桂英镇守西北的点将台、规模宏大的屯兵古城……

这里虽然由于干旱、寒冷而被世人所遗忘，但是并没被上天所遗忘，她将世上最好的油料作物——胡麻，播撒在了这里，有如世上最好的普洱茶，都产自云南深山一样鲜为外人所知。

这里祖祖辈辈辛苦耕作的回汉乡亲，也如厚厚的黄土地那样淳朴，他们年复一年、一辈又一辈、近千年来，用勤劳的双手、用近乎原始的耕作方式，细心打理这上天的恩赐。他们，也终究没有辜负上天的顾眷，现在香港、台湾、美国等地，最为推崇的、最认可的，就是产自宁夏西吉的正宗胡麻油。

胡麻油软文营销案例引入的“将台堡”古迹

另外一个挖历史有收获的是关于一个起名字的案例。2014 年下半年，我们参与了一款健康饮品的策划。这款饮品利用红枣作为原料，发酵制作成红枣饮料。当时大家想了很多名字，自己都感觉不满意。后来我提议挖历史，大家现场用网络查资料，发现红枣在中国发源于黄河流域，而黄河流域最好的区域在山西太原。这款产品的出品商伦嘉集团总部在山西，起步在山西。另外一方面山西的醋在国内竞争力毋庸置疑，枣酿和醋一样在工艺制作中必须要发酵，甚至枣酿只是一种高雅的称号，通俗的品类名应该是枣醋（对照苹果醋的通常理解）。产品的品牌名称中如果含有太原的竞争优势，又适合全国推广，才比较理想。

总不能直接叫黄河枣酿吧，我们接着挖历史。发现黄河在历史上曾经被称作“上河”、“大河”，叫大河枣酿感觉是从日本来的，于是“上河枣酿”的名字就这样诞生了。挖历史的运用，在企业营销中，无论是策划方面，还是在落地的软文营销操作上，都会给我们带来出人意料的回报。

挖历史：“上河枣酿”的名字诞生

第2招：借东风

如果说挖历史是“地利”，那么借东风在软文营销中绝对是“天时”了。所谓“东风”，主要是针对一些时下发生的事件，引起人们的广泛关注。可以是社会热点，也可以是新闻事件，但是必须从正面去创意。

诸葛亮巧借东风，让周瑜创造了中国军事史上以弱胜强的著名战例“赤壁之战”。蒙牛借神五东风，李宁借2008北京奥运东风，都取得了辉煌的成绩。

2003年某电器产品上市之际，正值非典时期，按理说不是最好的时间段。但是它巧妙转化，把非典的不利影响变成了利于自己的“东风”。

《一个被99%的人忽视的卫生习惯》，这是非典时期该品牌的第一篇软文的标题，发表时机为当时各媒体大篇幅教育人们要“勤洗手”、“科学洗手”之际，这个“东风”借得好，用1篇千余字软文就完成了原计划用10篇约8000字才能实现的市场教育和观念引导宣传。

非典后期，全国上下又掀起了声讨卫生陋习时，《华商报》也推出了“审视生活陋习，倡导文明生活”的专题新闻，如《入厕陋习得改改》、《家庭生活陋习应该改改》，该品牌再次抓住了这次“东风”，推出了《重要提示：便后清洁方式得改改》的软文，正是这两次巧借“东风”让该品牌无论是产品销售还是品牌传播都实现了大丰收。

2011年西布曲明下架事件，引起减肥市场对健康问题的广泛关注。我们就曾经借这个“风”将国民全营养素的纯天然配方进行了精准传播，收效比较理想。

2011年瘦肉精事件，引起人们对猪肉产业的空前关注。我们为“彼特博”高端乳酸猪肉策划和撰写了《瘦肉精是不是个案》、《禁止瘦肉精为什么这么难》、《彼特博品牌猪肉京津受宠》软文，经新浪、网易发布后，其他网络媒体大量转载，在当时也收到了比较好的效果。

2014年9月初，我在北京组织了一次软文营销实战训练营，当时比较忙，没有时间顾及招生推广，正准备写一篇软文来推一下这个项目。2014年9月10王全安嫖娼被抓的事件在互联网上率先曝光并持续发酵。没办法，这个“东风”来了，虽然对于王全安来讲多少有些落井下石的感觉，但是想想从批判性的思维来看，也未必是坏事。于是决定借一下这个“东风”，连夜搜集了一下关于这个事件报道的 300 多个标题，写了一篇软文《震惊！比对王全安嫖娼事件 300 个标题之后》（全文见本书第 2 篇的“25. 微信公众平台软文”），考虑到社会影响力的问题，决定只在我们自己团队的微信朋友圈和微信群中发一下。

第二天上午发出来之后，微信好友回应特别多，有好友主动帮我们转发，一天之内通过这篇软文新增加了 3 位学员报名，而这 3 位学员并不是我们认识的朋友。

借东风，用软文操作非常容易，不过“东风”不是总有的，中小企业要善于抓住机会，要有这个意识，不能错失良机。

第 3 招：讲故事

讲故事是人类最新鲜也最容易受到欢迎的信息接受方式，故事性的软文能让读者记忆更深刻，能够拉近与读者的距离，让读者不自觉中产生消费行为。

《达・芬奇密码》用一个故事创造了包括电影、书籍、服饰、音乐、旅游等各行业产值近 10 亿美元的奇迹。

英国靠领救济金过日子的女作家 J.K.罗琳因为成功讲述了《哈利・波特》的故事成为英国十大女富豪之一。哈利・波特创造的产业价值保守估计近百亿美元！

国内故事的力量及其商业价值在动漫领域表现得最为典型的是《喜羊羊与灰太狼》，影视、动漫、玩具、服装等各个领域创造的总产值也有数十亿元人民币！

在企业界，海尔张瑞敏砸冰箱、茅台海外参展摔酒瓶的故事至今仍为人们津津乐道，这些故事为企业带来的卓越品牌传播贡献也是毫无争议的。

那么怎么来入手故事性软文呢？首先要记住讲故事不是目的，故事面前的产品和服务线索才是文章的关键。此外，故事的知识性、趣味性、合理性是故事性软文的基本要求。

针对软文的行动目标可以自编一段小故事巧妙地融入自己的产品，进而达到宣传的目的。也可通过讲一个完整的故事带出产品，使产品的“光环效应”和“神秘性”给消费者心理造成强烈暗示，使成交行动成为必然，甚至让消费者自愿去分享这个故事。

经典的故事性软文如“1.2亿买不走的秘方”、“神奇的植物胰岛素”、“印第安人的秘密”等。我们曾经撰写过的一篇名为“雅莱减肥饼干带来的雨中情缘”的软文，这就是一篇典型的故事性软文（全文见本书第 2 篇的“1. 故事性软文”软文案例）。

再比如，近年来餐饮业广为流传的雕爷牛腩，很多消费者没有吃过，但是大部分都听说过这个品牌，很多人都记住了香港食神的配方。

当然，我们不可能做到每一篇故事性软文都能让品牌一夜之间成名，也不可能每一篇故事性软文都按照品牌相关教科书那样做品牌定位、规划、挖掘等烦琐的工作，那样软文就出不来了，软文创意往往是一念之间的事情。

只要软文营销前期做好了调研工作，后期就要解放思想，不要让所谓的品牌大师、营销大师们的高深理论吓倒，让你的故事创意被扼杀在摇篮中。

那么，故事从哪里找呢？公司产品或者服务、企业家本人、消费者、企业活动、员工生活等。此外，用心关注国内外热点事件、焦点，带着行动目标去想如何讲故事，故事性软文的创意一定会出来。

第 4 招：用数字

中美战略经济对话的华裔美国劳工部长赵小兰曾经表示，在战略经济对话中，中美有很大的沟通差异，中国人喜欢用数字，但美国人喜欢说故事。

的确，国人非常喜欢数字，几乎一切都被编织成了数字。各种价格指数、天气指数、洗车指数、幸福指数等围绕数字所做的文章近年来非常流行，各类数字时时刻刻络绎不绝地出笼。

官员喜欢数字，数字之中能出政绩。企业家喜欢数字，那是企业的经营业绩。经济学家喜欢数字，那能凸显他们的专业水平。老百姓也喜欢数字，因为数字最直观，也愿意相信数字。国家统计部门的数字是否足够真实客观，我们在这里不去讨论，但是我们做软文营销，创意方面不可不从数字上做文章。

看看媒体的相关报道，与数字相关的，那些能够引起深入探讨的话题要简单记录下来。再回过头来看与企业相关的数字，思考一下有没有挖掘的潜力。

举个例子，“国家粮食局：中国每年因浪费损失 2 亿亩耕地产量”这样的报道尽管没有成为社会关注的热点，但是 2 亿亩耕地的产量，足够震撼。如果开展软文营销的企业是食品行业企业，完全可以从这 2 亿亩耕地产量上做文章，在软文中可以自然地融入自己企业为节约粮食所做出的贡献，也可以推算出数字。如果这方面没有数字，可以思考浪费的这 2 亿亩耕地产量粮食自己企业作为原材料能创造多少价值，总之要让这些数字和企业的数字发生关系。

再举个案例，硅谷动力曾经有一篇标题为“中国禽疫苗十强乾元浩的协同之路”（百度检索文章标题可以检索到），文章讲了乾元浩使用用友致远的 A6 协同办公系统以后，工作效率、管理成本大大降低。这是一个双赢的事情，对于两家企业来讲都是比较好的营销性软文。文章中有一个小标题“协同 OA：公文流转一年省下 6 万元 11 万分钟”，用数字去表达，值得肯定，不过 6 万元显得太少，11 万分钟读者很难短时间内算过账来，11 万分钟是什么概念？

如果不去计算一年省下来的费用，而是计算三年，如果不单单计算乾元浩一家公司使用后的变化，试想集团公司全部使用之后的变化，如果把节省的时间不按照分钟计算，按照小时计算，折算成人力时间，是不是让读者一眼就能看明白，是不是数字显得更有意义呢？本书第 1 版的书稿内容在用数字方面我也犯了个小错误，第 1 版 P7，“平面媒体报道 3165 篇（报纸媒体报道 5896 篇，杂志媒体报道 434 篇）”中的“3165”实际应该是（5896+434）6330（一位广西桂林的读者邹鞘专门给我发来邮件，指出了这个错误）。

因此，软文中用数字，无论是在标题中使用，还是在内文中使用，必须要让读者一眼看明白，必须要有依据，经得起读者的推敲，效果才会更好。

第5招：树权威

由中国科协等机构组织的第五次（2003年）《中国公众科学素养调查》，向至少30个省、自治区、直辖市共发放了8520份调查问卷，成功回收有效问卷8474份。在有关“公众对迷信的相信程度”环节的调查中，问卷分别设置了“求签”、“星座预测”、“周公解梦”、“面相”等选项，而有关“1/2人信求签”、“1/4人信星座”、“1/5人信周公解梦”的数字都是基于此得出来的。随后的一个综合追问分析显示，真正迷信者的比例仅13.3%，也就是说大部分人还是“信”而不“迷”的。

以上谈的是迷信的问题，但是也能在某种程度上证明中国人信权威。中国人信权威，在学术界表现得就更明显了。在谈及中国诺贝尔奖空白时，诺贝尔奖评委彼昂认为，中国人太过迷信权威，做了很多模仿性的研究，原创性的工作做得太少，这导致了国内的研究一直得不到国际的认可，中国本土专家夺得诺贝尔奖的非常少。他还提到，西方学界存在一种看法，认为中国的科研活动多为模仿、跟进尖端科技，相对缺乏原创性。

既然中国人信权威，那么我们在做软文创意的时候就要迎合这种现实。那么权威在哪里呢？我们认为，权威是一定领域取得突出成就并且有一定知名度的人，或者是传承下来的风俗习惯。权威可以是古代的，可以是现代的，也可以是当代的。比如，提起梦境，老百姓都信“周公解梦”；提起财神，都信“关公”；提起杂交水稻，都信袁隆平；提起电子商务，都信大嘴马云；提起搜索引擎，都信李彦宏……

中小企业开展软文营销，可以想想这个行业的权威是谁、细分领域的权威是谁，这个行业如果没有权威，只要自己货真价实，有干货，那么你就是权威！

软文要么树立权威，要么借助权威来增强软文的说服力。不过要注意一点，如果各方面积累和准备不够，树权威的时机可以后移，否则因为放空炮、喊大话被人耻笑就得不偿失了。

第 6 招：找案例

对于软文营销要推广的服务或者产品，无论是要证明效果好还是说明产品质量过硬，都需要用案例来说话，特别是议论形式的软文。从案例入手，软文表达的意思更明确，读者更明白，说服力也就更强。

以减肥产品为例，假设你要说这个产品有多好，对消费者身体健康无任何损害，减肥的效果有多好，举几个典型的案例比你说一大堆形容词更容易让人接受。

软文创意的时候，找找客户案例，找找行业案例，不同的案例有可能是不同的角度，这样软文撰写的角度自然就多了。

找案例，一要注意案例的代表性，二要注意案例的适量性。案例没有代表性会显得苍白，案例太多又会显得啰唆，也容易让读者觉得是在夸夸其谈。

没有案例能不能编？可以，但是要编得不留破绽。对于有些刚刚成立的创业型的小微企业，某些行业可能暂时没有案例，那么创业团队创业之前有没有参加过相关案例呢？如果也没有，那么能不能去拜访一下有切身体验的人。还是那句话，没有调查就没有发言权，即使是编案例，也要当做一次软文任务，做好功课，不留破绽，不留后患。

第 7 招：曝内幕

人类还有一个特点，特别是网民，那就是好奇，什么事情都有探究竟的喜好。如果适度地曝曝行业的内幕，则会赢得广泛关注。

我国证券行业对内幕信息有明确的界定，总结出了三个特征：内部运作人员所知悉、尚未对外公开、对于信息所在集体或行业具备商业价值。东方财富网 2008 年开设了一个博客，至今访问量突破了 2 亿多，每篇文章访问量都数以万计，靠的就是曝内幕信息！

我们觉得内幕信息的三个特征也完全适用于软文营销方面。琢磨一下企业所处的行业是否有内幕，是否能够有限度地披露一下，从曝内幕角度撰写的软文转载量会很高。

东方财富网报内幕博客

2013 年 3 月 14 日《北京晨报》的一篇文章“知名整形医生揭露行业内幕”当天刊发引起了数百家门户网站的转载，不乏新浪、网易、腾讯等知名门户网站，下图中显示有 269 条相同新闻。

> **知名整形医生披露行业内幕** 新浪 2013-03-14 01:19:00
> 据新华社（原标题:知名整形医生披露行业内幕）为了美挨几刀算什么!当下,整形成为很多爱美女性的时尚选择。有人甚至抱着“没有最美,只有更美”的心态,恨... 269条相同新闻 - 百度快照

百度中显示有 269 条相同新闻

这篇文章中采访对象是浙江大学医学院附属第一医院整形外科主任徐靖

宏，一篇 1500 多字的文章，提到了 1 次医院名称，4 次提到了徐靖宏，我们认为这很可能是一篇精心策划的软文！（全文见本书第 2 篇的“15. 揭内幕类软文”。）

不过必须要指出的是，曝内幕的内容必须要适度，曝的时间点要把握好，否则出现曝了内幕丢掉自己客户的情况就得不偿失了。如果引起行业众怒，惹祸烧身，遭到行业上下游的联合抵制那就玩儿大了。

第 8 招：造新闻

没错，绝对没看错！就是要制造新闻。其实对于中小企业而言有太多的制造新闻的机会，年底开个经销商座谈会或者经销商大会，签下大的业务单子，接待社会知名人士到访，企业领导对外参加知名的活动，招聘方面新举措，企业管理方面卓有成效的方式，等等。

造新闻，一定要有据可依，不是胡编乱造。此外，造新闻的软文一定要用新闻性的表述来撰写。有些时候，软文用造新闻的方法去创意，很有可能演变出来一个事件营销的策划案。因此，这个方法建议经常使用。

2015 年 3 月 11 日，云海汇首席架构师邱道勇先生和我提出 3 月 13 日要到北京办事，顺便想邀请一些金融圈的朋友吃顿饭，聊聊互联网金融的话题。我建议他干脆做个沙龙，下午沙龙话题探讨，晚上吃饭。没有想到他的号召力很强，微信朋友圈和微信群一发，有 30 多个朋友报名。

沙龙如期开展，大家吃饭交流更愉快，看看后来我们的新闻是怎么造的：云海汇众筹 33 人沙龙敲响羊年战鼓。显然，这个新闻继续造下去就可以完全演变成一个小项目运作了！

第 9 招：比对手

很久以前，挪威人从深海里捕捞沙丁鱼，每次还没等运到海岸，沙丁鱼基本上都奄奄一息了。渔民们想了很多办法，但都失败了。只有一条渔船，总能带回活鱼上岸。人们仔细研究才发现了其中的奥秘。原来，这条船是在沙丁鱼槽里放进了鲇鱼。鲇鱼是沙丁鱼的天敌，当鱼槽里沙丁鱼和鲇鱼共存时，鲇鱼出于天性就会不断地追逐沙丁鱼。在鲇鱼的追逐下，沙丁鱼也会拼命游动以求生。这就是著名的沙丁鱼的故事。

这个故事告诉我们一个道理，对手是自己的压力，也是自己的动力。而且往往是对手给自己的压力越大，由此而激发出的动力就越强，这是一种博弈关系。一位教练曾经这样说："对手是每个运动员最好的教科书，谁要想战胜对手，谁就得向对手学习。"

再来看加多宝和王老吉，我认为如果没有"王老吉"商标使用权之争，就不会有加多宝的诞生。如果没有王老吉在商战上的响应，加多宝品牌的崛起就不会那么快！官司打得难解难分，广告傍着一起打，渠道争得面红耳赤，结局呢？消费者对凉茶的认知记住了新锐加多宝，也没有忘掉老牌王老吉，可惜把和其正给忘得差不多了。这就是博弈论，没有对手是很可怕的。

在我主讲的有效传播的课程上，曾经有学员问过我，那和其正应该怎么办呢？其实很简单，抛开定位、战略不谈，只从比对手这个思路出发谈战术，两个凉茶打架，他跳出来当裁判就完了，可惜和其正没有抓住这个机会。

从2014年7月份开始，我担任一家年销售额近50亿的企业的营销顾问。公司创始人的格局让我钦佩，竞争对手偶尔攻击他们，偶尔耍点小花招抢市场，他却很开心。在他看来，只要竞争对手不能足够强大，适当地给对手一条活路，对于活跃市场，教育消费者，激发员工的斗志大有好处。

比对手，在软文创意方面就是向对手学习，研究相同或者近似产品或者服务的特点，找到自己的优势。特别是自己的产品和服务有明显优势的时候，从这个角度去创意软文的效果会很好。

即使你的产品或者服务不如对手的好，也不要害怕，尺有所短、寸有所长，你的产品或者服务不可能任何地方都没有优势。找出你的优势，以己之长攻敌之短，软文会给你带来惊喜。

但是有一点必须要注意，比对手在软文创意中千万要客观，不要恶意诋毁竞争对手。要记住，是对手让我们强大，是对手让我们有不断学习和进步的机会，要怀着一颗感恩的心，与对手进行对比，向对手致敬！

2013 年 3 月 14 日，上海《东方早报》的一篇汽车类的软文运用这个创意把握得就很好。客观上对比了三款 7 座 SUV 的优缺点，最后有倾向性地推荐了酷泽。

第 10 招：傍名人

名人是社会公众比较熟悉和喜欢关注的群体，人们能够通过各种媒体不断地获取名人的相关信息。也正是因为这种名人本身的影响力，名人在其出现的时候往往能够达到事态扩大、影响加强的效果，这就是名人效应。

名人效应的应用是很普遍的，在广告方面，几乎大部分广告都在利用名人效应，爱屋及乌，因为受众对名人的喜欢、信任甚至模仿，从而转嫁到对产品的喜欢、信任和模仿。

美国心理学家曾做过一个有趣的实验，在给大学心理系学生讲课时，向学生介绍说聘请到举世闻名的化学家。然后这位化学家说，他发现了一种新的化学物质，这种物质具有强烈的气味，但对人体无害。在这里只是想测试一下大家的嗅觉。接着打开瓶盖，过了一会儿，他要求闻到气味的同学举手，不少同学举了手，其实这只瓶子里只不过是蒸馏水，“化学家”是从外校请来的德语教师。

软文营销也可以借助名人来吸引公众的眼球，增强文章的阅读率。但是傍名人如果没有经过名人的同意，风险也是很大的。在软文营销的实践中，傍名人的操作手法有些时候与借东风一样，可以直接借名人事件做一些评论引出要植入的话题。

傍名人有一点必须注意，绝对不能对名人和你产品或者服务之间的关系进行杜撰，比如你写减肥产品，你可以写用了减肥产品可以实现刘亦菲那样的身材，但是你绝对不能写刘亦菲是用你的减肥产品而保持了理想的身材！更不能因为你的傍名人导致名人的社会评价降低，甚至是有损名人的社会评价。

其实傍名人的操作，不仅仅是名人，名企、知名商标都可以去傍，关键是要傍得巧妙，傍得要让消费者和名人都感觉有面子，才能让读者不觉得反感。否则，即使傍上了名人，要么惹来官司，要么引起读者反感，就没有任何意义了。

我们发现近期在微信朋友圈中做微商的很多傍名人傍得不错，卖衣服的发完图片，底下来一句“范冰冰”同款、“苍井空”推荐款，值得借鉴。

第11招：动真情

“只要人人都献出一点爱，世界将变成美好的人间”这句歌词曾经感动了几代中国人。法国哲学家、文学家狄德罗说过：“没有感情这个品质，任何笔调都不可能打动人心。凡是有感情的地方就有美。”

人是有感情的高级动物，只要动了感情，就会引起共鸣或者在心底里被触动，从而改变自己的行为决定。举个生活中简单的例子，为人父母的会有更深的体会。在商场，一个小孩子特别喜欢一件东西，想让家长买下来，尽管家长嘴上不同意，如果这个小孩子不和家长吵闹，而是跑到一边伤心地哭泣，那么不管这件东西的使用价值有多大，价钱贵不贵，只要经济条件宽裕的家长就都会改变主意把东西买下来。

软文用情感打动读者的道理也是同样的。情感最大的特色就是容易打动人，容易走进消费者的内心，所以有人提出情感营销。那么软文创意上如何去寻找真情呢？

企业中员工之间比较感人的事情有没有？员工为公司努力奋斗，公司以人为本，热爱、关心员工的感人事情有没有？公司和客户之间有没有让客户感动或者让公司值得骄傲的事情？用一颗热情洋溢的心、阳光的心态去调查，一定能够找到从情感角度创意的软文。

用动真情这种方法去创意软文，首先这种感情要能打动你自己，千万不能不痛不痒，让人感觉是无病呻吟。需要特别说明的是，这类软文写作中不是为情感而情感，而是要诉诸受体的情感，以情动人，使读者受到情绪的感染，促使软文行动目标的达成。

因此，用动真情的角度创意的软文写作中的情感是为理性服务的。理性是“锦”，情感是“花”，二者相加是“锦上添花”。只有这样，这类软文才会具有天衣无缝的逻辑力量，加上感人的情感力量，那就是在理性之火中加入了干柴，软文的说服力和感染力兼备。

2011 年 4 月，江苏镇江市丹徒区江心洲网友“我爱天上人间”在该市一热门论坛上发帖，替七旬的奶奶卖莴苣。

我七旬的老奶奶一个人住在岛上，执意种着她那一亩三分地。现在正是绿色莴苣成熟的季节，可上星期接到奶奶打来的电话却是一片惆怅，奶奶说今年的莴苣大丰收，可是却没有菜贩子收。奶奶问我该怎么办。奶奶的地里有 2000 斤莴苣呢！这不光是莴苣，还是老人家的一片心，扔了多可惜。再没有人买，我奶奶的一亩多地莴苣就只好烂在田里了！

朴实之中见真情的话语感染了众多网友，两天时间镇江市区 200 多名网友在论坛版主组织下来到江心洲收购了几千斤莴苣，给出的价格远远高于市场价！这就是软文中情感的力量。

再看个小案例。我有个学员是山西太原芳源花艺的邢源，她老公魏涛曾经给中国的两任总书记亲手插过花，夫妇两人在太原从事鲜花批发和零售及插花业务。微信 2013 年下半年快速普及后，他们也开始用微信营销。在微信公众平台上曾经推送过多篇软文，2014 年 5 月 8 日他们推送的一篇软文效果特别明显，鲜花预订量比往年同期大增，员工忙不过来，不得不临时喊朋友去门店帮忙。

这篇软文就利用了情感营销，软文的标题为“母亲节——最美鲜花送妈妈”，借用了王铮亮的《时间都去哪儿了》的歌词，把对母亲的感恩氛围渲染出来之后，点题最美鲜花送妈妈。这篇文章在他们自己的公众平台推送的文章中，点击量最高，也有多位微信好友转载（全文见第 2 篇“16. 情感式软文”。）

第 12 招：反着来

反着来，简单说就是逆向思维，对司空见惯的、已成定论的事物或观点反过来思考。要敢于“反其道而思之”，让思维向对立面的方向发展，从问题的相反面深入地进行探索，树立新思想，创立新形象。

一家时装店的经理不小心将一条高档呢裙烧了一个洞，其身价一落千丈。如果用织补法补救，也只能是蒙混过关，欺骗顾客。这位经理突发奇想，干脆在小洞的周围又挖了许多小洞，并精于修饰，将其命名为“凤尾裙”。一下子，“凤尾裙”风靡一时，该时装商店也因此出了名。

无跟袜的诞生也与“凤尾裙”有异曲同工之妙。因为袜跟容易破，一破就毁了一双袜子，商家运用逆向思维，试制成功无跟袜，创造了良好的商机。

一般的鞋子鞋后边都是硬的，很难拖着穿，有商家逆向思维，做成了软的，于是“懒人鞋”诞生了。智能手机，越出功能越多，也有厂商逆向思维，把功能减少到手机最基本的功能，于是“老人手机”诞生了。

软文创意上，也要时常逆向思维。当大家都朝着一个固定的思维方向思考问题时，朝相反的方向思索，经常会收到意想不到的效果，具体方法可以参考逆向思维的三种方式。

第一种是反转型逆向思维，就是从已知事物的相反方向进行思考，简单理解就是直接反回来。比如说开卷有益，那么就要琢磨开卷未必有益。又如，我们写过的一篇软文“国氏之星：秋季挥汗如雨未必有益健康”（全文见本书第2篇的“12. 逆向思维类软文”）。

第二种是转换型逆向思维，解决问题的手段受阻，转换成另一种手段，或者转换角度思考。司马光砸缸就是典型的逆向思维运用。又如，某产品被投诉售后服务差，如果用软文去公关就可以从产品质量过硬，售后遇到的问题少、经验不足，正在加强学习的角度去解释。实际也是用了“售后服务不差”这个思维，换个角度思考寻找论据。

第三种是缺点型逆向思维，思考是否能把缺点变为优点，化被动为主动，化不利为有利。比如，金属容易腐蚀生锈，这是缺点。但是这个缺点可以被利用就是优点了，腐蚀生锈可以生产金属粉末。

第 13 招：设奖赏

这是真实发生的故事。20 世纪 90 年代后期，安利进入中国，实行美国的“无因全款退货”。不管任何原因，如果顾客在使用后感到不满意，则退全款！哪怕一瓶沐浴露用得一滴不剩，只要瓶还在，就可以退款。这项制度在美国施行了很久，一直是安利公司的信誉和品牌象征。

然而在中国，精明的国人很快以“特色”的方式震撼了美国人：很多中国人回家把刚买的安利洗碗液、洗衣液倒出一半，留用，然后再用半空的瓶子，甚至全空的瓶子去要求全额退款。在上海，刚刚开业不久的安利公司，每天清早门口排起了退款的长长队伍，络绎不绝，人潮涌动，一时间，使美国人大吃一惊。

但由于承诺在先，安利还是顶着每天的巨大亏损，忠实履行了退货承诺。然而，令人更加惊异的现象发生了：一方面是产品销售量剧增，大大超乎公司的预期；可另一方面，拿着空瓶子前来退货的顾客也越来越多，最后竟然达到每天退款高达 100 万元，还得倒贴 30 万元产品——终于让美国安利吃不消了！这之后，安利公司迅速对中国的制度进行修改：产品用完一半，只能退款一半；全部用完，则不予退款！

还有一则故事，说的是在美国有三个中国人去超市购物，店里打出优惠广告，买一双鞋打九折，买两双打八折，买三双打七折，但规定是一人购买。三位中国人都想为自己买一双，如果各自掏腰包，则只好享受九折的待遇，其中一个一使眼色，另外两个便心领神会，试完鞋结账的时候由一个人掏出钱来买了三双，出了超市又进行了再次交易。老外明明知道中国人钻了空子，占了便宜，也只好哑口无言。

在这里，我们无意讨论中国人的诚信问题，只是通过这两个例子证明有些人喜欢贪小便宜。不管我们承认与否，也不管这个观点是否会遭到 *N* 多人的“拍砖”，我们必须要意识到软文营销面对的群体有这个共性。

在网络论坛上经典的网络软文营销案例当属“吃垮必胜客”了，这篇软文的创意就是利用了网友贪小便宜的心理，以极具趣味性的语言表述，如何将沙拉堆砌得更多。结果在网上一经投放一发不可收拾，全国数以万计的小白领和网民涌入必胜客去尝试这个方法，必胜客赚了个盆满钵满。

在软文创意的时候，充分迎合网友贪小便宜的心理，还可以用通过设奖赏来利诱。比如给予折扣、赠送礼品，甚至是免费。说得再简单些，就是让读者看了软文除了获取到有价值的信息之外，还能有机会获得一些物质上的回报。

再比如，“3月15日当天某商场前100名到店顾客账单100元以下免单”，当然这个标题是杜撰的，不过如果真的这样策划、撰写和发布，那么某商场3月15日开门后的短期人流估计得由保安疏导了。

在我们软文营销的实践中，如果用设奖赏的方法去创意软文，则最好设定门槛和时间段，增强读者的优越感和紧迫性。

第14招：贴贴金

这个就很容易理解了，就是把企业好的一面展现出来，也可以适当“装修”一下。具体来说，重点看看企业有没有获得过一些荣誉或者社会各界的评价。

我们在实际操作中，经常会推动企业去找大的经销商、客户对企业做出评价，这个评价就成为撰写软文的角度。这种方法不同于傍名人和借东风，这种方法是需要贴金对象认可和支持企业的。必须要注意，贴金不能过度，不能过分地夸耀，也要适可而止。如“《××》影片北京获奖，片方坚持精品抗战剧”。最有意思的贴金是上市公司产品获奖发布公告，希望股价上涨。

再来说一个案例，某企业学员向我咨询软文营销的相关问题，抱怨说没有啥可写的，当我问到企业新老客户的情况时，他告诉我他们的产品远销日本和韩国，这个月就新增加了几个客户。

我告诉他可以写“**企业产品出口两个国家，海外市场受宠”，类似的新闻性稿件，可惜他们只在企业网站发了一张图片“公司产品在韩国”、“公司产品在日本”。

还有一些企业获得过一些荣誉，如果写软文完全可以挖掘一下这些荣誉背后的故事，比如主办方，比如同期获奖的其他主体，甚至前几年获取该奖项的知名主体，知名的颁奖嘉宾，知名的主持人，最后梳理出获奖的意义。抬高别人就是扬名自己，贴贴金，何乐而不为呢?

第 15 招：钓钓鱼

这里所说的钓鱼，不是让我们去做那些网络上所出现的用标题党的做法引诱网友上钩，用插件盗用网友信息甚至是触犯法律的诈骗事情。

举个例子，我们经常会从网上下载一些常用的软件，最早的像国内的天空软件园、华军软件园等网站都提供常用软件下载，大都是免费的软件。后来陆续出了很多提供软件下载的网站，很多是挂着羊头卖狗肉的。

本来描述得清清楚楚，是 A 软件，你辛辛苦苦下载下来发现是 B 软件，更有甚者在软件中捆绑病毒插件。网友发现之后大都会气得骂娘，大都也就卸载作罢。但是制造此事情的始作俑者让网友安装软件的目标基本上都不会实现。

然而，如果描述了某款软件免费使用，网友下载安装后发现果真是那款软件，还是挺高兴的。当发现有些功能不能使用，此款软件是试用版的时候，大都也会骂娘。这类软件免费版从网上很难找到，只要价格便宜，有些网友尽管嘴里骂着娘，还是会把钱打给你。

这是两种完全不同的钓鱼的创意，如果在互联网时代“免费”推广的思维之下，硬要我们做出选择，我们提倡选择后者。分析一下，为什么会有那么多网友被钓上去呢? 说到底，是需求的问题。这种需求是现实和迫切的，而且相对来讲非常精准。软文营销的创意用钓鱼法我们认为也是这个道理，要精准，不要指望用一篇软文去捞一网鱼，那是鱼网不是鱼竿的能力。

此外，就像钓鱼一样，资深的钓友认为“打一枪换一个地方”、“东一榔头，西一棒槌”的做法是正确的。如果鱼一直不上钩，则要勤动竿，让鱼饵晃动一下。软文营销按照钓鱼的方法去创意，就是站在客户的角度一口气罗列出产品或者服务的优势，逐一投放一轮，这么多饵下去，总有能钓上鱼来的机会。

这种方法特别适合房地产企业的软文，因为客户买房子真的有太多理由，买房子也有太多要考虑的因素，其实对于每个真正成交的客户来讲，最重要的理由有一个就够了。我们只从一个角度或者几个角度去创意，想得再好，客户也未必上钩。“姜太公钓鱼，愿者上钩”这种坐等的方式肯定是行，那就多下钩、下不同的饵，多动竿吧！

第16招：玩访谈

访谈方法最简单，也最容易成文。列出一系列的采访提纲，注意不要太书面化，找这个行业的名人或者资深人士，如果找不到，至少找个比你强的业内人士或者目标客户中的代表，参考你列的提纲和对方聊天。记得录好音，回来一整理，把行动目标植入就是一篇软文。

不过这种方式写出来的软文可读性不太强，如果你的功力足够，可以把这个作为一个创意备用。我们所策划的专业性太强的软文，如果时间比较紧张，大多用这种方式处理。因为我们会从列出的提纲和实际的访谈中引发出更好的创意。

也可以把访谈作为基础性的素材，根据访谈的内容，把这些内容的相关关键词在百度上搜索一番，找到更权威的专家说过的话或者评论。综合一下，再加上自己访谈的内容，根据内容去列标题，去重新组稿，就会是一篇比较优秀的稿件。

如果有时间和文字功底，玩访谈就当作采访收集材料的一个环节。如果时间不够或者文字整合功底不够，就直接记下问答内容就好了。尽管这个方法效果不是最佳的，但也是短期内完成软文创意的一个比较实用的方法，如“大隐隐于市，收藏隐于心——北京隐庐画廊成宇访谈”（全文见本书第2篇的“11. 访谈类软文”）。

第17招：搞评论

人都是有思想的。只是有人善于表达、有人不善于表达而已。软文营销用搞评论的方法去创意，是人人都能实现的。

对于重大历史事件和新闻热点事件，因为知识面和眼界的问题，对于软文营销的具体实施人员有些评论起来比较吃力，但是对于广大中小企业提供的产品或者服务，大多数都是老百姓能直接接触到的事物，对此都有或多或少的观点。

把这些表达出来，在文字上润色一下就是软文。如果把多个人的评论汇总在一起，则在此基础上加上你的观点，就是综述。

在此列举几个我写出的评论标题供大家参考：

- 青泉点评：有种你就叫雷锋
- 青泉点评：央企凭啥不能亏
- 青泉点评众筹火爆现象：后众筹时代何去何从
- 百名车主评**车
- 资深游戏玩家评网游

第 18 招：拆拆台

拆拆台，简单来说，就是没有矛盾要制造矛盾，用打仗的思维玩文字，这才有看点。大街上两人吵架，无论路人的脚步多匆忙，一定会侧目。

对于中小企业来讲，有没有可能制造这种矛盾？当然不是说一定非要在企业内部挑起事端，这只是一个创意的方向和角度。其实曝行业内幕也是这种拆台方式创意的一种表现形式，只不过拆的是行业的台。

对于中小企业而言，与经销商之间、与客户之间，特别是知名客户之间发生分歧是在所难免的，在适度披露信息的情况下，拆拆台也是一种不错的思路。当下比较流行的我们见得最多的拆台表现形式是和同行之间的干仗。比如加多宝和王老吉之争，加多宝无论是广告还是软文策划都是这种思路，一直围绕着与王老吉的矛盾做文章，硬生生地拆王老吉的台。

从“商标案”、“改名案”、“红罐案”一场接着一场打。其中，被誉为“中国包装第一案”的“红罐案”是双方系列纠纷案件中的重头戏，直接关系两家公司的核心商业利益，因此引发的广告文案大战堪称经典。

中国包装第一案

再分享一个案例，2014 年双十一期间，苏宁易购硬广中的文字内容每一条都针对往年网友对淘宝双十一的吐槽，直接拆淘宝的台，引起了大量网友的转发、关注、评价。

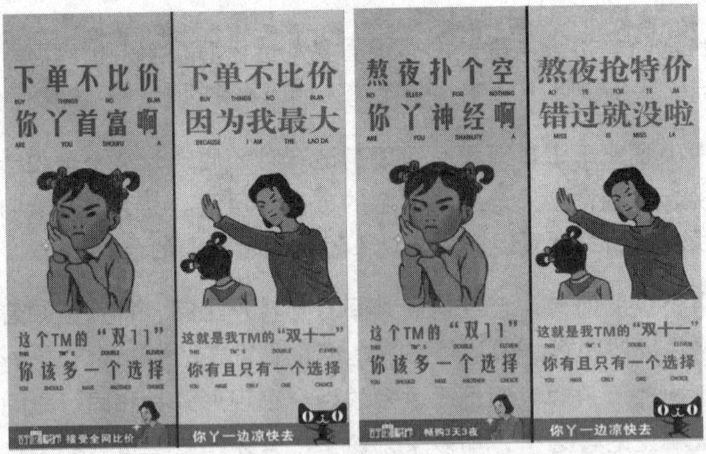

苏宁易购硬广中的文字

拆台是软文创意最厉害的杀手锏，但是千万要玩得高明一些，不能变成市井之间的骂战，文字总得有点内涵才有看点。

第 8 章　软文撰写技巧

Chapter Eight

一、掌握标题技巧让软文效果倍增

1. 为什么要重视标题

无论是哪种传播载体的软文，读者接触的第一眼都是标题。因此标题基本上决定了读者是否阅读这篇软文。据广告学方面的资料统计，好标题激发的广告阅读率在 50%～90%，差标题广告阅读率在 5%～20%，一般性的广告标题阅读率在 20%～50%。一个好标题与一个烂标题的利润相差 20 多倍！

网络软文的标题相关统计数据更为精确。据国外的研究表明：搜索者将 30%的时间花在了标题上，43%的时间花在了搜索结果上，21%的时间花在了 URL 上，做出一次点击决定的平均时间为 5.7 秒。

广告学之父大卫·奥格威曾经说过："平均而论，标题比文章多 5 倍的阅读力。"因此标题的重要性毋庸置疑。那么什么是好标题，什么是一般的标题，什么是差标题呢？

从软文撰写者的角度来讲，标题要么概括了文章的主要内容，要么是文章的线索，要么是感情的出发点，要么一语双关，要么用比喻、联想等手法引起读者的兴趣。

对于基于互联网传播的软文，标题中的关键词直接决定搜索引擎的收录，甚至影响到网站的权重（本书前面章节讲过软文中的关键词，在此不赘述）。网络软文的标题应该尽可能成功地融入关键词。

我们认为，如果标题符合以上任何一种情况，则至少能算是合格的标题。

大卫·奥格威曾经总结过广告标题的准则，我们选择了一些观点如下：

- 标题向消费者承诺其所能获得的利益。
- 要把最大的信息贯注于标题当中。
- 标题里最好包括商品的名称。
- 就推销而言，较长的标题比词不达意的短标题，更具有说服力。
- 不要写迷魂阵式的标题。
- 使用适合于商品诉求对象的语调。
- 使用情绪、气氛上具有冲击力的语调，如心肝、幸福、爱、结婚、家庭、婴儿等。

此外，还有几个通行的原则可以参考：

- 能够抓住消费者的眼球。
- 简明扼要，一目了然。
- 标题针对性强。
- 标题通俗易懂。
- 标题人性化。
- 标题形象化。
- 标题差异化。
- 标题数据化。

如果符合以上任何一种情况，而且应用软文营销的评估方法也能佐证效果，这样的软文标题就是好的标题。

如果以上列举的任何一种情形都不符合，不用看，那就是差的标题，赶紧动笔修改吧！

2. 多则标题案例分析

“留下你的 10 块钱也留下你的痔疮”，这则标题成功凸出了便宜有效，干净利落，没有拖泥带水。相信这种药肯定还有很多卖点，但是只强调了一点，如果正文开头或者收尾再点一下题，则效果会非常好。

“8000 万人骨里插刀”，这是某胶囊上市的软文，形象地指出了骨病人群的痛苦。正如美国营销大师爱玛·赫伊拉曾说过的“不要卖牛排，要卖滋滋声”，这个骨里插刀的比喻非常形象，很容易引起读者的共鸣。

2013 年 3 月 15 日央视 3·15 晚会，为了给曝光苹果维修问题造势，央视邀请了几个知名微博博主发编制好的微博，何润东把央视发给他的信息原文照发，信息尾巴“8 点 20 发”也带了上去。结果引起网友的疯狂转载和对央视 3·15 的强烈质疑！

正是在这个背景之下，“何润东点评央视 315 后缀‘8 点 20’引发争议”，这则网络软文被各大门户网站转载数百篇。这个标题就是网络软文的典型标题。

再来分析一下上述的标题，首先关键词“何润东”、“8 点 20 发”是网友在百度检索的重点，这个标题中全都包含。“点评 3·15 后缀引争议”是事实描述，关键词+事实描述，即使不看软文也能猜到文章的主要内容。“引争议”，到底引发了什么争议？感兴趣的网友自然会点击进入。

接下来再看一个自媒体的标题。2014 年 12 月初，奇虎 360 宣布与酷派集团成立一家合资公司，奇虎 360 投入 4.0905 亿美元现金投资酷派旗下的大神手机品牌，并成为其最大股东，占合资公司 45%股份。某自媒体上评论此次事件标题用了“弱弱联合 资源稀薄”，直接表明观点，比较犀利，直击要害，看完标题不看内容也能清楚地了解其观点。

以上四则标题特点鲜明，值得借鉴。近年来，我们观察了很多企业软文最终呈现的标题，发现很多标题不给力，进一步调查了解获悉很多大企业往往将软文营销外包给公关公司或者广告公司操作，没有关注细节或者对于软文营销的技巧不够了解，导致很多软文乏力。

2013年3月14日在北京《京华时报》推出来的“酒鬼酒之工艺：兼收并蓄集大成者”，笔者认为从标题上来看就不太合适，因为从标题读者很难直接看出来是什么意思，工艺到底有什么不一样，或许还会模糊地猜测酒鬼酒的工艺是综合了各家酒企的工艺，不知道这是不是酒鬼酒这篇软文真正要传播的点。

2014年8月，我去给一家企业做内训，发现他们发布的一篇软文标题是这样写的“50年风雨铸辉煌”，这样的标题显然是不合适的。

3. 标题千万不能忽视的两个事项

主要谈两个问题。

第一，以硬广形式操作的软文，标题和文字内容要严格遵守《广告法》的相关规定。

不得使用国家级、最佳的用语；不得贬低其他经营者的商品或服务；药品，医疗器械广告不得含有不科学的表示功效的断言或者保证、说明治愈率或者有效率等；食品、酒类、化妆品广告不得使用医疗用语或易与药品混淆的用语。如果标题含有违规字样，还没有见到消费者上门，引来工商部门登门拜访岂不是亏大了。

第二，注意不同载体形式对标题的要求，不能一个标题打天下，在所有传播渠道中“通吃”。

平面媒体标题语言要尽量正式，不要刻意追求网络媒体标题中插入关键词的手法。即使是网络媒体软文标题，如果关键词影响了阅读效果，也不一定每一篇软文都要带上关键词！

网络论坛中的标题一定要口语化，适当地有粗口都无所谓，夸张、讽刺、嬉笑怒骂都可以，符合网民习惯反而显得入乡随俗。如“不可思议！5000打造140平安乐窝！”、“史上最牛逼的团购”、“duang的一声传播就到了无厘头时代”、“互联网思维到底能给餐饮下出什么蛋？”

电子邮件传播的软文，标题不需要考虑关键词，能直接讲清楚为客户带来的利益即可。微博因为受 140 字所限，标题也尽可能地短，也是口语化语言。微信中的软文标题可以随意一些，字数不受限制，又大多数是圈子里传播，可以各种语言特点的标题都用。

4. 标题常用的 14 个套路

真正动手写标题了，也不要被上述讲理论所吓倒，以下介绍的套路只要我们熟练掌握几种，就可以应对自如。

1）数字型标题

数字主要起总结提示的作用。如：

- 揭秘减肥广告十大骗术
- 你必须要知道的软文营销三大优势

2）揭秘式标题

如：

- 净之美热销的背后
- 知名整形医生曝行业内幕：1/4 手术是为补救失败

3）疑问型标题

如：

- 站在台风口的猪，风停了怎么办
- 医药企业为什么越创新越穷

4）描述型标题

如：

- 国民之星为蔡国庆支持限娱令叫好
- 何润东点评央视 3·15 后缀‘8 点 20’引发争议

5）结论型标题

如：

- 印度减肥靠手术，国民顾问表担忧
- 注册制改革将深刻影响股市

6）联想型标题

如：

- 艳遇引发的营销思考
- 一头狮子引起的离婚案

7）流行语标题

如：

- iPhone 5 抽奖进行时，你怎能 Hold 住
- 减肥消费陷阱伤不起

8）逆向思维标题

如：

- 挥汗如雨未必有益健康
- 交通部长对于专车的几个“误解”

9）对称或对偶性标题

如：

- 去雪域看雪景，看雪景去雪域
- 暖冬，热酒

再比如《泰囧》上映前适逢世界末日，可用软文标题“与其等死，不如笑死”。

10）故事型标题

如：

- 一个襄樊汉子和他的世纪华峰装饰品牌梦想
- “猪站在台风口都能飞起来”的背后故事

11）警告式标题

如：

- 这六种水千万不要喝
- 千万不要为了当老板而去创业

12）解决方案式标题

如：

- 快速让销售业绩提升三倍的九种方法
- 一个月瘦身 20 斤的两种方案

13）建议型标题

如：

- 女性减肥更要关注健康
- 果珍建议：冬天要喝热饮

14）夸张型标题

如：

- 北京万人争抢食盐
- 30 岁的人 60 岁的心脏

二、软文开头的 4 种常用写法

“转轴拨弦三两声，未成曲调先有情”，软文的开头要写出这种效果，那就是绝妙的软文了。也有人把文章的开头比喻成“凤头”、“爆竹”。凤头俊美靓丽，先声夺人，让人有一种美的享受。爆竹噼里啪啦，响得痛快，听着震撼，营造氛围。

软文开头也可以有模式借鉴，常用的写法有以下几种。

1. 开门见山

开宗明义，直奔主题，引出文中的主要人物或点出故事，或揭示题旨或点明说明的对象。用这种方式开头，一定要快速切入中心，语言朴实，绝不拖泥带水。

朱自清先生在《背影》中的开头值得借鉴："我与父亲不相见已两年余了，我最不能忘记的是他的背影。"一句话交代完，既点了题又可以展开内文了。

2. 情景导入

在开头有目的地引入或营造软文行动目标所需要的氛围、情境，以激起读者的情感体验，调动读者的阅读兴趣。用这种方法去写开头，对于渲染氛围、预热主题有直接的效果。

例如：

案例：

灯下，我正在赶写堆积如山的作业，父亲轻轻地走进我的房间，把一杯热气腾腾的姜丝可乐放到了写字台上。透过层层雾气，望着父亲离去的背影，我的眼睛湿润了，泪水不知不觉地流了下来。

文章中心思想是表达父爱，开头先描写这个场景，温馨感人。下面讲故事就有了铺垫。如果是评论形式的软文，这种方式就更简单了，就是把要评论的事情简单地描述一下。

3. 引用名句或者自创经典话语

在文章的开头，精心设计一个短小、精练、扣题又意蕴丰厚的句子，引领文章的内容，凸显文章的主旨及情感。如果实在搞不出来也没有关系，找个合适的名人名言、谚语、诗词等都可以，既显露了文采，又能提高软文的可读性。

这种方法开头可以引申出故事导入，将富有哲理的小故事，或者与要表达的中心思想或者段意相关的小故事直接作为开头，一句话揭示道理也不失为一个容易入手的开头方式。

4. 巧用修辞

修辞的常用手法是比喻、比拟、借代、夸张、对偶、排比、设问、反问，在本书第 3 篇有展开的讲解，这里不赘述。用这些修辞手法去写开头会非常容易，还可以演变出很多开头的方式。

关于高端猪肉的一篇《禁止瘦肉精为何这么难》软文，就用这种反问形式的修辞手法做了开头。

瘦肉精问题，只是发生在河南的个案，还是大面积甚至普遍存在，已经引起了越来越多关心食品安全问题的网友关注。特别值得提出的是，政府相关部门对于瘦肉精的源头至今没有给出肯定的答案。禁止瘦肉精为何这么难呢？笔者认为原因主要在以下几个方面。（在百度中搜索文章标题可以查阅全文。）

《翻检日子》的比喻形式开头：

日子像手中的细沙，一不留意，就纷纷从指间流逝，而且义无反顾。

三、正文布局技巧让软文耐看

1. 什么是软文布局

软文布局，就是软文撰写中对素材、文字和标点符号及数字的排兵布阵，是把文章中的所有材料、作者的认识，按照软文的中心思想和行动目标，合理地排列，组合成一个完整而和谐的整体。简单来说，就是文章的结构、组织形式，也就是段落安排。

软文的布局如果做到“凤头、熊腰、豹尾”，就是一篇完美的文章。“凤头”前面讲过，就是开头新奇，“熊腰”就是中间内容详尽，“豹尾”就是结尾巧，强而有力。具体来说，软文布局要做到“秩序井然、气势连贯、高度一致、身材匀称”。

“秩序井然”，所有材料的排列次序要有先后，安排妥当。

“气势连贯”，一气呵成，不能有脱节现象，更不能离开主题。

“高度一致”，软文中提出的观点和论据要统一，不能相互矛盾。

“身材匀称”，分段内容不能过长或太短，开头要有吸引力，内容要有说服力，结尾更要具震撼力，如此才不会变成“虎头蛇尾”，头重脚轻。

2. 软文布局常用的8种方法

1）悬念式

悬念，在古典小说里称为“扣子”或“关子”，即设置疑团，不作解答，借以激发读者的阅读兴趣。通俗地说，它是在情节发展中把故事情节、人物命运推到关键处后故意岔开，不做交代，或说出一个奇怪的现象而不说原因，使读者产生急切的期盼心理，然后在适当的时机揭开谜底。要达到这种效果，需要我们撰写软文的时候要有意识地制造悬念。

制造悬念常用以下三种形式：

- **设疑**，这个疑问随着文章展开逐层剥开。
- **倒叙**，将读者最感兴趣、最想关注的东西先说出来，接下来再叙述前因。
- **隔断**，叙述头绪较多的事，当一头已经引起了读者的兴趣，正要继续了解后面的事时，突然中断，改叙另一头，这时读者还会惦记着前一头，就造成了悬念。

2）抑扬式

所谓“抑扬”，是记叙类文章写作中常用的一种技巧，可分为欲扬先抑和欲抑先扬两种情况。欲扬先抑，是先褒扬，但是不从褒扬处落笔，而是先从贬抑处落笔，“抑”是为了更好地“扬”。欲抑先扬正好相反。用这种方法可以使文章情节多变，形成鲜明对比。

一篇软文，特别是故事性软文，看完开头就知道结尾，不是好的软文。如能运用抑扬法就能做到千折百转，避免平铺直叙，使文章产生诱人的艺术魅力。

举个简单的例子，笔者小学时参加过一场演讲比赛，一位同学的演讲至今仍深深地印在脑海里。他讲的大概内容是语文老师如何关心他，为他补课，严格要求他，老师因为家里出了事情夜里不能休息，但是还坚持白天来给学生上课，最后累得病倒了。大家听了尽管觉得有真情实感，但是情绪还是不够，甚至台下的学生听众还有小声聊天的。

当他大喊一声："老师，我恨你！你知道吗？我们都恨你！"全场突然沉寂下来，大家都蒙了。"我们都恨你为什么不爱惜自己的身体！"依然是沉寂，2 秒之后，全场响起热烈而持久的掌声。评委老师和现场的同学们都被这种欲扬先抑的表现手法折服了，结果这个同学毫无争议地获得了一等奖。

3）穿插回放式

穿插回放式记叙类文章，利用思维可以超越时空的特点，以某物象或思想情感为线索，将描写的内容通过插入、回忆、倒放等方式，形成一个整体。具体操作上就是选好串起素材的线索，围绕一个中心截取组织材料。

4）片段组合式

选择几个生动的、典型的片断，把它们有机地组合起来，共同表现一个主题。用这种方法构思的记人叙事的文章，可以在较短小的篇幅内，立体而多角度地表现人物，叙述事件，描写商品特点，烘托品牌。

5）并列式

一般写的是对象的横向的、静态的情况。各部分相互间无紧密联系，独立性强，但共同为说明主旨服务。并列式能够省略某一部分，先后次序也可以不那么固定。这种方法的好处是概括面广，条理性强。把一个问题从不同角度、不同侧面进行阐述。其组材形式基本上有两种：一种是围绕中心论点，平行地列出若干分论点；另一种是围绕一个论点，运用几个并列关系的论据。

6）正反对比式

通过正反两种情况的对比分析来论证观点的结构形式。通篇运用对比，道理讲得更透彻、鲜明；局部运用正反对比的论据，材料更有说服力。

7）层递式

在论证时层层深入，步步推进，一环扣一环，每部分都不能缺少。论述时，由现象到本质，由事实到道理，这是层递；提出“是什么”，再分析“为什么”，最后讲“怎么样”，也是层递；讲道理层层深入，也是层递。运用层递式结构要注意内容之间的前后逻辑关系，顺序不可随意颠倒。这种方法的好处是逻辑严密，能说明问题。

8）总分总式

运用“总分总”式的文章往往开篇点题，然后在主体部分将中心论点分成几个基本上是横向展开的分论点，一一进行论证，最后在结论部分加以归纳、总结和必要的引申。运用“总分总”结构时要注意，分总之间必须有紧密的联系，分述部分要围绕总述的中心进行，总述部分应是分述部分的总纲或水到渠成的结论。

以上 8 种布局方式，前 4 种方式多用于记叙形式的软文中，后 4 种方式多用于议论、说明类的软文中。但是文无定式，一篇软文中也有可能几种布局方式综合运用。

3. 软文创新布局的 8 个形式

1）日记式

如今除了学生已经很少有人写日记了，如果用这种方式去写一篇软文，特别是写与人们“衣食住行”直接相关的产品或者服务，则显得更贴近生活。

2）散点式

围绕一个中心，从数个点上进行发散、铺排，每个点都有一个精美的句段，数个点连成一体就是一篇优美的软文。这种方式大多是散文形式的软文，常见于房地产类软文。这种软文一定要避免堆砌华丽的辞藻，文采太高会曲高和寡，失去软文的杀伤力（效果）。

3）书信式

借用书信的布局格式，自由组织材料，这种布局对于成文效率有很大帮助。笔者撰写过的一篇公关软文《致中国联通的一封信》，写作用的时间不到半小时，按照计划使用后公关目的很快达成。

4）剧本式

剧本式布局的新颖会让软文更有趣味。不过此类软文大多只能在网络论坛、微信、博客、QQ 群上传播。

5）创编式

借用大家熟悉的神话、寓言、童话等，对之进行创造改编，注入新的内容，借来讽喻折射现实生活，这样的文章有“言在此而意在彼”的效果。网络恶搞软文经常用这种形式。

6）说明书

药品说明书大家都比较熟悉，有固定的格式。按照这种布局格式将其他服务或者其他类别的产品写成软文，趣味感也会十足。

7）实验报告

实验报告文体也有固定格式，用这种方法与用说明书式布局有同样的趣味感。

8）自问独白式

自问独白式就像单口相声一样，全文自己问自己，中间用自白巧妙过渡。这类软文曾经在论坛上传播取得过较好的效果。

当然，还有其他形式的布局同样具有新颖性，要靠广大写作爱好者不断总结、实践，在此不再列举。

四、软文常用的9个收尾方法

写软文，如果没有恰当的收尾，就像在高速上跑车，跑得正兴起，突然没有路了，又没有任何交代，会惹来司机们骂声一片。软文收尾掌握以下几种套路，会让软文撰写“进退自如”，进可以略做展开，退可以迅速收尾。

1）自然收尾

在内容表达完结之后，不去设计含义深刻的哲理语句，不去雕琢丰富的象征形体，自然而然地收束全文。记叙性文章中，常常以事情终结作为自然收尾。

2）首尾呼应式

结尾与开头遥相呼应，文章的开头若提出了论题或观点，中间不断展开，进行分析论证，结尾时回到开头的话题上来。这样收尾的软文多应用于议论性文章，能够让结构更完整，使得文章浑然一体，能唤起读者心灵上的美感。

3）点题式

文章行文中没有明确提出观点，在结尾时，要用一句或一段简短的话明确点出文章的观点，起到卒章显志、画龙点睛的作用。这种方式的结尾能够帮助读者悟出全文的深意，提升软文的品格，从而给读者留下深刻的印象。

比如周敦颐的《爱莲说》，用了大部分篇幅描写莲生长的环境、端庄的姿态，作者的目的是什么呢？读到文章结尾才明白，原来作者是借赞美莲花来歌颂君子的坚贞气节，批评追名逐利的恶浊世风。

4）名言警句式

用名言、警句、诗句收尾，要么让软文意境深远，要么揭示某种人生的真谛。它往往用三言两语就能表述出含义深刻、耐人寻味的哲理性或警醒性内容，使之深深地印在读者心中，起到“言已尽，意无穷”的效果。文章结尾，如果能够巧妙引用名言警句，就一定能让文章增色。古今中外，名言佳句随便百度一下，引用的选择余地非常大，不是没有恰当的，而是需要你挑选出更恰当的！

5）抒情议论式

用抒情议论的方式收尾，是要用作者心中的真情，激起读者情感的波澜，从而引起读者的共鸣，有着强烈的艺术感染力。这种结尾方式应用较广，可以用于写人、记事、描述物品的记叙性文体中，也可用于说明文、议论文的写作。

6）余味无穷式

结尾之处留白，让读者自由驰骋，纵横想象，读者在大脑中可以适当补白，续写，这样的思维阅读会有令人惊奇的收获和非同寻常的深刻体验。韵味悠长的结尾除了妙手偶得之外，绝大部分都是对生活有了独特的感情后，再加以精心提炼形成的结晶。

比如李白的“孤帆远影碧空尽，惟见长江天际流”、岑参的“山回路转不见君，雪上空留马行处”，作者以独特的认识和理解，写下深刻含蓄的结语，力求意味深长，引人深思。

7）请求号召法

在前文讲清楚道理的基础上，向人们提出某些请求或发出某种号召，如：“让我们共同抵制公共场所吸烟的行为吧！”“让我们企业的营销开启互联网思维，融入移动互联的新时代吧！”

8）结尾展开联想

由此及彼，由表及里，由小到大，由具体到抽象，使主题得到升华，如“谁言寸草心，报得三春晖”，天下的母亲们就是这样无私和伟大。

9）祝福式

站在第三者的角度对软文中的人或者事物进行祝福，如：“愿国氏之星塑造健康品牌之路一帆风顺！”“互联网金融下的众筹必将成为一道亮丽的风景线！”

五、软文中如何植入行动目标

1. 软文的行动目标

“软文的行动目标”，这是我们率先提出的理念。我们提出这个理念是为了区别传统观点：软文就是广告。

因为在软文营销的实践中，经常需要一系列软文来达到营销的最终目的，那么每一篇软文都有一个任务，有时为了做好铺垫，撰写的软文中甚至没有任何广告的痕迹，但是正是这种软文杀伤力更巨大，无形之中就引导了舆论，甚至引导了一种消费潮流，推动一个产品或者一个行业的发展趋势。

此外，公关类、维权类的软文行动目标可能根本不是产品、服务的宣传和推广，而是为了营造一种氛围，或者是为了改变一种局面，或者维护一项正当合法权益，等等。

当然，我们并不否认，绝大多数软文都要求直接宣传产品或者服务，这也就是广告行业一直以来的认识：软文的本质就是广告。但在如今软文盛行的时代，软文的本质是广告的确有失偏颇。

综上所述，我们认为，软文的行动目标有三类：一种是为了达成某种特定目的；一种是为了植入广告做铺垫；另外一种就是广告。前两种基本不需要考虑植入的问题，主要通过文章的中心思想和论据，直接用文字语言展现即可。最后一种需要技巧，需要巧妙植入。

2. 软文中如何植入广告

软文植入广告我们认为有两种宏观策略，第一种“不需要太软”，用新闻报道、专访、访谈、评论等形式直接对要推广的产品或者服务进行描述或者评论，不需要隐藏，直截了当即可。

第二种需要设置“温柔陷阱”，巧妙融入文章，我们认为融入到不露声色实在是太难，因为目前消费者对软文已经有了相当高的免疫力，央视春晚每年都有太多的网友在瞪着眼睛找植入广告。此外，即使融入了也会因为“太软”而失去意义。我们认为，只要植入广告不影响阅读效果，大多数读者还是能够宽容对待的，不要植入得太生硬即可。

以下为几种较为实用的植入方式。

- 将产品的信息以举例的方式展现，可以适当展开几十字，多用于平面媒体软文。
- 借用第三方身份，比如某专家称、某网站的统计数据、某人的话，一定要真实。引入的文字也不要太长，这种方式多应用于平面媒体软文。
- 以标题关键词形式植入，多应用于网络门户软文。内文中将植入的关键词拟人，如“泉之媒认为……”。这类植入方式尽管没有太多地融入产品信息，但是因为关键词及内文多次带有产品、商标或者公司名称，既能传达一种理念，又能达到被百度检索收录的效果。
- 故事揭秘形式，这种方式多应用于论坛软文，开始就围绕植入的广告编故事，一切都是以这个需要植入的广告为线索展开。这种植入尽管非常容易让读者意识到是软文，但是只要故事新颖，读者还是愿意一口气看完的。
- 版权信息的方式，这种方式也多用于博客软文、微信软文、微博软文。这种方式最为简单实用。只需要找出潜在客户群体，找出他们感兴趣的话题，原创或者伪原创相关话题的文章，内文中不需要刻意琢磨如何植入广告，在文章结尾后加入版权信息即可。如“本文为泉之媒原创，如需转载请注明出处，阅读更多文章请访问 www.quanzhimei.net”。
- 插图及超链接形式植入，这种方式多用于网络软文，可以结合前面五种方式使用。在本书网络软文配图的部分有论述。

第 9 章　软文营销两大中心问题

Chapter Nine

软文要想达到行动目标，通常情况下，要有说服力或者感染力。优秀的软文或者二者兼备。当然，我们并不是说没有说服力和感染力的软文就不好，争议性、趣味性的软文同样能达到某种行动目标。我们重点探讨主流软文的说服力与感染力。其中说服力多表现于议论形式的软文中，感染力多表现于记叙形式的软文中。

一、如何增强软文的说服力

顾名思义，说服力是指说话者运用各种可能的技巧去说服受众的能力。软文的说服力，简单地说就是如何让读者信服软文中的观点，如何服从软文的行动目标。

1. 攻击消费者的心是成功之道

营销定位大师特劳特说过："消费者的心是营销的终极战场。"那么软文也要研究消费者的心智需求，也要从这里出发。下面仅从安全感、价值感、支配感、归属感 4 个方面举例分析，以抛砖引玉。

安全感：人是趋利避害的，内心的安全感是最基本的心理需求，把产品的功用和安全感结合起来，是说服客户的有效方式。比如，新型电饭煲的销售软文，说这种电饭煲在电压不正常的情况下能够自动断电，能有效防范用电安全问题。对于关心电器安全的家庭主妇就是一个攻心点。

从安全感出发可以正着来，也可以从反面来。“不要让孩子输在起跑线上”让无数父母在儿童教育产品上痛快地掏出了“银子”。

价值感：得到别人的认可是一种自我价值实现的满足感。将产品与实现个人的价值感结合起来可以打动客户。脑白金打动消费者掏钱的恰恰是满足了他们孝敬父母的价值感。

再比如，销售豆浆机的软文可以这样描述：“当孩子们吃早餐的时候，他们多么渴望不再去街头买稀得不能再稀的豆浆，喝上刚刚榨出来的纯正豆浆啊！当妈妈将热气腾腾的豆浆端上来的时候，看着手舞足蹈的孩子，有哪个妈妈会不开心呢？”一种做妈妈的价值感油然而生，会激发为人父母的消费者的购买意念。

支配感：“我的地盘我做主”，每个人都希望表现出自己的支配权利来。支配感不仅是对自己生活的一种掌控，也是源于对生活的自信，更是软文需要考虑的出发点。

一位先生领着太太来到一家珠宝店。太太轻声叫起来，原来她发现了一枚很大的钻戒，非常漂亮。两个人欣赏完这枚价格不菲的钻戒，先生的脸上微有难色。销售员很轻快地报了价，紧接着说：“这枚钻戒当年曾经被某大国的总理夫人看好，只是因为有点贵他们没有买。”

“是吗？”那位先生的眼睛立刻睁大了，“竟然有这样的事情？”先生问。销售员简单地讲了那天总理夫妇来店的情景，先生饶有兴趣地听完，脸上的难色一扫而空，又问了几个问题，很痛快地买下了这枚钻戒，脸上尽是得意之色。这就是一种对财富的支配感。

归属感：归属感实际就是标签，你是哪一类人。成功人士、时尚青年、小资派？而每个标签下的人要有一定特色的生活方式，他们使用的商品、他们的消费都表现出一定的亚文化特征。运用归属感来说服消费者，关键是要把产品和消费者所推崇的群体结合起来，比如对追求时尚的青年，销售汽车的软文可以这样写：“这款车时尚、动感，改装也方便，是玩车一族的首选。”对于成功人士或追求成功的人士可以写：“这款车稳重、大方，开出去见客户、谈事情比较得体，有面子。”

2. 运用增强说服力的术是成功的保障

如果说从消费者的内心出发是增强软文说服力的“道”，那么下面讲述的几个技巧就是“术”了。

在表述观点时，如果能找到具体数字，或者能估算粗略的数字，则尽量不要用模糊的数字。比如，描述一件羊毛衫的羊毛含量高有如下两种表述。

表述一：该款羊毛衫羊毛纯度高。

表述二：通常羊毛衫的羊毛含量为60%，该款羊毛衫经检测羊毛含量为80%。

显然第二种表述更具说服力。

在表述具体时间的时候，也是越具体越好。比如，报道创维云电视的公益活动有如下两种表述。

表述一：据介绍，本次由创维云电视发起的公益活动将于月底结束。

表述二：本次由创维云电视发起的公益活动将于本月25日结束。

显然也是第二种表述更好。

在借第三方的观点来佐证自己提出的论点时，第三方的名称如果能够检索到，一定要披露，这样会显得比较客观，特别是找到行业权威或者名言警句，甚至是古诗词那就更有说服力了。

网络营销整合专家刘东明老师是笔者的挚友，他们团队在操作天台山的网络营销项目时，恰逢著名投资人王功权“私奔事件”发生，于是决定借力这个事情做一个事件营销。

在思考如何用软文进一步推动项目时，发现了李白写过的一首诗中有一句“龙楼功权不肯住，飞腾直欲天台去”，一下子激发了灵感，撰写了一篇标题为“神秘古诗泄露王功权私奔行踪，八大证据遭爆料!”的网络软文，投放出去迅速引爆了网络。

“功权”正好与王功权名字相符，“不肯住”正好与私奔出走意思相符，而王功权当时微博发的信息明确透露的就是私奔，那几天也真的没有人知道他的下落，关心这个事情的网友都在关注他到底去了哪里。“天台去”，正好说明了去向，而天台山恰恰是要营销的对象。一切就是这么巧合！

不用写文章分析，这句诗字面意思让网友对王功权私奔的事情已经有了足够的想象空间。引用这句诗句，不仅仅让文章有了说服力，更充满了趣味性，网友的关注度和后续活动的参与度空前高涨。

强调产品或者服务卖点的软文，建议每个点撰写一篇软文，只有集中文笔才能说得更透彻，读者记得也更深刻，软文的说服力自然就能增强。

如果软文推广的是已经上市一段时间的产品或者服务，无论强调哪个卖点，最好都要有客户见证的案例。在对于产品或者服务的售后方面，能够如实做到的，可以公开承诺，不能做到的绝对不能乱承诺。

此外，不要用绝对化的语言。任何产品或者服务客户满意率都不可能达到 100%，如果谁在软文中这样写了，则说服力就是零。软文中的文字表述也不能过分夸大或者缩小，表述要尽量客观。

笔者研究危机公关的软文，发现了一个有趣的现象。媒体一曝光，企业先否认，后来媒体持续举证，企业不得不承认，媒体继续追问，跟踪报道，企业不得不道歉，最终还是得承担相应的责任。

所以，笔者认为危机公关的软文要想有说服力，首先不能“极力否认”，否则只会让人心生疑虑，要先亮明“敢于承担责任”的态度。说句题外话，真出了危机事件，敢不敢承担已经没有太大意义，因为这种后果企业早晚都必须要承担。既然如此，那为何非要落下个胆小鬼、推卸责任的印象呢？其实，很多危机本来没有太大的事情，就是因为沟通不对路子，造成了严重后果。

综上所述，我们认为，一篇软文中不可能把以上列举的增强说服力的“术”全部应用上，但是如果一篇软文中以上所列的“术”一个都没有，那么这篇软文的说服力可能就是不够的。

二、如何增强软文的感染力

所谓软文的感染力，就是软文引起别人产生相同思想感情的力量或者启发读者智慧或激励读者感情的能力。故事性的软文对感染力的要求很高。

要想软文感染力强，要重点考虑打情感牌。爱情、友情、亲情是永恒的话题。以爱情和亲情为例，还是举豆浆机产品的软文，在软文中如此描述：

在冬日的周末，随着早晨第一缕阳光洒入餐厅，餐桌上用××豆浆机刚刚榨出的五谷豆浆也开始散发出谷物的芳香。聪明的孩子、亲密无间的爱人围坐在一起，其乐融融，品尝一顿由你亲手做出的营养早餐，健康、营养、美味、温馨！人生如此，夫复何求！

短短几句话，勾勒出了一幅三口之家共进自制早餐的温馨画面，对于那些主妇们来讲是非常有感染力的。

再看下面这则短文。

有这样一个儿子，他是个大款，母亲老了，牙齿全坏掉了，于是他开着豪车带着母亲去镶牙，一进牙科诊所，医生开始推销他们的假牙，可母亲却要了最便宜的那种。医生不甘就此罢休，他一边看着大款儿子，一边耐心地给他们比较好牙与差牙的本质不同。可是令医生非常失望的是，这个看着是大款的儿子却无动于衷，只顾着自己打电话抽雪茄，根本就不理会他。医生拗不过母亲，同意了她的要求。这时，母亲颤颤悠悠地从口袋里掏出一个布包，一层一层打开，拿出钱交了押金，一周后再准备来镶牙。

两人走后，诊所里的人就开始大骂这个大款儿子，说他衣冠楚楚，吸的是上等的雪茄，可却不舍得花钱给母亲镶一副好牙。正当他们义愤填膺时，不想大款儿子又回来了，他说："医生，麻烦您给我母亲镶最好的烤瓷牙，费用我来出，多少钱都无所谓。不过您千万不要告诉她实情，我母亲是个非常节俭的人，我不想让她不高兴。"

这篇短文，没有华丽的辞藻，语音非常平实，感染力是通过对比和故事情节制造出来的。大款儿子抽着雪茄、开着豪车的阔绰，与老母亲一层一层地打开钱包的节俭形成强烈对比。医生描述好牙和坏牙的不同之后，面对母亲选择最便宜的牙而无动于衷，让读者有了一种强烈的直觉和愤慨：这个儿子太抠门了，太不孝顺了！最后儿子单独回来，买了最好的牙之后说的一句话"我不想让她不高兴"是点睛一笔，儿子对母亲那种深深的爱具有强烈的感染力。

总结一下，要增强软文的感染力，可以灵活运用各种修辞手法：比喻、拟人、反复、反问、设问等。叙述要生动、描写要细致、抒情要充分、议论要深刻。故事性软文要有波折，要长短句结合，衬托人物心情，增添形式的美感和阅读的美感。

最后，词语一定要多推敲，要有表现力。法国作家福楼拜说过："不论一个作家所要描写的东西是什么，只有一个名词可供他使用，只有一个动词能使对象生动，只有一个形容词能使对象的性质鲜明。因此就得用心去寻找，直至找到那一个名词、那一个动词和那一个形容词。非凡的激情才能产生卓越的作品。"

第 10 章　软文营销必须要学会的三个工具

Chapter Ten

首先要掌握软文创意训练的两个方法：头脑风暴和思维导图。

一、软文创意训练方法之“头脑风暴”

头脑风暴也有人称为脑力激荡，头脑风暴法又称智力激励法，是现代创造学奠基人——美国的奥斯本提出的，是一种创造能力的集体训练法。

至于这个概念是源于英语还是美语不是我们关注的重点，重要的是我们如何应用到软文创意上。

这种方法简单地说就是召集软文策划、撰写人员在一起以会议形式，集中围绕软文的行动目标，快速而热烈地讨论软文创意，每个创意一两句话表述即可，参会人员能够从其他人的创意角度衍生出更多的创意。

每次会议的时间建议 1 小时左右，估计形成的创意应该不少于 100 种。但根据国外头脑风暴评估的资料记载，最好的创意往往是会议将要结束时提出的。因此，预订结束的时间到了可以根据情况再延长 5 分钟，如果 1 ~ 2 分钟再没有新的创意出现，就可以宣告结束。

用头脑风暴法进行软文创意有一个前提，那就是软文营销的调研阶段已经完全结束。如果有软文营销的策划案更好，可以直接按照策划案展开，如果没有形成策划案也没有太大关系，将软文营销的行动目标明确了即可。

下面简单介绍一下这种方法的流程。

首先，主持人把软文的行动目标逐一列出来之后，找到 1～2 名现场记录人员，找到 10 几个软文撰写者或者企业文案、广告创意人员等，就可以开始组织头脑风暴创意了。

其次，布置会场，座位尽量排成圆形或者半圆形，尽量不要排成教室课桌式。现场一定要有两块大家都可以看得到的白板或者黑板。其中一块用来记录软文行动目标，另外一块记录大家的创意角度。记录创意角度的一个阶段完成之后，拍照留下资料后可以擦掉进行下一个软文行动目标。

接下来，是活跃气氛。在头脑风暴开始之前可以由主持人出几个脑筋急转弯、让大家讲几个小笑话，以便让气氛更融洽，促进创意思维的迸发。

在正式开始头脑风暴之前，强调一下规则：不评价和批评他人的创意，会议期间不与他人讨论，不以个人创意多少论业绩。然后就是主持人把控全场的头脑创意风暴了。主持人要控制好节奏，对与会发言的人多鼓励，监督记录员如实全面记录。

最后，将头脑风暴中大家提出的所有创意由软文撰写执笔人员筛选，确定几个或者十几个软文创意。根据笔者的经验，这个环节一定要让软文撰写的执笔人员挑选，因为写软文需要感觉，执笔人没有感觉，创意再好，也可能写不出好的文章来。

根据国外头脑风暴效果评估的相关统计数据，用集体思考共同研讨的方法要比个人暗中思考摸索可以多达 4% 有价值的创意。在自由开放的气氛下，激起创意的连锁反应，很容易使常人跳出经验围墙，而获得意想不到的成果。

因此，这种方法我们必须要重视，要多加使用，特别是对于有网络营销执行团队的中小企业，拥有团队在互联网时代就要“群殴”获取智慧，否则就是在浪费资源。

二、软文创意训练方法之“思维导图”

思维导图的创始人是东尼·巴赞，这是一种有效的思维模式，就像一张地图，应用于记忆、学习、思考等方面，非常有利于人脑扩散思维的展开。如今思维导图已经在全球范围得到广泛应用，包括大量的 500 强企业。在国内，思维导图的应用也有近 20 年的历史。

笔者认为如果没有条件组织头脑风暴，则用思维导图去展开，软文营销的创意同样会很精彩。

思维导图应用于软文创意上，优势明显。可以在一张图中产生很多的创意，根据软文的行动目标将思维发散开。发散联想出第一时间跳入脑海的创意，然后针对每一个创意继续分别发散。每一个创意关键词都有机会成为中心词，围绕中心词再发散联想，就可以有更多的创意出来。

如果说画一张图感觉还不够，可以针对软文的行动目标，设定一个相反的词汇，以此词汇制作思维导图，会从另外一个角度再发现诸多创意，甚至在发散这个相反的词汇时，还能发现新的创意关键词，如果有必要就以此为中心再做一张思维导图。相信制作了两张甚至更多张的思维导图后，一定能找到满意的创意。

思维导图的具体操作要点可以参考《思维导图》、《思维导图丛书》等相关书籍，笔者也是在学习和实践阶段，不再班门弄斧。

思维导图的制作可以借助软件工具，下面这个示例就是笔者用思维导图软件做出来的，尽管不够专业，但是对于我们的软文营销创意已经很有帮助了。

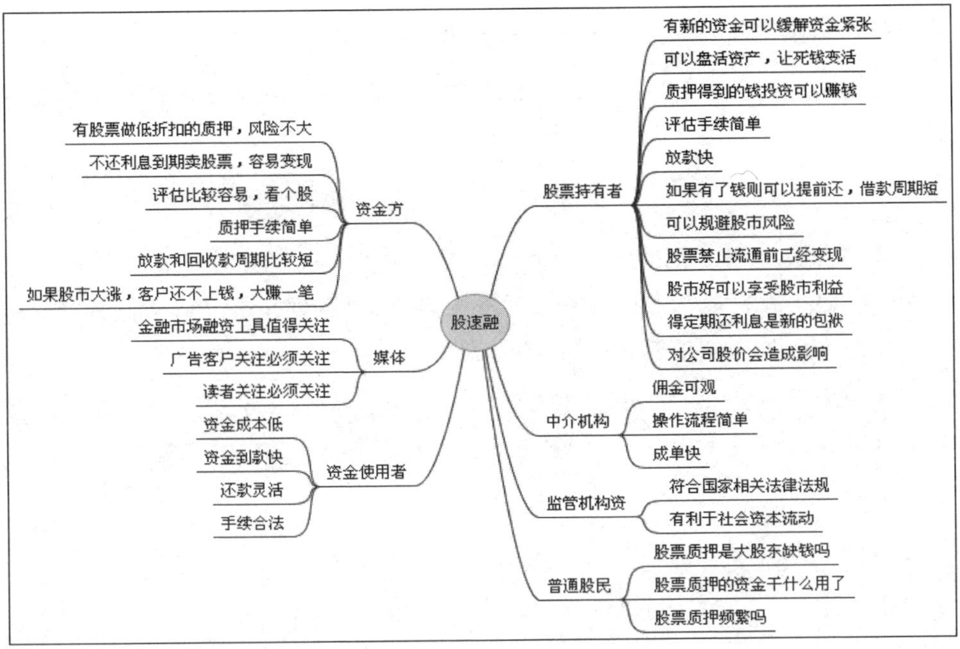

“股速融”软文创意思维导图

三、测试软文的情感指数

1. 如何测试软文的情感指数

情感指数就是指读者的关心程度，它所衡量的是文章的亲和力如何。软文的最高境界不是宣传和推广，而是沟通。沟通是双向的，对于读者来讲能够感受到的不是软文中传播的信息，而是他所能理解到的信息。因此软文要真正站在读者的角度，这样才有可能让读者理解到更多信息。因此，用情感指数去测试一下我们的软文，既是有趣又是很有意义的事情。

① 提到读者（消费者）名字的次数。

② 提到公司（个人）名字的次数（行动目标是产品或者服务名称的应该累计）。

用①减去②的数字值就是情感指数。情感指数为正值就说明软文以读者为中心，否则就是以自我为中心，需要进行相应的修改。

以 2013 年 2 月 28 日网易新闻频道的一篇软文“货比三家银纤维防辐射服选购有诀窍”最后一部分为例。

货比三家，选购银纤维防辐射服有学问

在产品高度同质化的今天，在各种假冒伪劣充斥的市场，如何挑选到货真价实的银纤维防辐射服呢？**知孕防辐射服官方网站（http://www.zyual.com）**的周先生向我们介绍了几种非常实用的方法。

看面料。银线比例的高低是银纤维防辐射服性能优劣的关键，像**知孕系列**产品严格按照银线、纱线 1：1 的最优比例制成，以最好的效果保证**妈妈**和宝宝的安全。

用放大镜放大后**我们**可以清晰地看到，**知孕产品**的银纤维密度要远大于市场上流通的普通面料的银纤维密度。

看服务。因为现在防辐射服品牌太乱太杂，因此（**我们**）一定要看卖家服务如何，最好去品牌的官方网站上，可以跟客服在线聊天，看一下态度，就知道哪个品牌的防辐射服值得信任。一般大品牌孕妇防辐射服都会非常友好，耐心解答顾客提出的各种防辐射服选购问题。

看口碑。在网上购物付款前，多看一下其他**网友**的留言和评价，这不仅仅是经验，因为，**大家**说好才是真的好！

上面这段文字提到“知孕防辐射服官方网站（http://www.zyual.com）1 次、知孕产品 2 次”，提到“妈妈 1 次、我们 2 次、网友 1 次、大家 1 次”，这段文字的情感指数是 5–3=2，软文的情感指数为正值，读者阅读起来即使明明知道是软文，也不会觉得不舒服，因为文章的撰写角度是读者的角度！

2. 如何增强软文的情感指数

如果软文的情感指数为负数，怎么办？如何增强软文的情感指数呢？

首先，多增加一些你、你们之类的第二人称代词，还可以用第三人称的专有名词，也可以直接使用消费者群体的名字，比如糖尿病患者、有减肥需求的朋友、爱美的女生们等。

其次，要多提目标群体的利益，设身处地地为目标群体着想。文章中如果涉及案例，尽可能地出现群体名称，之后再加上涉及的姓名，这样实际上就相当于重复了一次目标群，只要文字不显得啰唆，也是增强软文情感指数的一个好方法。比如“糖尿病让众多中老年患者们饱受折磨，李先生就是一名多年的糖尿病患者”。

此外，本书前面章节讲到的如何增强软文的感染力中有很多技巧也适用于增强软文的情感指数。

值得提出的是，文无定式，不是所有的软文都需要测试情感指数，情感指数高的软文效果好毋庸置疑，但不是所有效果好的软文都是情感指数高的。这个测试工具对于初写软文的朋友可能会很有帮助。

第 11 章　软文营销常见的 6 个误区

Chapter Eleven

"幸福的家庭都是相似的，不幸的家庭各有各的不幸"，这是托尔斯泰的《安娜·卡列尼娜》中的经典名句。我们认为，开展软文营销没有取得成功的企业，也有各自不同的原因，包括不配合软文营销的调研、产品定位不准、市场营销工作与软文营销割裂、软文评估不到位、软文投放没有组合等。

因为有太多的不同，又见过太多的企业软文营销半途而废，为了提高企业软文营销的成功率，我们找到了一些共性的问题，总结了以下几个企业经常走入的误区，供大家参考。

误区 1：领导瞎指挥

企业开展软文营销，无论是外包的专业团队还是企业内部的员工，实际上都不怕软文战争的艰苦，不怕调研的烦琐、策划的困难、撰写的苦思冥想、投放的精挑细选和效果评估的残酷，怕就怕相关领导不懂装懂，瞎指挥！

《雪豹》是战争题材中的一部经典电视剧作品，其中的政委张仁杰就是一个典型的瞎指挥的领导。在一次战争中，他没有听团长周卫国的命令，以政委身份命令士兵率先开枪，暴露了目标导致丧失了最佳作战时机，遭到了敌人有准备的垂死顽抗。在敌人枪炮最猛烈的时刻，不同意用机枪压制反而吹冲锋号，让众多本来不该牺牲的士兵成了为国捐躯的烈士！然而在面对周卫国的正面指责时，竟然轻描淡写地来了一句：打仗必有伤亡！在电视剧中看到这个情节时，真恨不得冲上去抽他两个嘴巴！

《雪豹》中的张仁杰：打仗必有伤亡

没有任何质疑，在中小企业中，很多企业的一把手都是创业成功的企业家，这个群体有着超乎常人的敏锐与胆识，在很多方面都很优秀，甚至有些是全方面的能人。因此在软文营销方面，他们也往往会指手画脚，无论是广告公司、公关公司还是专业的软文高手提交的软文，只要让这些企业领导审核，要么修改得乱七八糟，要么整段整段删除。几轮修改下来，软文营销的执行团队已经没有了锐气，也没有了创意，领导说怎么干就怎么干，结果可想而知。

当然，如果这些一把手有史玉柱的智慧，有牛根生的豁达，有任正非的高度，有任志强的文笔，按照他们的指挥作战未尝不可。可惜的是，太多的中小企业一把手根本不懂平面媒体新闻性软文的价值，也不懂网络软文对于网络营销的贡献，只是凭着自己的喜好去指挥。如果这样开展软文营销能够成功，那简直就是一个奇迹！

误区 2：软文营销没有重点

不管软文营销的具体目标有多少个，至少可以制定阶段性的策略，规划好每一阶段重点做什么。对于每一篇软文而言，同样如此。很多中小企业做软文营销，觉得“既然花了钱，就得花得值”，恨不得在一篇软文中把所有想要传播的信息都融入进去，结果眉毛胡子一把抓，读者什么都没记住。

下面两幅图片，左边图中的足球宝贝各个都是靓女，身材没的说，长相也不赖，但是让读者看上一眼就能留下印象的恐怕就是那个穿黑衣服的宝贝了。右边的图片让读者看上一眼就能留下印象的恐怕当属那个礼仪美女了。

这么多迷人的足球宝贝你会先看谁？

冠军又如何？

软文营销没有重点，有时候浪费的不仅仅是“银子”，更重要的是还会丧失中小企业开展软文营销的信心和耐力！

误区3：软文营销没有耐心和坚持的勇气

如上图中所示“我们要在一周内把品牌塑造出来”，软文营销基本上不可能有这个能力，即使有也绝对是个案，也是营销学上研究的案例，也是综合作用力的结果。

企业的生存和发展靠利润，做企业、经商讲究“投入产出比”天经地义，但是软文营销需要一个沉淀和积累的过程，如果短期内要求用软文实现多少直接的销售业绩或者要求一周内把品牌塑造成功，这种可能性比较小。当然有演变成事件营销的软文，除了品牌内涵短期塑造不能成功以外，还是可能有传播的魔力，但是概率也比较低。

随着越来越多的企业深入开展网络营销，网络上的商业化信息越来越多。要想在网络营销上拼出一片新天地，除了策略和技巧，也需要时间和耐心。在软文营销上更是如此。企业开展软文营销的经验需要在实战中摸索，软文中的关键词在搜索引擎上被抓取到需要时间沉淀，借力的软文需要寻找机会，系列软文显现威力需要发酵的时间。

因此，中小企业开展软文营销不能像盲目的挖井人一样，四处开凿，结果水源近在咫尺却擦肩而过。

误区 4：以量取胜

有些开展软文营销的中小企业非常有信心和耐心，找了大批写手，文章一批一批地造，一批一批地发，除了对于搜索引擎营销有些帮助之外，其他收效并不太理想。软文营销靠的是软文的质量，绝对不是数量！当然，对于纯 SEO 类的文章另当别论。

某猪肉厂家曾经委托一家公司做软文营销，短时间内各个门户网站、论坛软文铺天盖地，仔细一看软文的质量让人大跌眼镜。

猪成名也有烦恼?

每个人都有自己的烦恼。当自己是普通人时，有普通人的烦恼，比如没房、没车、没女朋友、被别人瞧不起等。等到自己成名后，同样有成名后的烦恼，比如如何让自己更有名、如何让自己赚得更多、如何面对一些媒体或者个人的各种诽谤与攻击。

人在不同的时期有不同的烦恼，普通人不好做，名人同样难做，当然“名猪”也不例外。

作为生活条件不知道要比普通猪好多少倍的酸奶猪，自从走进人们的视线，就一直话题不断。

大家都知道，酸奶猪是喝酸奶长的，这样好的生活条件很多人都自愧不如，可酸奶猪为什么还会有烦恼呢？

原来很多人都质疑这头“名猪”，为什么要喝酸奶呢？

相关专家介绍说，为了保证猪肉的安全，才让猪喝酸奶的。

据了解，酸奶猪喝完酸奶后，可以调节胃肠道微环境，阻止有害病菌侵入，增强机体免疫。这样一来，生猪就不用再打针吃药，所以猪肉无任何药物残留。

此外，酸奶猪还吃一些经过严格筛选的纯绿色食品，这些食品中无瘦肉精、抗生素。在饮食和疾病方面对酸奶猪的控制，保证了酸奶猪肉的安全性。

（摘选自2012年8月17日重庆晨报网，略有改动）

看了以上软文，你有何感想？估计你能不能看完都是一个问题。笔者觉得这篇软文想给谁看都可能没有搞明白，软文内容较牵强，段落之间缺少过渡，没有逻辑，没有数据佐证，没有权威人士观点，更没有展开分析，效果较差。

类似这种软文还有一大批，这样的软文传播出去，效果应该不会太好。请牢记：软文营销靠的是质量，不而是数量。

误区5：不切实际吹大牛

软文可以策划，撰写方面有些故事情节可以杜撰，对于企业的产品或者服务提炼出卖点之后可以适当夸张或者缩小，但是绝不是无源之水，无本之木，不能脱离实际，更不能吹大牛！

明明不是真皮的包，非要用软文吹牛是“头层牛皮”、“小羊皮”；明明就是进价几十块的地摊货，非要用软文吹成是“原单尾货”；明明是劣质奶粉，非要用软文吹牛成是“进口奶粉”、“国际品质”；明明是普通的保健品，非要用软文吹牛成“延年益寿包治百病”……

一旦你吹了一次大牛，接下来就麻烦大了，为了自圆其说或者好面子，或者为了已经实现的经济利益，就得让这个牛皮不能破，得接二连三地吹下去。为了掩盖一个吹牛造就的谎言，需要更多的谎言前仆后继，一旦谎言被拆穿，就像七彩肥皂泡一样，破灭得无影无踪。轻则企业信誉扫地、产品滞销，演变成企业的空前危机！重则人人喊打，企业多年创下的基业毁于吹大牛！

这里我们必须要指出，软文营销调研阶段不可能像审计一样去核验数据的逻辑性，也不会像工商、税务部门那样核实数据的真实性，很多重要信息都是从中小企业主要负责人口中得到的。如果说所有的中小企业负责人说大话则肯定有些过头，但是其中的水分相信中小企业主们都会心知肚明。

因此，软文营销执行团队在掌握这些估算性的数字和战略性的企业目标后，写软文就得悠着点儿。写好的软文一定要让企业负责人审核一下，再让企业的其他高管看一下，涉及数字和承诺性的内容一定要让他们认真思考一下！因为软文一旦发布出去之后，不仅仅能够影响到社会公众，而且也是媒体和公众监督的线索和证据！

误区6：恶意诋毁竞争对手

本书前面章节讲软文营销创意的时候，提到过要向竞争对手学习，是从博弈论的角度来讲的，道理不再赘述。

我们认为，同行之间，尽管是竞争对手，也要合理、合法地去竞争，在软文营销方面同样如此。诋毁竞争对手，虽然能得到一时的利益，却并不会长久。若要人不知，除非己莫为。金龙鱼和鲁花、伊利和蒙牛的公关大战，都让双方付出了惨痛的代价。

特别要说明的是，前面所讲的软文创意的“比对手”或者“干仗”的思维不是恶意诋毁对手，最起码的底线是不能让行业受损，要掌握好尺度。

诋毁竞争对手承担的法律责任问题，在下面的软文营销的风险及防范一章中会详细展开。直面竞争，整合资源，讲究责任，才是软文营销的王道。

第 12 章　软文营销的风险及防范

Chapter Twelve

简单来说，风险就是指在一个特定的时间内和一定的环境条件下，人们所期望的目标与实际结果之间的差异程度。本章所讲的风险不仅仅针对开展软文营销的中小企业，同样也包括了具体执行软文营销的团队或者从业者们。

一、软文营销操作上的风险

1. 软文营销的行动目标不违法、不过度包装

前面一章讲了软文营销误区“吹大牛”的危害，也就是产品和服务过分包装的后果。其实对于软文营销的执行团队而言，过分包装并不是本意，那么如何防范呢?

首先，要真正了解产品或者服务。如果条件允许，可以向企业的几个客户（消费者）进行了解，或者向第三方了解。如果是价值不高的产品或者服务，完全可以提出自己试用。这不是自私，是为了有切身感受。如果有危害消费者身体健康的，有严重色情、暴力的，建议这个任务不接也罢，这样的钱赚了也不会踏实!

其次，要查一下行业的相关法律法规，产品如果有国家标准，可以查一下，并且比对一下产品包装上的标识。这样做不是不信任企业提供的信息，而是对自己负责任，对企业负责任，对消费者负责任!如果发现问题，及时和企业沟通。

最后，不要忽视了网络的力量。用搜索引擎检索一下企业的产品或者服务相关的信息，如果有消费者投诉，有网友爆料，要记住“无风不起浪”，接这个任务一定要慎重了！

笔者的团队曾经拒绝过一家投资公司的软文营销任务，是一个股权融资的项目，当时看商业计划书和其他材料就发现资料有很多问题，数字逻辑关系、商业模式完全不清晰。实际投产的生产线又只是照片，产品客户不能提供样品。特别是对股权投资者的回报承诺明显超出同行业水平。

这家投资公司的负责人又特别要求用软文进一步包装项目，不要提任何风险，就围绕一个目标：让投资人尽快相信这个项目能赢利！我们毫不犹豫地拒绝了这个任务，以我们的判断这极有可能是个投资陷阱！

一年以后，果然不出我们所料，这家投资公司负责人和公司高管全部进了监狱。涉嫌非法集资，涉案金额高达 2 亿元，数百名普通投资人的资金血本无归！要知道，很多受害人是花甲老人，那可是他们攒了一辈子退休后用来养老的钱啊！如果我们当时接了这个任务，是能赚到一点儿小钱，那岂不是为虎作伥吗？对于这些老人来讲，良心能安吗？

“好马配好鞍”，好的产品才值得软文营销执行团队去创意，让软文迸发出正向的力量才是我们的梦想！

2. 软文撰写质量不够高

这个风险主要是对中小企业而言。软文撰写质量不高的例子太多了，网络媒体软文表现力平平也倒罢了，毕竟费用非常低，而且如果关键词设置好了，至少能占据个搜索引擎的位置。

不过大量平面媒体软文的质量不高应该引起重视，千万别让你的企业开展软文营销输在软文撰写质量上。

中小企业防范这个风险，只有两个办法，一个是加强学习，了解了软文营销的流程和评估方法，对内可以教育和引导员工团队，对外可以监督和考核外包团队。另外就是聘请专业的软文营销团队，因为他们不像广告公司和公关公司那样业务范围比较广，他们只靠文字吃饭，软文撰写质量不高是吃不上饭的！

3. 软文投放需要组合和变化

软文的投放是需要组合的。遗憾的是，我们看到很多企业非常执着，或者说有一定的偏好，尤其是针对大公司而言。大公司往往将广告业务整体外包，软文这块也直接交给这些广告公司来操作。而这些广告公司的合作媒体或者说是发布渠道也是相对固定的。因此对于这些企业来讲，软文营销投放的渠道就组合程度而言，就会差得很多了。

那么为什么说投放组合很重要呢？或者说关系到软文营销的效果呢？中国传媒业的开放已经多年了，竞争已经很充分了，如今各种类型的媒体是群雄割据的状态。

举个简单的例子，你的客户是财经人士，他可能看新浪财经，也可能看和讯财经，也可能看《21 世纪经济报道》，还有可能看《第一财经日报》，甚至还有可能看《新京报》的财经版，还有更多适合他的媒体就不再列举。

只有投放目标客户为读者群的全部媒体才不会漏网，但是一来不现实，二来会有严重的读者群交叉而造成资源的浪费。只有进行投放组合并定期变化才能达到最佳的效果。这个和钓鱼的道理一样，“打一枪换一个地方”，乍一听觉得可笑，其实资深的钓友会深有感触而趋于认同。

另外必须要引起重视，自 2013 年下半年以来，移动互联网的应用和发展非常迅速，微信的兴起更加助推了自媒体的发展，在人人都是自媒体的时代，信息的传递更加多元化，传播的环境更加趋于复杂。

因此，平面媒体、网络媒体、电视、广播、新媒体，总之只要是软文载体的传播途径都可以大胆地组合，即使是同类型媒体内部也可以尝试组合变化。在变化中寻找规律，在动态中寻找平衡，才是软文投放的制胜之道。

4. 行业内幕爆料有原则

这个风险也是针对开展软文营销的中小企业而言的。从曝内幕的角度创意和撰写出来的软文，关注度相对来讲一定会高，但是也要注意适当的尺度。

三聚氰胺对于奶粉，苏丹红对于红色食品，瘦肉精对于猪肉，毒胶囊对于药品，西布曲明对于减肥药，塑化剂对于白酒，诸如此类都是行业内的重磅炸弹，也是真正意义上关乎民生的大事，牵一发可动全身。

当然我们不是让企业去做类似这样“伤天害理，丧尽天良”的事情，也不是让企业在关乎重大民生的问题上视而不见，只是想证明某些行业的内幕对社会造成的影响力会超出你的想象！

其实任何行业或多或少都会有一些内幕。如果你所处的行业也有内幕，即使对于你的企业来讲是例外，如果你对于渠道商、零售商、消费者的影响力还不够，资金实力又不强，建议暂缓爆料。否则尽管良心道义上也许你获胜了，实际经营过程中很有可能被“挤兑死”，在你实力不够的时候棱角不宜太锋芒。讲究社会责任、健康的企业更要先学会如何生存下来，之后才能谈发展壮大规范行业，为社会做出更大的贡献。

来看一下 2005 年前后葡萄酒行业曝内幕的一个案例。

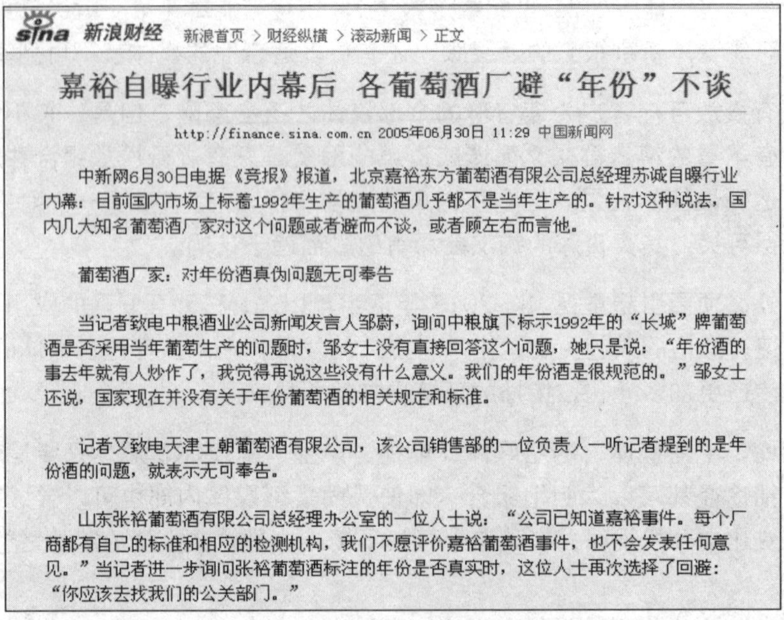

sina 新浪财经　新浪首页 > 财经纵横 > 滚动新闻 > 正文

嘉裕自曝行业内幕后 各葡萄酒厂避“年份”不谈

http://finance.sina.com.cn 2005年06月30日 11:29 中国新闻网

中新网6月30日电据《竞报》报道，北京嘉裕东方葡萄酒有限公司总经理苏诚自曝行业内幕：目前国内市场上标着1992年生产的葡萄酒几乎都不是当年生产的。针对这种说法，国内几大知名葡萄酒厂家对这个问题或者避而不谈，或者顾左右而言他。

葡萄酒厂家：对年份酒真伪问题无可奉告

当记者致电中粮酒业公司新闻发言人邹蔚，询问中粮旗下标示1992年的“长城”牌葡萄酒是否采用当年葡萄生产的问题时，邹女士没有直接回答这个问题，她只是说：“年份酒的事去年就有人炒作了，我觉得再说这些没有什么意义。我们的年份酒是很规范的。”邹女士还说，国家现在并没有关于年份葡萄酒的相关规定和标准。

记者又致电天津王朝葡萄酒有限公司，该公司销售部的一位负责人一听记者提到的是年份酒的问题，就表示无可奉告。

山东张裕葡萄酒有限公司总经理办公室的一位人士说：“公司已知道嘉裕事件。每个厂商都有自己的标准和相应的检测机构，我们不愿评价嘉裕葡萄酒事件，也不会发表任何意见。”当记者进一步询问张裕葡萄酒标注的年份是否真实时，这位人士再次选择了回避：“你应该去找我们的公关部门。”

葡萄酒行业曝内幕

以上为文章的部分截图（查阅全文可以使用百度搜索文章标题），自从嘉裕自曝年份酒内幕之后，各大媒体纷纷跟进报道，尽管嘉裕多次公开表示在行业内率先不生产“年份酒”，而且年份酒造假是行业“惯例”，消费者不领情也就罢了，媒体也长时间不依不饶。我们不去探讨背后是否有企业捣鬼，但是事实就是如此：即使已经停止销售了，还屡屡成为“年份酒”问题挨打的“出头鸟”。

事实上我们今天来看，葡萄酒行业自身主动曝内幕加上被媒体不间断地被动爆料，中国消费者已经对国内葡萄酒丧失了信心，多年来进口葡萄酒购销两旺，国产葡萄酒企业再怎么努力，销售一直不温不火。覆巢之下，安有完卵？自曝内幕一定要慎重！

我们认为至少有三个原则必须牢记。

第一，中小企业本身必须过硬，自己不是所曝内幕中的一员，否则一定会给竞争对手或者消费者留下把柄。一旦曝光，那就是搬起石头往自己的脚上砸了！

第二，曝内幕要适度，要适可而止，千万不要引起行业的公愤。

第三，曝内幕最好只点现象，不点行业内企业名称，甚至是能让消费者推测出来的针对某家企业的问题也要慎重，避免掀起类似伊利和蒙牛之间的公关战。

当然，如果说企业已经做好了充分准备，就是要彻底地搅乱行业浑水，再造行业新秩序，而且已经为有可能到来的各种攻击做好了准备，那也可以放手一搏！

因为软文是最能顶住各界压力，将事实真相大白于天下的！只要有理有据，软文就能够顶天立地！

5. 校对再校对

软文的校对风险，在软文营销的实践中，是最不容易引起重视的，这里又往往是最危险的地方！北京某财经杂志，有一期因为文中涉及了国家领导人名字，结果把字打错了，当期杂志已经发行完毕又全部追回！

2015 年 3 月 16 日，我浏览网页新闻，发现人民网上有这样一条新闻：“杭州举办“问题车展”助消费者维权”。稍微扫了一眼，看到主办单位是“杭州交通工具经济广播电台”，显然，是把名字搞错了，应该是“杭州交通经济广播电台”。

人民网 people.cn

人民网 >> 时政 >> 滚动新闻

杭州举办“问题车展”助消费者维权

2015年03月16日07:35 来源：中国新闻网 手机看新闻

打印 网摘 纠错 商城 分享 推荐 人民微博 字号

原标题：杭州举办“问题车展”助消费者维权

3月15日，2015第四届中国（杭州）问题车展在杭举行，100余辆瑕疵车被现场曝光，车主们以横幅和标语来抗议维权的艰辛。据悉，此次车展由杭州交通工具经济广播电台主办，车展涵盖了国产、进口及合资等20多个汽车品牌，市场价从十几万到上百万不等。中新社发 李晨韵 摄

人民网的一条新闻

那么，如何校对来防范风险呢？在网络软文发布的章节对网络软文发布之前的校对有过一些阐述，这里再从宏观上补充三点，这些要点重点针对的是平面媒体，对于网络媒体同样适用（平面媒体印刷完毕原则上不能修改，网络媒体发布后至少还能修改）。

第一，文字要校对。

首先要校对名称（企业名称、人名、商品名称、商标名称），不管是不是你自己的名称，只要文章中涉及，一定要校对一遍。把握不准的千万不能懒惰或者嫌麻烦，往往惹出麻烦的就是这些文字。

如果是引用专家观点，把专家名字搞错，不仅仅是对别人的不尊敬，更重要的是有可能让软文失去说服力，软文策划、创意、撰写、发布全都白折腾一场。

第二，数字绝对不能含糊。

如果涉及数字，哪怕是公司成立日期，都要仔细核对一遍，没有依据或者数字精确表述会引起争议的，就模糊化处理。因为软文会留存下来，特别是网络软文多年以后都能根据关键词立即检索到。

禹晋永出生年龄、唐骏海外求学时间都曾经一度被网友挖出来求证。李天一涉嫌轮奸被批捕后，引起网民极大愤慨，他的年龄问题因为在网上多年以前的蛛丝马迹也引起网友们的强烈质疑。

说这些不是吓唬开展软文营销的企业，是为了让企业必须引起重视，软文营销不是小孩子过家家，好玩就玩一下，不好玩就算了。要对社会负责任，也要对自己的企业负责任。

第三，校对逻辑关系。

软文的逻辑关系要梳理一下。主要方法就是快速浏览全文，抓大意，看看上下语境是否矛盾。怀疑有问题的地方再对照着细读。不能出现“一女嫁二夫”一个论据来分别佐证两个观点的情况，也不能出现“下面谈四点”实际内文只有三点的情况，更不能出现语意和观点相互矛盾的情况。

2013 年 3 月 12 日中国广播网发布的“消费导报：八成消费者购买防辐射孕妇装时存在盲目性”这篇软文，从策划、创意、撰写到发布，都可圈可点，唯一不足的是文中第三自然段用“以国内某著名品牌研制成功的桑蚕丝银纤维防辐射服为例”，而第四自然段又用了“像上面提到的上海优加、添香等品牌”，上面根本就没有提到具体品牌，显然这个地方逻辑上说不通了。要命的是，这两处又离得不远，分别在第三自然段和第四自然段。本来消费者已经很愿意相信文中所表达的观点了，看到这里却突然被搞得一头雾水，突然醒悟过来了，原来是软文，而且还出错了！

当然，软文的标点及其他文字上的错别字也需要校对，但是相对于我们以上谈到的三点已经是次要问题了。

要记住，先解决主要问题，再解决次要问题。

6. 软文如何速成

俗话说，天下文章一大抄。没错，关键看你怎么抄。如果抄不好，同样有风险。轻则引起原著作权人投诉，重则引起法律纠纷，具体在下面的法律风险章节中有论述。

到底怎么抄呢？我们不建议抄，但是对于有速成软文需求的广大站长来讲，面对庞大的工作压力和有限的时间，还是可以搞一些伪原创的。具体方法详见第 3 篇中相关问题的回答。

二、道德风险

软文营销要讲道德，违背社会公序良俗的东西尽量不要去做。在软文操作方面，特别是在网络传播途径方面，有太多的人高喊“炒作”，一味追求网民的眼球，色情、贪欲、暴力，无所不用其极。

2011 年 4 月中旬，某风景区高薪招聘采茶女，要求很“苛刻”。事情一经披露，引起了国内近千家媒体的采访和报道。其实这个事情是北京一家营销公司精心策划的一个事件营销。这家公司还是精于软文运作的，用系列软文控制了事情发展的节奏，用极小的成本换来了轰动效应。毫无争议，用软文营销操作的这次事件营销成了当时很多网友都熟知的事情。但是笔者认为，这样操作，企业和品牌的知名度有了，但是美誉度却没了！重建美誉度的难度比建立知名度要大得太多了！

因此，软文营销也要防范道德风险，如果与社会道德相悖，还是要思考清楚到底要知名度还是要美誉度。

三、法律风险

法律风险，是既针对企业，又针对软文营销执行团队的风险。从软文营销的实践来看，目前主要需要注意以下几个方面。

1. 侵犯名誉权

民法通则 101 条明令禁止用侮辱、诽谤的方式损害他人名誉。名誉权主要表现为名誉利益支配权和名誉维护权。名誉侵权主要有侮辱、诽谤、泄露他人隐私等。

侮辱：是指用语言（包括书面和口头）或行动，公然损害他人人格、毁坏他人名誉的行为。如用大字报、小字报、漫画或极其下流，肮脏的语言等形式辱骂、嘲讽他人、使他人的心灵蒙受耻辱等。

诽谤：是指捏造并散布某些虚假的事实，破坏他人名誉的行为。如毫无根据或捕风捉影地捏造他人作风不好，并四处张扬、损坏他人名誉，使他人精神受到很大痛苦。

对法人名誉的侵害，主要表现在散布有损法人名誉的虚假消息，如虚构某种事实、诬说某工厂的产品质量如何低劣、以图用不正当的竞争手段搞垮对方等。

任何新闻报道、书刊杂志在对真人真事进行报道、评论、传播时都不得与事实不符，而影响公民原有的社会评价。不过司法实践中考虑到新闻的时效性，新闻报道中出现一般性的失实，不作为侵害名誉权处理。只有在新闻报道中严重失实并致他人名誉受损时，才视为侵害名誉权的行为。

我们在软文营销中必须重视以下几点。

第一，使用他人姓名或者影射他人的软文，如有侮辱、诽谤情况有可能侵权。

在文学作品中故意使用他人真实姓名，或者未写明原告的真实姓名和地址，但对人物特征的描写有明显的指向或者影射他人，小说内容存在侮辱、诽谤情节，致其名誉受到损害的，作者和出版社均可能构成对名誉权的侵犯。

第二，内部资料也有可能侵权。

机关、社会团体、学术机构企事业单位分发本单位、本系统或者其他一定范围内的内部刊物和内部资料，所载内容引起名誉权纠纷的，人民法院应当受理。

第三，根据行政文书撰写的软文一般不会侵权。

新闻单位根据国家机关职权制作的公开的文书和实施的公开的职权行为所做的报道，其报道客观准确的，不应当认定为侵害他人名誉权；其报道失实，或者前述文书和职权行为已公开纠正或拒绝更正报道，致使他人名誉受到损害的，应当认定为侵害他人名誉权。

第四，对产品质量、服务质量批评、评论不构成侵权。

消费者对生产者、经营者、销售者的产品质量或者服务质量进行批评、评论，不应当认定为侵害他人名誉权。但借机诽谤、诋毁，损害其名誉的，应当认定为侵害名誉权。如果评论仅仅是用语不当或遣词造句不确切，且无故意或过失侮辱他人人格的内容和用语时，不能认定为侵害他人名誉权。

案例：

小张因购买某品牌木门，与商家就木门配置的锁具发生分歧，双方经过数次沟通后未达成有效处理。小张一怒之下在某公开论坛上发帖，称“某某品牌木门的销售员，大家买东西千万注意别被她坑了”，同时将商家销售员的名片和手机号码挂在网上。文中提到“我电话里骂人都骂了，我现在要用小人的办法解决问题”。结果被销售员起诉侵犯名誉权，小张败诉。

（据中国法院网 2012 年 11 月 21 日报道，
原文标题：防盗门锁引纠纷网上发帖被诉侵犯名誉权）

尽管这个案子法院判决小张仅在论坛上赔礼道歉，并赔偿 500 元，但是我们看到侵犯名誉权的案件目前获得法院支持的在现实中非常普遍。因此即使是维权的公关软文也要注意避免这个问题，不要谩骂和恶意攻击。要摆事实，讲道理，找依据，这才是最稳妥的办法。

2. 侵犯肖像权

肖像权就是自然人所享有的对自己的肖像上所体现的人格利益为内容的一种人格权。侵犯肖像权的法律责任：被侵害人有权要求侵权人停止侵害、恢复名誉、消除影响、赔礼道歉、赔偿损失。

肖像权的表现、权利、特点、限制和侵权构成要素比名誉权要复杂得多，具体可以查阅专业法律书籍，在此仅就与软文营销相关的侵权行为做出说明。

侵犯肖像权一般需要认定“以营利为目的”使用肖像，即未经本人同意，而使用他人的肖像，并且使用者在主观上，希望通过对他人的肖像的使用获得经济利益。所谓的“营利”并不需要有营利实事，只要有营利的主观意图，有客观营利的行为，无论行为人是否实现营利目的，都构成“营利”实事。

在某些特定情况下，因社会公共利益，可未经肖像权人的同意而使用其肖像：使用社会公众人物肖像；为宣传报道而使用参加游行集会、游园活动的人的肖像；旨在行使正当的舆论监督而使用公民的肖像；因通缉犯罪嫌疑人或报道已判决案件而使用罪犯的照片；为肖像权本人的利益而使用其照片；国家机关为执行、适用法律而使用公民的肖像；作为证据而使用公民的肖像；为了科学研究和文化教育目的而在一定范围内使用他人肖像。

在软文营销的实践中，一般侵犯肖像权的情况都是因为软文中的配图而引起的，建议软文中如果一定要使用肖像配图，应该尽量采用新闻性报道软文形式。此外，文字表述中的文字要有利于维护肖像本人的良好社会形象。

例如，赵雅芝因代言广告过期起诉上海两家化妆品公司侵犯肖像权获赔 25 万元（人民网 2013 年 3 月 18 日报道：赵雅芝诉两公司侵犯肖像权法院一审判赔 25 万元）。

2013 年 3 月 4 日，孙菲菲与上海某整形医院侵犯肖像权的纠纷经法院调解结案，孙菲菲仅获赔 19000 元（凤凰网 2013 年 3 月 7 日报道，原文标题：演员孙菲菲状告整形医院侵犯肖像权获赔）。

在软文营销的实践中，特别是美容、整形、减肥等行业，在软文中配图特别喜欢使用明星照片，对此要注意避免引起诉讼纠纷。从道德的角度上来讲，我们也建议中小企业实施软文营销不要侵犯他人的肖像权。一定要配图，也可以选择漫画、卡通人物造型，说不准还会因为创意引起更多的阅读量和转载率呢？

3. 不正当竞争侵权

《反不正当竞争法》第 2 条第 2 款的规定：不正当竞争，是指经营者违反该法规定，损害其他经营者的合法权益，扰乱社会经济秩序的行为。

反不正当竞争法的法律责任有民事责任、行政责任、刑事责任。在司法实践中多见民事责任和行政责任，刑事责任的案例很少见，即使有也参照刑法的其他规定执行了。

不正当竞争的表现形式也有很多种，具体可以查阅相关专业法律书籍，在这里只讲两种与软文营销相关的表现形式。

第一种是编造和散布有损于竞争者的商业信誉和产品信誉的不实信息，损害竞争者形象和利益，这种比较常见。

第二种是侵犯其他企业的商业秘密，也就是说无论通过何种手段获取的商业秘密，软文营销过程中，披露、使用或者允许他人使用其所掌握的商业秘密，都有可能构成侵权。

当然商业秘密的认定需要具有“公众所知悉、能为权利人带来经济利益、具有实用性并经权利人采取保密措施”这几个认定要素，在现实案例中被侵权人举证也非常困难。但这绝不应该是软文营销去损害其他企业利益达到我们软文营销目标的借口！

案例：

2009年7月16日，海南南国食品销售总监徐某将营销客服钟某叫到办公室，告知其春光的糖果在大润发超市全部下架，原因是该超市内部查出春光的糖果大肠杆菌超标，让其将该消息通过某些途径向公众传播出去。钟某问徐某要使用何种途径传播，徐某说在一些大的网络论坛上发表，并要求其办完此事向她汇报。

7月16日下午，钟某在海南一家网络论坛上“投诉报料”板块发布题为《无良“春光”大肠杆菌超标，祸害无辜百姓》的帖子，称春光食品的糖果大肠杆菌严重超标，并呼吁“相关部门相关报纸都出面来抵制‘春光’，不要让他的产品继续危害人类健康”。同年7月22日，在该网络论坛又出现题为《春光食品沦陷，谁还能代表海南特色食品形象》的文章，继续称春光产品不合格，帖子被众多论坛转载。

2010年7月24日，春光食品向海口市公安局网络安全监察处报案，以发帖者涉嫌侵权及违反不正当竞争法规为由，恳请公安机关立案侦查。海口市公安局网监处立案调查。虽然海口市公安局此后以徐某、钟某涉嫌损害商业信誉、商品声誉一案不足以追究刑事责任为由，决定撤销该案。但是，春光食品还是向海口市中级人民法院起诉南国食品。

法院审理认为，钟某凭空捏造虚假事实，编写故事，通过网络报料春光食品生产的糖果大肠杆菌超标，危害消费者的健康，呼吁相关部门出面抵制春光食品的行为，虽无直接的证据证明系钟某代表南国食品所为，但钟某作为个体，与春光食品之间并无利益冲突或利害关系，其无端编造虚假事实发布于网络媒体，制造诋毁春光食品的市场形象、破坏其商品声誉和商业信誉的事端，不符合常理。而且事发后接受公安机关讯问时，将自己的行为转嫁给上司，但至今仍在南国食品工作，且未受任何处分；销售总监徐某在明知钟某所发帖子内容虚假的情况下，仍跟帖呼应，亦不符合常理。由此可以确认，钟某发帖是被指使执行工作任务而为，由此产生的法律后果应由南国食品承担。

法院方面指出，春光食品和南国食品均为从事加工、销售椰子等海南特产制品的企业，属同业竞争者。南国食品捏造春光食品加工销售的糖果大肠杆菌超标，造成小孩食用后肚子疼的虚伪事实，并通过知名度较高的传媒网站予以发布，其主观上存在对春光食品的商品进行贬损的侵权故意，其行为客观上毁损了竞争者的企业市场形象，因此，南国食品的行为符合商业诋毁的基本特征，构成不正当竞争。

法院判决要求南国食品立即停止散布损害春光食品商品声誉和商业信誉不当言论的不正当竞争行为，并在法院指定期限内在指定媒体上刊登致歉声明，同时赔偿春光食品经济损失 10 万元。

（选自《中国青年报》2011 年 1 月 11 日的报道，
原文标题：员工受命发帖诋毁竞争对手所在企业被判罚）

我们分析一下，如果钟某的企业或者上司在对方企业起诉后，把钟某开除，坚决不承认这个事情是指使钟某所为，而钟某又拿不出证据来证明受指使呢？如果这个事情开始真的是钟某有这个想法，想提高销量自己多拿提成而企业根本不知情呢？如果这两种假设成立，只能是凭空又多了一个受害者，要么是该企业，要么是做具体事情的人。

因此，无论是开展软文营销的中小企业，还是软文营销的执行团队，对此都要引起重视，“苍蝇不叮无缝的蛋”。不攻击别人，自己也不会有麻烦。

4. 侵犯著作权

著作权俗称版权，是指作者对其创作的文学、艺术和科学技术作品所享有的专有权利。著作权主要包括人身权和财产权。

人身权又称精神权利，具体包括发表权、署名权、修改权、保护作品完整权。

财产权又称经济权利，具体包括复制权、发行权、出租权、展览权、表演权、放映权、广播权、信息网络传播权、摄制权、改编权、翻译权、汇编权等。

我们国家目前保护作者著作权的法律法规主要有《刑法》、《民法通则》、《著作权法》、《著作权法实施条例》、《计算机软件保护条例》、《实施国际著作权条约的规定》，以及我国加入的《世界版权公约》和《伯尔尼公约》等。

从以上简单说明中可以看出著作权是非常复杂的法律问题，有兴趣的读者可以进一步查阅相关专业法律书籍，本书仅对于软文营销相关的内容做出说明或分析。

可以不经著作权人许可，不向其支付报酬，但应当指明作者姓名、作品名称，并且不得侵犯著作权人依照本法享有的其他权利的几种情况（仅列出了与软文营销相关需要熟悉的情况）:

- 为个人学习、研究或者欣赏，使用他人已经发表的作品。
- 为介绍、评论某一作品或者说明某一问题，在作品中适当引用他人已经发表的作品。
- 为报道时事新闻，在报纸、期刊、广播电台、电视台等媒体中不可避免地再现或者引用已经发表的作品。
- 报纸、期刊、广播电台、电视台等媒体刊登或者播放其他报纸、期刊、广播电台、电视台等媒体已经发表的关于政治、经济、宗教问题的时事性文章，但作者声明不许刊登、播放的除外。
- 报纸、期刊、广播电台、电视台等媒体刊登或者播放在公众集会上发表的讲话，但作者声明不许刊登、播放的除外。
- 国家机关为执行公务在合理范围内使用已经发表的作品。

现实中侵犯著作权的法律责任，在与文字相关的领域，除了大规模的盗版书籍要承担刑事责任之外，大多数是因抄袭导致的纠纷，承担的一般都是民事责任。

案例 1：

无锡两名紫砂壶艺人为了评职称，直接将某期刊的相关文章改成了自己名字，又再次发表，被作者发现并起诉。法院经审理后作出判决：判定两名艺人的行为构成侵权，杂志出版方未尽到对稿件来源、期刊内容详细审查的义务。判决出版方及两位艺人共同于判决生效之日起 30 日内在该期刊上发表致歉声明，并共同赔偿原作者经济损失 1.6 万元。

（无锡新传媒网，原文标题：
壶要卖高价先发表论文　两艺人抄袭论文被判侵权）

案例 2：

2010 年年底，北京体育大学在读硕士研究生卢某发现一篇署名洛阳某高校体育部一教授的文章，涉嫌抄袭自己的本科毕业论文，其中“95%以上的内容几乎一模一样”。

2011 年年初卢某将抄袭者起诉至洛阳市中级人民法院。法院一审判决认定，该论文构成了对卢某著作权的侵害，要求其立即停止侵害行为，并赔偿原告损失 1000 元。

（中国青年网，原标题：河南一教授抄袭本科生论文，内容几乎一模一样）

案例 3：

2012 年年 6 月 17 日，李某写了一篇文章，发表在自己的博客上。于某在同年 8 月 2 日发表的一篇博文中，整段引用了他的博文内容，且未注明作者和出处。

李某认为于某事先未经其同意，也没支付报酬，这种行为属于侵权，便将其告上法庭。他要求于某在其文章中注明出处，公开道歉，并赔偿 7000 余元。

北京市海淀区法院审理后认为，于某引用的是其博文的核心内容，是不合理使用，构成侵权。遂判决于某停止使用，在网站上刊登致歉声明，并赔偿 1800 元。

（华龙网，原标题：大学跳水教练博客引用的哥博文被判侵权）

从以上三个案例，我们看到国家保护著作权的力度越来越大，软文营销中用于平面媒体和网络媒体上的文章，必须要坚持原创。即使应用在博客、论坛、微博上的伪原创也要巧妙，如果直接转载了别人的内容，最好注明出处，一来是对别人劳动成果的一种尊重，另外也能有效避免侵权导致的纠纷。

实际上，有些中小企业或者软文营销团队因为侵权责任赔偿金额小，不担心著作权纠纷，甚至还想借这种真实的诉讼纠纷来提高知名度呢？那是另外一个层面的问题。笔者还是要再次善意地提醒：尊重他人的劳动成果，不要有了知名度，丢了美誉度！

5. 诽谤罪

诽谤罪是指故意捏造并散布虚构的事实，足以贬损他人人格，破坏他人名誉，情节严重的行为。诽谤行为不一定要指名道姓，只要从诽谤的内容上知道被害人是谁，如果损害结果严重，就可以构成诽谤罪。

2013 年 9 月 10 起实施的《最高人民法院、最高人民检察院关于办理利用信息网络实施诽谤等刑事案件适用法律若干问题的解释》（以下简称《解释》），共有十条。主要规定了八个方面的内容，明确了“捏造事实诽谤他人”的认定以及该行为的入罪标准。

笔者认为，实际上，该解释是对原刑法中规定的诽谤罪做了进一步解释和完善，专门针对网络造谣行为做出了定刑与量刑的标准。

《解释》第一条采取列举的方式，对刑法第二百四十六条中“捏造事实诽谤他人”的规定进行了类型化和具体化，包括：捏造损害他人名誉的事实，在信息网络上散布，或者组织、指使人员在信息网络上散布的；将信息网络上涉及他人的原始信息内容篡改为损害他人名誉的事实，在信息网络上散布，或者组织、指使人员在信息网络上散布的。只要符合《解释》规定的上述两种情形之一，即可认定为“捏造事实诽谤他人”。

《解释》第一条第二款还规定：“明知是捏造的损害他人名誉的事实，在信息网络上散布，情节恶劣的，以‘捏造事实诽谤他人’论。”如果行为人明知是捏造的损害他人名誉的事实，实施了在信息网络上散布的行为，主观上具有侵犯他人名誉权的故意，客观上也对他人的名誉造成了实际损害，情节恶劣的，以诽谤罪定罪处罚符合刑法的规定。

如果行为人不明知是他人捏造的虚假事实而在信息网络上发布、转发的，即使对被害人的名誉造成了一定的损害，按照主客观相一致的原则，也不构成诽谤罪。

诽谤罪的法律责任：处三年以下有期徒刑、拘役、管制或者剥夺政治权利。诽谤罪的法律风险主要是针对软文营销执行团队中的个人而言。

在软文营销的实践中，千万不要为了抓住网民的眼球，去捏造、虚构他人的事实，特别是破坏他人人格、名誉的事实。即使是维权的公关软文，在没有绝对掌握证据之前，也不能轻易行动。试想一下，“重庆官员艳照门”的事件，如果爆料者没有掌握真实证据，早就该锒铛入狱了。

6. 侵犯商业信誉、商品声誉罪

损害商业信誉、商品声誉罪，是指捏造并散布虚伪事实，损害他人的商业信誉、商品声誉，给他人造成重大损失或者有其他严重情节的行为。根据刑法第 221 条之规定，犯本罪的，处二年以下有期徒刑或者拘役，并处或者单处罚金。刑法第 231 条规定，单位犯本罪的，对单位判处罚金，并对其直接负责的主管人员和其他直接责任人员，依照个人犯罪的规定处罚。

开展软文营销的中小企业及软文营销执行团队对刑法中的此条款必须认真研究，在现实中有很多个人因此遭受刑事处罚。

损害商业信誉、商品声誉罪捏造散布虚伪事实可以分为：一是由侵权人本人捏造并散布虚伪事实；二是由侵权人本人捏造虚伪事实，唆使或者收买他人（如新闻媒介）等形式去散布；三是唆使或者收买他人损害商品声誉。在第二种和第三种情况下，一般可构成共同犯罪。

损害商业信誉、商品声誉罪方面存在五种行为表现形式。

第一，通过发布对比性广告、声明性广告，散发公开信或召开新闻发布会等形式散布捏造的虚伪事实，恶意贬低、诋毁他人的商业信誉、商品声誉。

第二，组织人员以客户或消费者的名义向市场监管部门、消费者协会或新闻单位等虚假投诉，诋毁和损害他人的商业信誉、商品声誉。这种方式的投诉理由一般为：产品质量低劣、服务质量差、违反法律规定、侵犯消费者权益。

第三，在业务洽谈等公开场合故意向竞争对手的客户或消费者散布捏造的虚伪事实，贬低和诋毁他人的商业信誉、商品声誉。这种方式往往通过商业信息发布会、商品交易会议散布虚假言辞，也有通过单独的商务洽谈、电话交谈等方式实施；无论是经营者本人利用言辞实施，还是指使、收买、唆使本单位职工或其他人实施此行为，都不影响损害行为的认定。

第四，恶意诉讼，捏造侵权事实并通过诉讼向社会公众散布这种虚假事实，贬低和损害他人的商誉。

第五，在商品包装或说明书上，贬低和诋毁他人生产、销售的同类商品，损害他人的商品声誉。

案例：

2010年8月6日，某公司与山东鲁花集团有限公司签订了《营销策划咨询协议》，约定由该公司为鲁花集团提供鲁花坚果调和油营销整合服务，具体内容包括对主要竞争品牌的优劣势进行分析、撰写4篇软文等。2010年9月15日，该公司营销策划人员撰写了标题为《金龙鱼，一条祸国殃民的鳄鱼！》的文章，称“金龙鱼，卑鄙的大品牌，祸国殃民，肮脏的产品，残害国人的身体；敢买金龙鱼调和油吃除非想让子孙成为侏儒或者得癌症”等，并在天涯社区网论坛、搜狐网论坛等网站上发表，引起广泛关注。

根据公安机关出具的深圳市计量质量检测研究院于2006年至2010年期间所做的检验报告，南海油脂工业（赤湾）有限公司生产的金龙鱼大豆油，二代食用调和油等产品经检验合格。

因此金龙鱼企业报警后，该人员被批捕。深圳市南山区人民法院认为，该人员捏造并散布虚伪事实，损害他人商品声誉，情节严重，其行为已构成损害商品声誉罪，获刑1年。

（金融界网站转载，原标题：郭成林涉嫌损害金龙鱼商品声誉获刑一年）

7. 编造并传播影响证券、期货交易虚假信息罪

编造并传播证券、期货交易虚假信息罪，是指编造并且传播影响证券、期货的虚假信息，扰乱证券、期货交易市场，造成严重后果的行为。虚假信息，是完全不存在的或者是完全不曾发生的情况。

一般影响证券、期货交易的“虚假信息”通常包括：公司发生重大债务；公司资产遭受重大损失或发生重大亏损；公司订立可能对公司的资产、负债、权益或经营状态产生显著影响的合同；公司进入破产或清算状态；公司减资、解散；公司实际控制人变更的虚假信息等。

该罪编造并传播的“虚假信息”，与股票、期货预测人推测并传播“个人研究成果”有两点本质区别。其一，预测人进行推测时要有合理依据；其二，预测人的推测和发表观点出于善意。所谓“合理依据”是指行为人在做出预测时不是凭空臆造，而是以事实为基础，有理论支撑。所谓“出于善意”是指行为人做出预测的目的和动机不是为了欺骗投资者或者其他违法犯罪的意图。

因此，在软文营销的实践中，遇到与上市公司相关的软文策划和撰写，要认真分析主观目的，其次就是认真对待信息来源。如果目的违背道德（一小部分人获利，大部分人受损），或者在没有得到确切的信息真实性证明之前，最好不要采用或者改换选题。

总之，与上市公司相关的软文策划和撰写，对客观事实的依据程度要比一般中小企业高出很多，软文营销执行团队要有足够的重视。

案例：

2011 年 2 月，伊利原董事长助理张某将一份攻击伊利集团的匿名虚假材料交给被告人李某，请其帮忙发布该材料，并许以利益承诺。之后，李某陆续找到张某、周某让其发布该材料。后周某雇佣姜某将这些虚假材料在网络上大肆散播。

值得指出的是，姜某对虚假材料进行了“加工策划”，使得该次事件迅速引起广泛关注。判决书显示，姜某把原先的匿名材料变为“张某实名网络举报”，又以“张某”的名义撰写了“我张某郑重申明，以下内容属实，并为此承担全部责任……”的导语，重新捏造出一篇题目为《内幕惨不忍睹：伊利被这样掏空》的文章发布到网上。

判决书指出，2011 年 6 月 13 日，虚假材料在互联网上迅速、广泛地散播，引发投资者恐慌性抛盘。当天，是伊利股份实施“10 送 10”的除权日，由此伊利股份上演了一场从瞬间涨停到跌停的大跳水，成为当天两市唯一跌停个股（不计 ST 股），导致该企业及其投资者遭受了巨大损失。

法院最终审理查明，这份所谓的“材料”经公安机关侦查，检察院、法院复核证明纯属捏造。呼和浩特市回民区人民法院认定，被告人张某、李某等 4 人故意编造并传播影响证券交易的虚假信息，扰乱证券交易市场，造成严重后果，其行为均构成编造并传播证券交易虚假信息罪。法院以编造并传播证券交易虚假信息罪一审分别判处 4 人 8 个月至 1 年零 6 个月不等的有期徒刑，并处以 1 万到 3 万元罚金。

（摘自 2012 年 1 月 18 日《京华日报》047 版，标题：网络攻击伊利案一审宣判——因编造并传播证券交易虚假信息《内蒙古商报》原社长等 4 人获刑）

8. 敲诈勒索罪

敲诈勒索罪是指以非法占有为目的，对被害人使用威胁或要挟的方法，强行索要公私财物的行为。《中华人民共和国刑法》第二百七十四条规定：敲诈勒索公私财物，数额较大的，处三年以下有期徒刑、拘役或者管制；数额巨大或者有其他严重情节的，处三年以上十年以下有期徒刑。

中小企业用软文维权或者个人用软文维权的过程中，迫于舆论的压力，相关利益群体有可能会主动给予利益诱惑。一定要记住，如果是维权，获得的赔偿金额要有正常手续，要求赔偿的金额要有理有据。除非有政府相关执法机构在场证明，不要接受任何形式的私了。一旦动了歪念头，很有可能陷入对方精心设下的陷阱。很多职业记者都在这方面栽跟头，更不用说软文营销的执行团队还没有记者身份，还没有记者经历过的职业道德教育呢?

9. 非法经营罪和寻衅滋事罪

寻衅滋事罪，是指肆意挑衅，随意殴打、骚扰他人或任意损毁、占用公私财物，或者在公共场所起哄闹事。严重破坏社会秩序的行为。刑法将寻衅滋事罪的客观表现形式规定为四种：随意殴打他人，情节恶劣的；追逐、拦截、辱骂、恐吓他人，情节恶劣的；强拿硬要或者任意损毁、占用公私财物，情节严重的；在公共场所起哄闹事，造成公共场所秩序严重混乱的。

非法经营罪，是指未经许可经营专营、专卖物品或其他限制买卖的物品，买卖进出口许可证、进出口原产地证明以及其他法律、行政法规规定的经营许可证或者批准文件，以及从事其他非法经营活动，扰乱市场秩序，情节严重的行为。只有经过批准，获取经营许可证后才能对之从事诸如收购、储存、运输、加工、批发、销售等经营活动，没有经过批准而擅自予以经营的，就属非法经营，会受到相应的处罚。

曾经有些公司和网络写手为了某些利益，撰写各种文章或者网贴、微博，捏造事实，攻击他人，引起社会公众猜疑甚至恐慌，在舆论上误导了公众。在司法实践中多以诽谤罪、非法经营罪、寻衅滋事罪论处。以下为 2014 年以来最为典型的两个案例。

案例：　秦火火案以诽谤罪和寻衅滋事罪

2014 年 4 月 11 日，朝阳法院公开开庭审理秦志晖（网名“秦火火”）诽谤、寻衅滋事一案，2014 年 4 月 17 日，朝阳法院对该案进行一审宣判，以诽谤罪判处被告人秦志晖有期徒刑二年，以寻衅滋事罪判处其有期徒刑一年六个月，决定执行有期徒刑三年。经法院审理查明，“秦火火”、“立二拆四”等人组成网络推手团队，伙同少数所谓的“意见领袖”、组织网络“水军”长期在网上炮制虚假新闻、故意歪曲事实，并以删除帖文替人消灾、联系查询 IP 地址等方式非法攫取利益，严重扰乱了网络秩序。

该案是 2013 年全国公安机关集中打击网络谣言的第一案，亦是适用两高制定的《关于办理利用信息网络实施诽谤等刑事案件适用法律若干问题的解释》对造谣者判处刑罚的第一案。

（摘自法制晚报、新京报等的公开报道）

案例：　边民案以非法经营罪、寻衅滋事定罪

2014 年 7 月 23 日，云南网络名人“边民”董如彬被判非法经营、寻衅滋事罪，合并执行有期徒刑 6 年半，罚金 35 万元。据法制晚报报道，董如彬系云南边民文化传播公司法定代表人，其在“躲猫猫”、“小学生卖淫案”等事件中表现活跃。2013 年 9 月 10 日被昆明市公安局五华分局刑事拘留。

昆明市五华区法院审理查明，2011 年 3 月至 2013 年 5 月，被告人董如彬、侯鹏通过编造虚假信息、帖文，为他人提供信息网络有偿服务。其中，董如彬组织参与作案 4 起，涉案金额为 34.5 万元；被告人侯鹏参与作案 3 起，涉案金额 25.5 万元。

另查明董如彬为提高知名度，于2011年10月至2013年3月期间，编造“10·5”湄公河中国船员遇害事件的虚假信息在“新浪”、“腾讯”、“QQ空间”、“天涯社区”等网络平台散布，歪曲事实，起哄闹事。

五华区法院依法对董如彬非法经营、寻衅滋事，侯鹏非法经营一案公开宣判，以非法经营罪，判处被告人董如彬有期徒刑6年，并处罚金人民币35万元，以寻衅滋事罪，判处其有期徒刑1年，决定执行有期徒刑6年零6个月，并处罚金35万元；以非法经营罪，判处被告人侯鹏有期徒刑3年，缓刑3年，并处罚金5万元。

（摘自2014年7月23日法制晚报讯（记者 王婷婷））

四、投入风险

软文营销投入一定的费用，这对于企业来讲也是一种投入上的风险。完全规避这种风险是不可能的，因为即使没有带来销售上的效果，软文营销至少也会对企业品牌积累有帮助。从这个角度上来讲，软文营销风险已经化解了一部分了。

如何让投入没有风险，或者说如何让软文营销发挥最佳效果呢？我们认为主要做好两件事情就够了。

第一，选对人。

软文营销策划是否有高度，软文营销执行是否到位，关键就看软文营销的执行团队。写写软文，做做软文推广，很简单，但是上升到营销的战略高度就需要功底和眼界了。就像平面设计一样，设计师和排版制作人员是有区别的，做出来的作品也有天壤之别。

再比如，写艺术评论的软文，写金融行业的软文，根本不了解这两个行业的人，对艺术、金融知识没有积累的人，恐怕再怎么努力，策划和写出来的东西也不会有太大的惊喜。

所以，如果中小企业开展软文营销，自己组建的团队中软文营销项目的负责人最好不要只看文案功底，更多地要看职业经历。如果是外包的团队，更要考察成功案例或者这个团队成员对这个行业的认知度。

除此以外，就要考察一下软文营销执行团队的道德品质了，尽量要签订合同。要知道，如果中小企业委托素不相识的，特别是连面都没有见过一次的网络写手，如果企业的商业秘密被对方掌握了，再遇到唯利是图的写手，那就等于给中小企业埋下了一颗定时炸弹。被炸得血肉横飞了，都没有搞明白炸弹是怎么来的，岂不是很冤?

第二，做对事。

对软文营销团队要给予帮助和支持，但是千万不能不懂装懂瞎指挥。此外，公司有值得报道的新闻线索或者有重大事件发生，一定要及时与软文营销团队沟通。

如果软文营销外包了，建议不要固定委托给一家公司。因为一家公司在媒体发布方面不可能具有所有的渠道优势。此外，如果委托广告公司兼职做了，一定要对软文的质量多观察，擅长硬广设计和策划的公司未必都能把软文做好。

第13章 中小企业开展软文营销必须清楚的策略

Chapter Thirteen

一、企业开展软文营销的必备条件

我们认为，企业开展软文营销不是准备好了费用就可以的。没有资金委托外包团队，可以企业自己组织人员实施，没有费用可以使用免费的传播渠道。只要中小企业重视软文营销，只要中小企业掌握了软文营销的流程和技巧，完全可以自己组织实施。当然，如果有一定的经费效果会更好。

既然如此，那所有的中小企业都可以开展软文营销吗？我们认为答案是否定的。中小企业如果没有战略，没有定位，也没有商业模式，就不具备开展软文营销的必要条件。我们也清楚，企业在发展过程中，有些商业模式是摸索和创新出来的，定位和战略也会动态调整，但是至少某一阶段之内的定位、战略、商业模式必须清楚。

我们曾经接触过一家公司，公司初创期主营产品是殡葬产品，后来调整到婚庆产品，跨度非常大。公司调整之后，为了改变形象做了很多努力，找到我们做软文营销。我们做了初步调研，直接建议他重新注册了一家新公司。

这个案例虽然是特例，但是我们发现有很多长期开展软文营销的中小企业，后期会为如何删掉以前的软文信息而苦恼。为什么呢？因为种种原因，也不希望原来的信息影响到当下的业务。从这个角度来讲，中小企业开展软文营销的必要条件就很清晰了：产品定位、公司战略、商业模式一定要明确！

特别值得提出的是，软文营销贵在策划能力，强在软文创意，稳在法律意识，胜在见多识广。如果中小企业有意开展软文营销，先接触一下有实力的软文营销团队，也许经过他们的梳理，企业的经营思路会更清晰，搞清楚之后再开展软文营销就水到渠成了！

二、企业开展软文营销的策略

1. 企业不同阶段软文营销策略不同

根据软文营销的实战经验，我们认为创业期的企业，软文营销应该更重视软文的数量，增加曝光率，通俗地说就是“铺基础”。之后再转到“质量”上来，以质取胜，以“创造品牌”为目标。另外，也要以销售产品为核心，偏重销售型的软文，围绕产品卖点优先策划和投放。

成长期的企业，软文营销应该一直数量与质量并重，以“塑造品牌”为目标。

成熟期的企业，软文营销应该特别重视质量，以“维护品牌”为目标。

以上是从宏观层面来讲的。如果从微观方面来讲，对于有明显优势的产品或者服务，软文营销方面要以“硬实力”为核心原则，靠不断地展现这些硬实力，比如与同行业的产品和服务对比，靠消费者的见证，靠实力来赢得市场。

对于没有明显优势的产品或者服务，软文营销应该以“软实力”为核心原则，挖历史，讲品牌故事，往这个产品或者服务中注入文化因素，靠软实力来赢得市场。

当然，以上所说的策略并不是让软文营销操作方式上有绝对的割裂，而是要有侧重的方向。

2. 中小企业开展软文营销的4个具体策略

1）个性化

中小企业开展软文营销没有个性化的案例太多了。打开任何一份都市报，看看出现在硬广版面的软文吧。房地产的、减肥产品的、电器产品的，同质化严重，甚至很多软文标题还在用“世界级品质”、“国际顶尖”之类的词语，把A产品换成B产品，把A房地产项目换成B房地产项目，这些软文文字甚至都不用怎么改，简直是一个大模板出来的。

软文营销必须要有个性，也就是说软文营销的方案和执行要是专门针对你的企业的。软文营销的策略和技巧是相通的，但是表现到具体项目上一定是个性化的！

2）系列化

这与前面讲过的软文营销误区中企业没有坚持的耐心是一致的。千万别指望一篇软文包打天下，在消费者免疫力超高的时代，一篇软文打下天下绝对是奇迹。当然，这并不是否认重磅的稿子。在稿子内容深度有梯度的情况下，必须要有系列化的操作策略，也就是说应该布局不同的软文，这些软文又是相互呼应和联系的，最后翻牌结局才会有意思。

3）阶段化

根据企业的实际发展阶段，制定不同阶段的任务。把软文营销的周期拉长，也分阶段实施。这样与企业发展阶段相互合拍，能够相互受益。

4）项目制

如果说阶段化是中小企业开展软文营销的横向策略，那么项目制就是纵向策略。如果是以直接销售为目标的软文营销，最适合按照项目制定策略和实施。这样不同的项目之间还会有对比，还可能因为有竞争而产生更大的活力。

第 14 章　软文营销的责任竞争力

Chapter Fourteen

一、什么是软文营销的责任竞争力

谈这个问题之前，先简单了解两个概念。

企业社会责任（Corporate Social Responsibility，简称 CSR）是指企业在创造利润、对股东承担法律责任的同时，还要承担对员工、消费者、社区和环境的责任。企业的社会责任要求企业不能把利润作为唯一目标，强调要在生产过程中对人的价值关注，强调对消费者、对环境、对社会的贡献。

基于企业社会责任概念的提出及理念在全球范围的发展，有学者又进一步提出了企业责任竞争力的概念，我们分析整理总结如下。

> 企业运用自身的专业优势、资源优势解决社会、环境和员工等方面的问题，使得企业履行社会责任的同时，也获取经济效益。这是企业长远发展的竞争能力，因此称为企业的责任竞争力。简单来说，就是因为企业注重履行企业社会责任才具备的竞争力。

企业是人创办和经营的，不仅企业要讲究社会责任，其实我们每个人也应该承担社会责任。人是个体的，但又是社会的，一个人不可能脱离社会而生活在虚无缥缈的世界。个体的人一定要对社会负责，对他人负责，这样也是为自己负责，社会才会变得更加美好。

为什么企业和个人都要讲究社会责任呢？相信国内外研究企业社会责任的专家们都能给你一大堆的理由。笔者认为核心就是两点：第一是为了我们自己，第二是为了我们的子孙后代。

2013 年 3 月，中国最火的也是世界媒体广泛关注的当属“沙逼北京，猪投上海”了（北京雾霾天气、上海黄浦江万余头死猪）。这两个事件，再次引起人们对环境问题的重视，引起人们对道德、对社会责任的思考。如果这一切就是我们生活的真实环境，即使我们能够破罐子破摔，但是我们的孩子们呢？中国的下一代呢？难道中国人留给下一代的只有钞票吗？

2015 年 3 月 28 日，原央视记者柴静，自费拍摄的雾霾深度调查纪录片《穹顶之下》向国人发布，短时间内就引发了几亿人的思考和切身关注。柴静围绕“雾霾从哪里来？我们该怎么办？”进行了一系列调查。非常值得欣慰，这部纪录片引发了大量报道，唤起了国人心底对环境的保护意识。

《穹顶之下》的传播创造了中国纪录片收看的记录，有人质疑柴静背后的目的，有人质疑柴静作秀，有人说影响力大是移动互联网的功劳。为什么这部纪录片传播量会这么大？我们不反对移动端对于传播渠道所做出的贡献，但是作为事件本身，柴静有强烈的社会责任感，才让这部纪录片有了灵魂和品格。如果企业不讲究社会责任，如果作为个体的人不讲究社会责任，“美丽中国”只能永远是一个梦想。如果软文营销不讲究企业社会责任，也不可能走多远。

因此我们提出开展软文营销更要讲究社会责任，文字带来的力量、传达的信息影响的不是一个人，有可能影响一个群体，影响一个地区，甚至影响整个社会。

软文传达正能量，不一定千古流芳。但是软文为虎作伥，戕害社会，必将遗臭万年！软文营销讲究社会责任，这就是软文的责任竞争力。

二、如何打造软文营销的责任竞争力

1. 严格遵守法律法规

说句实在话，我们一再强调立法，其实我们最缺的是守法意识，最缺的是有法不依，执法不严。开展软文营销的中小企业，软文营销的执行团队，都要从自己做起，遵纪守法。软文的创意、软文的中心思想、软文传达的信息、软文的文字不违反法律法规，是最基本的要求。

最基本的往往也是最难达到的：一方面是我们国家的法律、法规不断地在制定或者修订；另一方面就是在激烈的竞争中寻找到创意的能力会不断遭到挑战。这就需要软文营销执行团队加强相关法律法规的学习，同时注重锻炼创意的能力，在遵纪守法的前提下做好软文营销。

2. 尊重社会公序良俗

孔子有言："不义而富且贵，于我如浮云。"义的最低标准，即不能违背所处时代的法律以及公序良俗。

美国人拍摄的一部影片《穆斯林的无知》，因亵渎穆罕默德而数次掀起伊斯兰世界的反美浪潮，多人因此而丧命。一部违反公序良俗的电影加深了民族之间的矛盾与仇恨，这将写入伊斯兰世界的历史，甚至埋下了几代人的仇恨。

什么是公序良俗呢？政治国家公序、市民社会善良风俗习惯、他人人格尊严、家庭道德关系等都是公序良俗。比如，"西瓜注红药水"的虚假信息软文就属于违反公序良俗的软文。事情真相大白于天下后，轻则会遭到人们鄙视，重则要承担相应的法律后果。

3. 怀着一颗充满爱的心

心中有爱，我们就会感恩。感恩自己，感恩他人，才会有心灵的沟通；心中有爱，我们就能智慧地化解纠纷；心中有爱，我们就会胸怀天下，才会有大的格局，我们的企业和个人的事业才能真正做大、做强、做久、做稳。

软文营销需要格局，更需要策划、执行团队心中有爱，不戴着有色眼镜看世界、看对手，软文的责任竞争力就能修炼成功。

4. 正确面对金钱的态度

"君子爱财，取之有道"。我们不否认当今社会的生存压力，房价高、物价高、子女教育费用高、看病就医费用高，就连丧葬费和墓地的价格也水涨船高。越是在这种情况之下，越考验软文营销执行团队的道德标准和对待金钱的态度。

用软文诋毁别人，攻击竞争对手，对违法企业为虎作伥，一篇软文往往能高出正常软文的几倍甚至几十倍的收入，这就需要对待金钱有正确的态度。切不可为了一时贪欲而毁了别人，也害了自己。用软文公关维权，有法可依、有据可查的赔偿该拿的要拿，不该要的绝对不伸手。

对于软文营销的外包团队，即使用软文营销帮助企业实现了利润倍增，也要按照合同约定该收多少费用就收多少。不要觉得不平衡，事后乱加码。“欲壑难平”，一旦心里觉得不平衡了，就可能会做糊涂事，本是双方皆大欢喜，到头来最终搞得两败俱伤。

无论是外包的还是企业内部的软文营销执行团队，必须要记住：软文营销的效果好了，不一定全是你的功劳！效果不好，一定有你的责任！

三、软文营销未来的趋势

多年来，软文营销一直处于“犹抱琵琶半遮面”的状态，软文营销没有登上过大雅之堂，诸多软文营销的经典案例因为客户要求保密也没有进入营销界人士的视野。

其实，不用软文攻击对手、诋毁他人，不用软文做恶俗的炒作，让软文传播企业品牌、引导消费的同时传达一种正能量，软文营销是应该有生存和发展的价值的！倘能如此，软文营销必将成为一种阳光下的营销手段，为中小企业的成长贡献出巨大的能量！

特别值得提出的是，随着互联网和信息技术的发展，软文营销的未来趋势一定是整合。笔者大胆地预言，软文营销终将整合平面媒体、电视媒体、广播媒体和网络媒体的传播方式，加上博客、微博、微信等具有自媒体性质的新型传播途径，为中国企业腾飞贡献新的力量。

软文营销趋势在整合！软文营销魅力在于传达正能量！让软文营销深入企业，让软文营销成为阳光下的行业，让我们的世界充满信心和爱的力量！

第2篇 软文案例点评

软文营销培训最重要的是实战，最需要的就是落地。本篇中完整地呈现了25个软文营销的全文案例，结合第1篇软文营销的实战方法进行了逐一点评。

他山之石，可以攻玉。一个典型的案例能够反映软文实践中的真理，站在不同的角度思考会受到不同的启发。本篇中对案例的点评已经抛砖引玉，读者根据自身的理解再仔细琢磨，收获会更大。

阅读、思考、分析、总结，这一切都是案例带给我们的精彩，坚持不懈，软文营销不再难！

1. 故事性软文

雅莱减肥饼干成就我们雨中情缘

我记得那是一个周六的上午，该死的燕子说好过来找我取雅莱减肥饼干的。她没有支付宝，让我帮她从优健康网上订购的。结果早上下起了小雨，一向懒惰的她被同事们称为“燕子猪”，“来我家吃饭吧”一条短信发了过来就关机了。

这不明摆着让我送过去嘛！岂有此理，得过去好好宰她一顿。于是我赶紧收拾好东西，抓起雨伞就出门了。

我家离地铁口不远，穿过国贸的一个停车场就到了。左手拎着给“燕子猪”的雅莱减肥饼干，右手撑着伞。毛毛细雨，尽管不大，但是让人感到阴冷。我走得很快。

“嘎——”，我只听到了一声急刹，就什么也不知道了。等我再次醒来的时候，已经躺在医院的床上了。身边一双陌生男子的眼睛紧张地注视着我。

“真对不起，我着急倒车，后雨刷器不好用了。你现在怎么样？”

我尝试着坐了起来，发现除了右腿和右胳膊有些酸痛外，并没有其他的异样，我明白了，自己是被他撞到了，而且我基本确信没什么大问题。

我点点头，告诉他我没事。顺便仔细打量了一下他。个子虽然不高，长相也不算英俊，但是比较清秀，算比较阳光的那种男孩子。

“那就好。还是等一下护士来复查一下吧。”反正是他撞了我，我自然没有拒绝。接下来的时间我们攀谈起来。

他叫成宇，在国贸上班，是一家 IT 企业的销售总监，周末来公司取东西，倒车的时候着急，速度又快，才撞到了我。医生给我诊断是休克，估计是惊吓过度造成的。

很快，护士进来了。为我量了量血压和体温，确认我没有问题了，通知我们可以离开医院了。这时候我想起要给“燕子猪”打电话，从包里拿出手机，才发现手机摔坏了。原来，成宇在我摔倒后，匆忙捡起手机塞到包里就送我到了医院，没有注意。另外，雅莱减肥饼干掉在地上，被车子压坏了，他也没有捡。

“你看，我怎么赔你吧？”还没等我说话，成宇开了口。

“你看着办吧！”不知道为什么，我对他的温文尔雅竟然有了莫名其妙的好感。本来想讹他一小笔银子，话到嘴边改了口。

“这样吧，你把手机卡拿走，旧手机得归我，我明天赔你个新手机。你那个饼干多少钱？你去哪里，我送你过去吧。”

就这样，成宇开车送我到了“燕子猪”的公寓。一见“燕子猪”，成宇差点乐出声。她确实有些胖，再加上快到中午了，联系不上我显得有些惊慌失措的样子。

接下来，成宇请客，这下便宜了“燕子猪”。她也不怕胖了，吃得沟满壕平。吃完还不忘提醒我给她再买国氏旗下的雅莱减肥饼干，外加四包纤美减肥茶。估计这个家伙一定是说给成宇听的。幸亏她没再要国氏全营养素，即使这些产品大家都知道是健康有效的，没有任何副作用，不过一次性要这么多还是有讹人家成宇的感觉。

成宇真的履行了他的承诺。送了我一部 iPhone 4 手机，还给“燕子猪”买了 6 盒雅莱减肥饼干和 6 包纤美减肥茶。

再接下来，就是我们三个偶尔的聚会、外出游玩、看电影了。

如今，“燕子猪”减肥成功，成宇成了我的男朋友。成宇有事业心，对我很体贴，也很有修养，被我们同事评为最佳男友。用“燕子猪”的话说，我和成宇是撞出来的缘分，火花太大了。但是归根结底，还是雅莱减肥饼干成就了我们的这一次激情碰撞。为了纪念这一碰撞，成宇必须再送她妹妹一份雅莱减肥饼干和纤美减肥茶套餐。如果缺货，给几盒新国氏全营养素代替也行。

天啊，“燕子猪”原来是家族肥胖！

（文/易白）

点评：

这篇网络门户网站投放的软文是典型的故事性软文，以雅莱减肥饼干为线索展开，如果标题改为“一场车祸撞出来的男朋友”或者“我的男友是撞出来的”，文章开篇先不植入广告，而是先进入故事情节，情节上冲突再强一些，效果会更好。这篇网络软文标题直接把“雅莱减肥饼干”作为关键词估计是为了百度检索效果。

2. 软文借势

新国民教您巧妙应对春节饭局

中国人的传统节日春节又到了，家人团圆、亲朋相聚格外兴奋的同时，吃吃喝喝也比平时“升级”得多。升级表现不仅仅是饭菜的品种和质量，最主要的是频率升级。特别是工作生活在异地的朋友回老家过年，午饭、晚饭亲朋好友轮番聚。

连续几顿大餐之后，相信很多人都会为吃什么发愁，甚至为如何应对饭局而颇费心思。其实，只要准备好两样东西，就可以让你高枕无忧。

首先是酸奶或者牛奶。中国的酒文化源远流长，有“无酒不成席”的说法。面对亲朋好友的频频举杯相邀，岂能失陪？饮酒前，喝一杯酸奶或者热牛奶，酸奶或者牛奶中的脂肪能够在胃中形成一层黏膜，能够在一定程度上阻止酒精渗透胃壁，从而延缓酒精进入血液的时间。这样，一来是保护胃，二来是不容易醉酒。

其次是新国民全营养素系列产品。春节期间，暴饮暴食有些时候是身不由己。但是对于爱美的女性或者肥胖的男士可得必须注意了。春节期间，饭菜比平时好，营养本身就容易过剩，而且因为客观原因节食对于很多人来讲都做不到。一方面是盛情难却，另一方面是担心肥胖。如果身边带着新国民系列产品中的任何一种，都可以让你无后顾之忧。

新国民系列产品全部采用全天然配方，是公认的绿色、健康的减肥产品。目前，新国民旗下除了拥有方便白领减肥的雅莱减肥饼干、适合肥胖患者抑制肥胖、有效减肥的国氏减肥胶囊和国氏全营养素以外，最近国敏元教授新研制和推出了纤美减肥茶，采用荷叶+普洱+山楂的纯天然配方，让钟情于国氏的消费者又多了一个选择。

其实无论是酒前喝酸奶也好，饭后用新国氏产品也罢，都是被动之举。春节期间还是要尽量控制自己，合理饮食，适量饮酒。健康生活才是最重要的！

（文/冰寒）

点评：

这篇网络门户网站投放的软文有三个方面可圈可点。

第一，文章撰写角度与生活息息相关。春节期间，大部分人都有应对饭局的苦恼，亲戚、朋友、同学之间的聚会感受亲情、友情的温暖之余，就是如何应对自己的胃，上顿喝下顿喝都会有身体吃不消的感受，上顿美餐下顿美餐会让减肥期间的朋友顾虑。春节前从这个角度发布软文，看到文章标题，尽管知道是软文，很多人也愿意点击看一下。

第二，这篇软文传播了有用的信息。酒前喝酸奶保护胃，饭后吃减肥产品控制体重。尽管有对产品的宣传，并不显得太生硬。

第三，软文标题设置了关键词“新国氏”，与文章主要内容“应对春节饭局”直接融合在一起，标题与内文贴切，简洁明了。

如果再多加入一些应对饭局的其他技巧，文章就会显得更丰满，说服力会更强一些。

3. 直接式新闻性软文

彼特博品牌猪肉京津受宠

“人家的产品真正能做到健康、安全，付出的成本肯定也会高，虽然价格比普通猪肉贵了些，我觉得可以接受。”在超市购买彼特博猪肉的王女士说。

进入 3 月下旬以来，随着瘦肉精事件受到社会各界更广泛的关注，彼特博猪肉销量明显上升。据天津天农康嘉生态养殖有限公司北京办事处于军红介绍，彼特博高端猪肉京津两地的销量比去年同期翻了近两倍。此外，电话咨询代理销售的电话也越来越多。

机会总是留给有准备的人。瘦肉精事件让公众对于食品安全的问题再次绷起了紧张的神经。彼特博长期以来坚持健康养殖的理念，以独有的专利技术为核心，以欧盟“动物福利”养殖为标准，以“六西格玛”管理为手段，对猪的食品原料、养殖过程、屠宰加工、运输销售实行严格的质量管理，自然会得到市场的认可。

通过了农业部绿色食品认证和有机食品认证的彼特博高端猪肉与普通猪肉有什么区别吗？笔者恰好遇到了在彼特博海淀区万柳社区“北极小屋”零售点购买猪肉的老客户李先生。

李先生介绍说，彼特博猪肉比市场上购买的普通猪肉口感好，特别是里脊肉，彼特博猪肉可以涮着吃，非常嫩。而市场上的普通里脊肉很容易老，嚼起来费劲儿。

另外，他觉得吸引他购买的原因是受妻子和女儿的影响，他们一家三口都喜欢烹饪。彼特博猪肉在添加辅料以前在锅内煎炒时，特别的香。

李先生的妻子曾经用两种猪肉做五花肉对比，彼特博猪肉没有普通猪肉的腥臊味，除了口感更香和细腻外，肥肉部分和皮非常薄，虽然薄却不失水分，入口的余香让人回味。

特别让李先生夫妇感到吃惊的是他们三岁的女儿对于猪肉的辨别能力，吃了几次彼特博猪肉后，现在他们如果炒菜用的是普通猪肉，喂到女儿嘴里的肉都会吐出来。

李先生表示，彼特博猪肉尽管价格高些，但是只有周末吃，吃得也不多，价格能够承受，所以经常来购买。其实像李先生这样的消费者只能够代表一部分消费者，然而对于家中长期做饭的普通老百姓还是对彼特博的价格感到偏高。

笔者电话连线了天农康嘉生态养殖有限公司的董事长、美国动物营养学博士余品良，他介绍说，彼特博是目前市场上真正能做到在饲养全过程中，不用添加抗生素、瘦肉精、香味剂、甜味剂、酸化剂、高铜、高锌、激素等非营养性添加剂的养殖模式，保证猪肉品质健康、安全的品牌猪肉之一。由于目前的销售模式正处于会员制初期，每年的存栏量仅有5000余头，如果会员制推进顺利，实现规模化养殖，这种高品质的猪肉有望走入普通百姓的生活。

（文/青泉）

点评：

这篇软文推广彼特博高端猪肉的内容特别多，广告嫌疑比较重，但是以新闻报道形式来撰写让读者读起来却并不难受，反倒很流畅。

仔细分析一下，全文是站在了第三方媒体的角度来看问题，比如开头引用消费者的话，直接就点出高端猪肉为什么贵的问题。接下来写彼特博猪肉销售很好，证明已经得到了消费者的认可。特别借瘦肉精事件对比彼特博的养殖特点。

高端猪肉养殖过程特殊，那么吃起来肉质有什么不同吗？这也是普通消费者和读者都关系的话题，笔者接着借用顾客李先生的口表述了这个肉的特殊之处。

因为这种猪肉确实比普通猪肉价格高出几倍，最后笔者借用权威（彼特博董事长、美国动物营养学博士余品良），再次从专业角度介绍彼特博猪的饲养模式和销售模式，预测未来“规模化养殖、会员制实现”之后，高端猪肉价格不再高端。

结尾又与文章开头提出的问题相互呼应。这样安排开头和结尾，让彼特博高端猪肉价格高、品质好的特点说服力很强。

4. 间接式新闻性软文

印度减肥仅靠手术，国民全营养素顾问表担忧

据法新社 9 月 16 日报道，印度主要在野党人民党主席尼廷·加德卡里（Nitin Gadkari）日前接受了一次减肥手术，这将人们的视线带到印度越来越多的人借手术解决肥胖问题上来。

近年来，印度经济繁荣加重了人们久坐的生活方式，但是能吃到油和含糖量高的食物，特别是西方快餐，在印度被看作地位和可支配收入提高的标志。报道称，印度经济增长对人们腰围的增大产生影响，尤其是在城镇地区。据统计，印度近五分之一的男性和超过六分之一的女性都超重。在一些城镇，超重率高达 40%。

众所周知，手术并不是解决肥胖问题的唯一手段。以国内为例，减肥市场上有运动减肥、中医减肥、节食减肥、服用减肥产品减肥、针灸减肥等多种减肥方式。实际上，减肥手术在国内很多专家都建议慎重考虑。因为减肥手术后，依然需要控制饮食和坚持锻炼。尽管如此，发生缺铁性贫血的概率会比以前增加 50%，此外还有可能带来营养不良和骨质疏松症。

如果因为减肥手术限制了胃的空间，或是手术所做的吻合口发生狭窄，那恶心、反胃、呕吐、大量出汗（胃部手术后交感神经兴奋导致）都不可避免。胃容量变小，胃里的食物非常快速地进入小肠还会引起倾倒综合征，通常是吃饭时或是饭后半小时内出现恶心呕吐、腹痛、腹泻及心悸、出汗、眩晕等症状。甚至还有一些病人需要进行后续手术来纠正诸如疝气、感染、吻合口破裂这样的并发症。

在法新社的报道中，该名医生声称寻找他做手术的肥胖患者的比例明显上升。对此国氏全营养素瘦身顾问王小姐向笔者表示了担忧。随着印度肥胖人口的持续增加，如果肥胖手术成为减肥方式的主流，不仅仅从费用上来讲不划算，从减肥的效果与风险上来讲也不是一笔划算的买卖。

从欧美国家以及中国的减肥市场发展情况来看，减肥产品应该占据主流。减肥产品使用方便、费用低。特别是像国氏全营养素这类减肥产品，没有任何西药、泻药及违禁成分，原料 100%从纯谷物中提取，按照人体所需营养成分进行科学配比，减肥不减健康。

国氏全营养素成分示意图

对于印度这类新兴市场，国氏全营养素的优势更为明显。以国氏在欧美国家的销售经验来看，消费者多为肥胖患者，这类人群需要长期服用减肥产品。如果减肥产品中含有西药、泻药成分，会让这些消费者跳出了肥胖的泥潭又掉进西药、泻药副作用的深渊。只有国氏全营养素这类真正无任何副作用的减肥产品才是健康的保障。

笔者认为，精明的商人总会抓住各种商机。如果法新社的这则报道是真实和全面的，相信国氏旗下的国氏全营养素、国氏减肥胶囊、雅莱减肥饼干等产品在印度上市指日可待。

（文/易白）

点评：

前面彼特博的案例可能真的需要采访一些典型消费者才能撰写出新闻报道的感觉来，这篇新闻性软文可以直接撰写。

这个案例撰写新闻的手法非常值得学习。实际就是根据法新社的一篇报道，结合国氏全营养素的特点，进行充分联想之后进行的新闻再造。

“印度减肥仅依靠手术”是国外的新闻报道，“国氏全营养素顾问表担忧”则是间接创造。全文紧紧围绕法新社这篇报道展开，介绍印度减肥现状，介绍国内减肥现状。通过国氏全营养素顾问对印度减肥现状“表示担忧”，在对为什么表示担忧进行了详细的分析之后，以展望和祝福类的形式收尾，干净利落。

5. 创意软文

小学生作文评析：妈妈减肥

其实，妈妈不算特别胖的人。不知道为什么，听爸爸说是爱美，妈妈决定减肥，还约定让爸爸和我监督。担心减肥产品有副作用，妈妈决定通过少吃饭来减肥。

妈妈是说话算话的人。决定减肥后，真的开始少吃饭了。不过才两周下来，妈妈觉得受不了。她说太饿了，不过既然约定让我和爸爸来监督，我得负起责任来。每次吃饭，我只准她吃两碗饭，并且每碗都必须在 5 分钟内吃完，以免她多吃菜来弥补。

说实话，妈妈只是身材稍微有些发胖，用她的话说毕竟也是“奔四”的人了。妈妈在银行工作，如果穿上职业装还是挺漂亮的。随着减肥计划的推进，妈妈的精神好像越来越差，我和爸爸觉得有可能是饿的，于是劝她放弃减肥。因为我知道，在我饿的时候，非常难受，一点儿精神都没有，什么事情都懒得做，就想吃东西。

妈妈正好找个台阶下，减肥到此结束。可是，一周后，妈妈突然再次当着我和爸爸的面宣布，重新开始减肥。原来，妈妈听同事说纤美减肥茶和雅莱减肥饼干对于减肥来讲非常有效，最主要的据说是人民大会堂的营养保健师、营养学专家国敏元教授发明的，配方都是纯天然的，没有任何副作用。

我和爸爸还专门上网查了查，发现没有负面报道，在一些论坛上很多网友留言赞扬。这种减肥产品提倡的是全营养减肥法，说白了就是减肥的同时不减少营养。这下，爸爸和我都放心了。

也不知道那个雅莱饼干是什么成分，妈妈晚上只要吃一小包，再喝一杯纤美减肥茶，她竟然不用吃晚饭，而且直到第二天早上都不会说饿，也看起来很精神。

不知不觉两个月过去了，妈妈竟然瘦了 20 斤！妈妈穿上了衣柜里她结婚前买的名牌牛仔裤，从来没有当着我的面夸过妈妈漂亮的爸爸这次连说“好漂亮”。

妈妈减肥成功，我和爸爸商量给妈妈颁发一个家庭最佳行动奖。不过，妈妈减肥成功了，下一个减肥的应该是爸爸，其实他才是家里最胖的人。

徐秋月　中关村实验小学

编辑点评：文字朴实、字里行间透漏着女儿对妈妈深深的爱。妈妈减肥的曲折经历有一定的故事性，弥补了文字表达上的不足，结尾延伸到爸爸最应该减肥，语言风趣、幽默。

（文/易白）

点评：

这篇软文主要有以下四个方面值得学习。

第一，以一个小学生的角度，描述妈妈减肥的故事。用编辑点评小学生作文范文的形式，让文章很有创意。

第二，这类文章读者往往都是那些关心子女教育的中年女性，从这个角度抓目标客户也相对精准。

第三，文章收尾形式非常特别，以编辑点评来收尾，软文的隐蔽性很强。

最后，本文的广告植入非常巧妙，以“妈妈同事告知，爸爸查负面报道，我没有记住什么名称”分三次植入产品名称、优势、效果，软文的“软”体现得恰到好处。

6. 傍品牌软文

中国上市公司董事会金圆桌论坛，股速融“喧宾夺主”

5 月 7 日，北京马可波罗大酒店会议大厅座无虚席，第七届中国上市公司董事会金圆桌论坛在此隆重举办。论坛上，演讲嘉宾们的精彩观点博得了与会企业高管们的阵阵掌声。如果说这些治理企业的理念和观点让他们获益匪浅，那么他们茶歇期间所获得的“股速融”便捷融资的信息则是一个惊喜。

据参加此次会议的北京首善律师事务所张军介绍，“股速融”是由北京市首善律师事务所联合北京金泉时代投资管理有限公司推出的股票质押融资业务。这个业务针对的对象是上市公司股东。据张军律师透露，“股速融”手续简便，最快的三个工作日即可放款。更重要的是融资成本比较低，年利率最低可以达到 10%。

“股速融值得考虑，限售股融资真是一个好路子。”金圆桌论坛茶歇期间，来自浙江的一名董事长由衷地对笔者说。“大家别急，我会给大家名片的。”张军律师刚刚向几位董事长简单介绍完股速融的特点，很快又被闻讯而至的与会高管们再次围住。

“茶歇本来是组委会安排的让大家休息、喝茶或者讨论会议主题的时间，我却连口水都没喝上，看来今年银行收紧信贷对于大多数企业和个人投资者都有影响，融资成热点话题了。我是不是有点儿喧宾夺主了？”论坛结束后，张军律师对于茶歇期间受到的追捧显得还有点儿不好意思。

在货币政策紧缩背景下，上市公司股东通过股权质押方式进行融资的确是一种比较好的选择。早在 2010 年 6 月，红日药业控股股东天津大通投资集团就曾经向中国建设银行天津和平支行质押 1200 万股进行融资。据统计，天津大通投资集团自红日药业上市至今，共分 7 次，向金融机构质押 2735 万股融资。此外，作为创业板企业股东成功融资的经典案例，也有很多，如银江股份的股东蓝山投资、银江股份的控股股东银江科技集团。据不完全统计，大股东曾经采用限售股融资的有嘉寓股份、华仁药业、红日药业、西部牧业、银江科技、国联水产、天龙光电和合康变频等。

包含本届在内，由凤凰传媒旗下的《董事会》杂志社打造的中国上市公司董事会金圆桌论坛已经连续举办了七届，金圆桌论坛之后的“金圆桌奖”也是每年一届，该奖项每年都会推出一批运作合规、高效的董事会，极大地提升了其品牌度、公信力，在国内外曾经引起较大反响。“金圆桌奖”目前已经成了中国上市公司治理水平的重要评价标杆，金圆桌论坛也是有口皆碑。

笔者认为，如果信贷政策持续收紧，或许明年金圆桌论坛关注限售股融资的企业高管将会更多，金圆桌论坛把融资作为一个课题在主论题坛上研讨也是情理之中的事情。倘真如此，股速融将不会再次“喧宾夺主”了。

（文/青泉）

点评：

这篇软文操作得非常成功，软文创意角度就是“傍品牌，借东风”。上市公司金圆桌论坛已经举办七届，在上市公司董秘圈子中影响较大，已经成为了一个品牌。

这个软文的行动目标是让上市公司董秘知道有针对上市公司大股东融资的业务，业务名称就是“股速融”。因此，软文借用了“上市公司金圆桌论坛”，将软文要推广的“股速融”服务名称、特点、背景、优势全部介绍得很清楚。

全文以“喧宾夺主”为线索展开，表面上是描写金圆桌论坛的成功，主要笔墨来描写“股速融”如何喧宾夺主，其中借用张军的介绍巧妙地融入“股速融”的主要业务特点。

又引用股票质押的相关案例来佐证股票质押融资业务的可行性。

最后详细介绍金圆桌论坛之后，大胆预测限售股融资有可能成为下一届金圆桌论坛的议题。这样结尾既点了题，又再次借金圆桌论坛抬高了“股速融”的品牌形象，将品牌一傍到底而又不显得生硬。

7. 综述类软文

曲美下架引发的思考

2010 年 10 月 30 日，国家食品药品监督管理局（SFDA）发布紧急公告，宣布停止西布曲明制剂和原料药在我国的生产、销售和使用，已上市销售的药品由生产企业负责召回销毁。国家药监局网站的信息显示，西布曲明的国产药（包括原料药）共有 45 个品种，制剂 29 种。其中，涉及了太极集团的曲美、南京长澳制药的澳曲轻、西安圣威制药的曲婷等盐酸西布曲明口服制剂。

因为曲美名气最大，曲美下架已经引起了广泛关注。在这一事件背后，有几个方面的问题值得思考。

一、监管部门应该履行什么职责

目前，经过国家食品药品监督管理局批准的减肥药只有两种：一种是奥利司他（赛尼可），另一种是西布曲明（主要有曲美、澳曲轻等）。虽然含西布曲明的减肥药品是处方药，必须有医生的处方才能购买，事实上曲美等减肥产品在药店不需要处方单，也可以买到。为何处方药能做成保健品卖，管理部门是否监管到位这值得管理者认真思考。

事实上，西布曲明被批准进入中国市场已有十年之久，而其副作用多年前也被确认并报道，而且诺美婷等减肥药因含西布曲明，早被加拿大、欧盟、瑞士等国家勒令退市。可是为何在中国，西布曲明能盘踞十年之久？

从双黄连注射液、甲肝疫苗、鱼腥草注射液、刺五加注射液，再到此次西布曲明，近年来，我国连续发生多起药品不良反应事件。随着一个个常用药品被叫停，相关报告和检测制度也日渐完善。我们希望监管部门认真履行职责，不再出现下一个曲美！

二、明星代言产品需谨慎

“用曲美，好身材。”“原来减肥还可以这么轻松、舒服。”范冰冰代言的曲美广告，许多消费者都耳熟能详。随着曲美下架，曲美曾经的代言人巩俐和范冰冰也陷入了“代言门”。

据东方网报道，《现代快报》做了一次“曲美下架，范冰冰该不该道歉”的主题调查。调查显示：85%的网友认为范冰冰应该道歉；83%的网友称自己不相信明星代言的产品，因为很多明星完全是唯利是图，他们的代言行为完全不负责任。

现在《广告法（修订送审稿）》已报送主管部门，“明星和名人代言虚假广告将追究其刑事责任”。明星不要成为虚假广告的鼓吹手，我们呼吁新广告法加快出台的同时，明星代言首先要加强自律意识，不要为自己虚假代言进行所谓的辩解，这是一个明星艺人起码的职业道德！

三、企业社会责任谁来担当?

如果说含有西布曲明的减肥药品下架是必然的，那么曲美在国家药品监督管理局发布公告前一日对外宣称的召回就是一个作秀！

就在国家药监局发出叫停通知的前一晚，太极集团董事会发布公告称，从即日起，主动停止减肥药“曲美”在中国的销售。太极方面表示，是在获悉美国药品管理机构的决定后，才决定主动停止“曲美”在中国的销售。但其仍坚称，曲美的生产质量完全符合国家标准，已安全使用逾十年，根据国家药监局不良反应监测中心的数据，国内未发生超过产品说明书的严重不良反应。

曲美下架，消费者退货必须凭销售小票，而且必须是完整的包装才给退货。试想一下，很多消费者购买产品后都会拆开包装，遗失小票更为平常。按照曲美方面的退货政策，退货遭拒是正常的事情。我们暂且不去追究曲美产品给少部分消费者带来身体损害的赔偿责任，单就退货一事曲美就如此作秀，实在有失太极集团的面子。

“曲美”是太极集团 2000 年 8 月推出的减肥药，十年间攫取了数十亿元的利润。对于此次事件，太极集团是否应该拿出点儿诚意呢？失去企业道德，失去产品信誉，太极集团又能有何作为呢？

四、经销商如何选择产品？

曲美下架，给众多的曲美经销商也带来了不小的麻烦，毕竟消费者是直接上门找到零售终端的。曲美的问题甚至直接带来部分终端的信任危机！

据业内人士表示，曲美类产品，生产成本极低，留给终端的利润可观，于是经销商也极力推荐消费者购买产品，为曲美摇旗呐喊。尽管很多终端都接到过消费者反馈曲美有副作用的信息，要么置之不理，要么搪塞了事。

诚然，作为商家利润是必须要考虑的，但是在考虑利润的同时，能否也对消费者负一些责任呢？幸好，曲美给消费则带来的副作用是潜移默化的，如果是可以诊断直接判断的，作为商家承担赔偿的连带责任毋庸置疑。

很多经销商都曾经表示，自己减肥不使用曲美产品。“己所不欲，勿施于人。”经销商代理减肥产品应该把产品的健康、安全放在第一位。这样，赚到的钱才踏实，生意做得也会安心，事业也会长久。

五、消费者要擦亮眼睛，健康瘦身最重要

减肥产品的选择不应该只看广告，应该看成分，要凭效果和口碑来选择。长期以来力推全营养减肥法，主打新国氏全营养素的优健康网 CEO 王通表示，在此次西布曲明叫停、曲美下架事件中，受到最大伤害的最终还是消费者。

“可怜之人必有可恨之处”，大众消费者多半迷信明星，迷信广告，面对减肥市场上出现的强势广告，不加选择。追求时尚的包装，追求减肥的速度，而往往忽视了产品的安全，身体的健康。

据优健康网客户体验中心统计，自优健康于 2010 年 7 月份上线以来，每周新增加的近百名全营养减肥法的消费者中，至少有数十名服用过含有西布曲明的消费者，多数都出现过失眠、心慌等副作用。

著名营养学专家国敏元教授早在十年前就发明了全营养减肥的理论：

“肥胖不是营养过剩，而是营养不均衡造成的。”减肥要从调节代谢、补充营养两个方面来进行。

最为重要的，减肥要根据每个人的个体情况来制定目标，健康的生活方式，健康的身体才是最重要的！

（文/青泉）

点评：

曲美下架事件，引起了社会各界的广泛关注。作者收集了主要的观点进行了再加工处理，形成了前面三段综述和评论，使得读者觉得文章比较客观。最后引出“经销商该怎么选择产品、消费者该如何去何从”，将国民的理念、产品特点再自然植入。

重大新闻事件发生后，都会引起社会各界的讨论，在媒体上也会形成多种声音。撰写软文如果抓住这种机会，将主要观点汇总梳理，综述类的文章读者会更爱看。如果新闻事件本身与要推广的产品、服务相关，自然植入行动目标效果就会更好。

8. 伪装类软文

大盘 2900 点仍面临压力，股速融价值凸显

据商务部公布的数据显示，中国 4 月贸易差额为顺差 114.2 亿美元。有分析人士认为，国内中游企业库存增加后，补库存行为减少是进口增速减缓并导致贸易顺差超预期的主要原因，进口增速减缓，表明企业面临新的去库存压力。

日前央行再次宣布，自 5 月 18 日起上调存款准备金率 0.5 个百分点，由于 4 月份贸易顺差达 114 亿美元，加上人民币持续小幅升值带来的热钱流入，央行连续通过发行三年期央票和提存来控制流动性，显示外部流动性仍不利于控制通胀。由于每月调存的频率未变，在货币政策未现拐点的情况下，A 股反弹空间有限。

消息面上，4 月份宏观经济数据已相继公布，当月 CPI 同比上涨 5.3%，高于市场先前预期，显示通胀形势依然严峻，市场预计加息等紧缩政策不会放松。另外，4 月份规模以上工业增加值同比增长 13.4%，较 3 月份回落 1.4 个百分点，与 4 月 PMI 趋势相一致，显示宏观经济增速继续下滑。通胀高企与经济减速加大了市场的担忧。

另外，有消息称，银监会将从 6 月开始按日考查各大银行的贷存比指标，对银行日均贷存比设定 75%的监管红线。目前银行备战贷存比的方式就是高息揽存，经测算为达标全银行业需要吸存 1.2 万亿以上社会资金，相当于提存准 4 次。因此短中期市场资金面将面临严峻考验。

据北京金泉时代投资有限公司首席顾问周佛朗教授分析预测，未来几个月内，大盘将继续在底部反复震荡，纠结行情或许成为主要特征，2900 点或许是一个高位，短期突破的可能性不大。

在目前的股市行情下，为什么说股速融价值凸显呢？北京首善律师事务所张军律师给出了答案。央行紧缩银根的趋势短期内不会改变，银行贷款会越来越难，民间借贷成本也会持续增长。如果因为融资困难而抛售股票在近一段时间内或许并不合适。中国经济前景看好，股市的丰收时机在经历这一轮纠结行情后可能随时到来。

如果说持有流通股的投资人通过股速融平台进行质押融资是明智的，那么持有限售股的投资人选择股速融质押融资则是再精明不过的了。限售股融资，如同打开笼子立即展翅翱翔的小鸟，资本的活力彰显无余。其实更重要的，限售股融资实质是提前变现，将风险转嫁给了股市。尽管对于投资人而言有可能损失未来的股票增值收益，但是却最大限度地规避了股市的风险。

正如张军律师日前在第七届中国上市公司董事会金圆桌论坛期间介绍的："股速融手续简便，最快的三个工作日即可放款。更重要的是融资成本比较低，年利率最低可以达到10%。"相信在股市2900点徘徊的格局下，股速融的特点对于投资人的价值而言会更加清晰。

（文/墨子）

点评：

"股速融"最初是首善律师事务所推出的股票质押融资服务项目的名称，该业务的直接客户主要是上市公司大股东、大额资金的持有单位和个人，合作机构大多是证券公司资深从业人员。这篇软文为了让股速融业务信息在财经、证券类门户类网站主动转载，进行了很好的"包装"。

首先，文章标题"大盘2900点仍面临压力"，符合证券行业从业人员及投资人的阅读习惯。"股速融价值凸显"一石三鸟，直接伪装成为投资人关注的投资项目，又间接表明股速融存在的价值，同时在文章标题中股速融作为关键词也自然融入。

其次，文章引用商务部、银监会的数据和分析，从宏观经济方面分析股市的未来走势，紧接着推出股速融代言人"张军律师"的分析，认为股市未来走势看好，正是在这个大背景下股速融价值凸显。这一系列的铺垫做得很好。

最后，文章结尾巧妙。"正如张军律师日前在第七届中国上市公司董事会金圆桌论坛期间介绍的"，再次点出上市公司金圆桌论坛，与前一篇软文"上市公司金圆桌论坛股速融喧宾夺主"相呼应。但是真实植入的目标并不是金圆桌论坛，而是张军律师介绍的内容，这个环节做得很巧妙。最后一句话使用行业惯用语，既点了题，又自然结尾。

9. 时评类软文

禁止瘦肉精为何这么难

瘦肉精问题，只是发生在河南的个案，还是大面积甚至普遍存在，已经引起了越来越多关心食品安全问题的网友关注。特别值得提出的是，政府相关部门对于瘦肉精的源头至今没有给出肯定的答案。禁止瘦肉精为何这么难呢？笔者认为原因主要在以下几个方面。

首先，从利益方面讲，瘦肉精已经形成了完整的产业链，有高额的利润诱惑，哪个环节的得利者都不会轻言放弃。在商言商，生猪产业、饲料产业市场化程度比较高，为了利益不惜违背道德与法律的底线。更何况，瘦肉精成为行业普遍问题的违法成本非常低。一方面是高额的利润，另一方面是极低的违法成本，不犯错的概率可想而知。

其次，政府监管力不从心。我们不能把任何问题都归咎于政府，瘦肉精表现形式多样，政府基层监管部门人手少、经费少，协调其他部门困难，对于瘦肉精这种涉及产业链上各个环节利益的复杂问题，显得力不从心。但是三聚氰胺、瘦肉精等事件暴露出来的监管问责制的缺失必须完善，做与不做是态度问题，能不能做到是能力问题。

再次，瘦肉精源头仍然是个谜。打蛇要打七寸，就像毒品的相关法律责任，种植、贩卖、使用、运输各个环节都要承担刑事责任。同样，如果瘦肉精一直追到根源，是能够在很大程度上禁止其流入市场的。从这个意义上说，我们应该能够理解双汇董事长万隆在万人大会上所讲的“双汇也是受害者”。

最后，消费者要普及食品安全知识和减少盲目消费。近年来，随着人们生活水平的日益提高，购买猪肉都喜欢要瘦肉，作为自然生长的猪，瘦肉比率是一定的。人们都去买瘦肉，猪肉屠宰环节必然为了保证效益以猪的瘦肉率来考量。顺推到下一个环节，生猪的收购商、饲养者也都会被动地被瘦肉率来控制。双汇的品质保证的十八项监控指标没有瘦肉率，但是给生猪收购商的价格却把瘦肉率作为了决定性指标。

综合上述，解决瘦肉精问题真的不是简单的几次全国范围内的检查就能解决的。据天农康嘉生态养殖有限公司董事长、美国动物营养学博士余品良介绍，目前如果真正从生猪出栏到屠宰，全程不使用任何添加剂，难度非常大，如果真能做到，成本非常高。彼特博高端猪肉做到了饲养过程中不使用任何添加剂，成本就比普通猪肉高出了几倍。随着消费者认识程度的提高，这种猪肉也正在被越来越多的高端客户接受。

如果说瘦肉精事件中猪贩子绑架了养殖户，那么屠宰场则绑架了猪贩子，肉制品企业则绑架了屠宰场，而造成这种问题的所有根源是 10 多亿中国消费者对瘦肉的日益增长的需求。需求不能改变，这是国内人民生活水平显著提高的标志。然而，消费者的消费观念以及偏好、辨别能力、生猪的饲养模式、猪肉行业的发展却是可以前瞻并进行引导的。

（文/青泉）

点评：

瘦肉精事件，妇孺皆知，其新闻热度无须用数字证明。“禁止瘦肉精为何这么难”这篇软文就是紧紧围绕这一话题，进行分析和评论。评论中不加入任何软文推广的目标，显得客观公正。

评论结束后，“禁止瘦肉精很难”的观点已经推断出来了，彼特博的困难“严格不使用任何添加剂成本非常高”也很自然地融入了文章中。借用时评来进行软文植入比较有高度。

遗憾的是，当时因为彼特博的原因，后续的系列软文没有进一步实施，也没有采用软文营销方面的整合，否则在瘦肉精事件引起广泛关注的时间段内，彼特博极有可能获得较好的发展。

10. 解决方案式软文

一个央企 CSR 负责人的困惑

“企业社会责任报告年年出，年年愁。公司做了很多实事儿，就是不知道怎么展现出来。报告写了一遍又一遍，高层领导不满意，总是担心受质疑。做事儿不怕，就怕写报告！”身为一家央企的 CSR 总监李先生向笔者大道苦水。

近年来，企业社会责任建设在国内已经普及开来，作为央企更是被政府和社会各界看作履行社会责任的表率。然而一个不争的事实是，目前拥有独立的企业社会责任部门的只是少数企业，更多的是由公共事业部掌控，有些企业甚至将 CSR 的工作直接交给公关公司完成。即使有企业社会责任部门，通常也只有两三个人，甚至有的企业只有一个“总监”。

小团队，做大事。这就是目前 CSR 经理人遇到的普遍问题。扎扎实实地推进企业社会责任建设，是这些经理人的强项，可是每到出企业社会责任报告的时候就感到力不从心。

“曾经有好几家机构给我打过电话来，询问我们是否有发布 CSR 报告的需求，都声称有专业团队，能将报告撰写好。”李总监坦诚地和笔者说，“我希望依据公司的实际行动撰写高质量的 CSR 报告，积极履行社会责任，提升公司的形象，但这些机构到底怎么样，我不清楚，也不敢轻易去委托。”

其实李总监的困惑代表着一个群体的困惑，央企希望发布高质量的 CSR 报告，因为央企的动作更容易引起社会各界的广泛关注，一旦遭受质疑，履行了社会责任不说，还要蒙冤挨批，那可不是哪一个 CSR 经理人能够承担得起的责任。不过，当前企业社会责任的服务行业确实有点乱。

据 NGO 组织七代志企业社会责任专家吴福顺介绍，目前号称能够提供企业社会责任服务的机构如雨后春笋，因为行业不规范，一些服务质量低劣的机构存在扰乱市场、损害企业声誉的行为。比如，一家咨询公司为某央企进行评估时打的分值比较高，而另一家机构因为这家央企不是其客户而给出的评估分值比较低。最主要的这些评估标准含混不清，缺乏客观和公正性。

七代志社会责任管理专家系统的问世或许能够改变这个局面。据业内人士透漏，这个软件的开发历时六年才完工并获得了软件著作权审批。软件开发过程中征集了包括商务部 WTO 经济导刊、金蜜蜂企业社会责任教育中心等诸多专业机构专家、学者的意见，评价的指标体系与标准非常客观。

据正在使用这套管理系统的某央企 CSR 处长介绍，任何员工都可以通过这套软件在互联网上顺利搜集到关于自己企业的社会责任数据，挖掘出大量的闪光点。最重要的，这个软件能够一次搞定多个社会责任标准的同时应用，自动生成体现自己公司行业特性的责任实践。在使用软件编写报告后，下一年度的工作计划也会更加清晰，有一举两得的收获。

长期服务于NGO组织从事CSR研究的陶贝对CSR报告的认识更为深刻。“CSR 报告是否合格的最基本要求是信息披露全面，但目前企业很难做到这一点。正是因为企业社会责任信息披露屡遭外界批评，很多央企才不敢贸然发布报告。但从长远来看，我们希望企业社会责任服务行业能够规范，像七代志社会责任管理专家系统这样的软件能够普及推广开来，让 CSR 报告标准化。”

让 CSR 报告标准化，让更多的企业不仅仅是央企及时发布社会责任报告，让全社会清晰地了解社会责任建设的标准，倘能如此，以李总监为代表的 CSR 经理人将不再困惑，中国的企业社会责任建设也必将由此迈向新的里程。

（文/青泉）

点评：

打蛇要打七寸，软文营销也是这个道理。近几年，恐吓式的软文读者看得太多了，如果运用不好很容易让读者感觉是在吹牛而失去信任的基础。只要我们的产品或者服务能够确实为客户解决问题，那就把客户解决不了的问题先挖出来。我们建议挖出痛苦即可，没有必要去恐吓。

这篇软文第一段开头就先把大多数 CSR 总监或者经理实际工作中遇到的困难摆出来，语言平实、朴素，并没有刻意夸大。接下来文章的内容就是如何解决这个困惑。在提供解决方案的过程中，自然引入七代志社会责任管理专家系统（软件产品），将其优势、案例逐一呈现。

11. 访谈类软文

大隐隐于市，收藏隐于心
——北京隐庐画廊成宇访谈

随着中国艺术市场的回暖，中国书画在 2010 年创造了辉煌的成绩，过亿的作品从 2009 年的 4 幅增加至 13 幅，黄庭坚的《砥柱铭》以 4.368 亿元的价格，创下了中国书画世界拍卖纪录。据雅昌艺术市场监测中心监测，书画市场份额从去年春季的 52.09%，迅速扩大至秋季的 59.01%。

二级市场火爆，一级市场的经营就会比较乐观，这是艺术市场多年的规律。近年来，位于北京爱家收藏市场内的隐庐画廊凭借诸多的名人字画和诚信经营的口碑，在书画一级市场上也颇有斩获。

5 月中旬该画廊推出的民国八大山人孤品扇面，曾经在北京的书画收藏圈引起了广泛关注。该画廊是如何经营的呢？有什么好的经验值得同行学习呢？带着这些问题，笔者采访了隐庐画廊主人书法家成宇先生。

青泉：作为一个书法家，您完全可以自己委托画廊来销售您的作品，为什么考虑自己经营画廊呢？

成宇：我做画廊目的有三。

第一，我只是一个书法爱好者，尽管有很多人买我的作品，但是我知道自己算不上什么家。我喜欢名家书法，在欣赏名家名作的时候对自己的艺术追求是一种有效的提升手段。有了画廊，我就能够整日与这些名人字画待在一起，接受熏陶。

第二，我想为志同道合的朋友们搭建一个艺术交流的平台，我个人也喜欢艺术交流的氛围。通过画廊，我每周都能结识新朋友，大家偶尔来这里坐坐，品品茶，欣赏书画作品，这是一种精神享受。赚不赚钱并不是我关心和喜欢的，我喜欢的是艺术。

第三，我想用画廊为收藏圈的朋友做点儿实际的事情。从目前来看，效果比较好。我们画廊组建了鉴定的团队，其中有故宫博物院的专家，也有民间推崇的高手，我自己也在探索和研究。我们提供的服务是免费的，意见仅供藏友参考，今年上半年以来，我们为藏友免费鉴定的作品至少超过了 100 件。能为喜欢艺术的新老朋友们做些事情，我个人比较有成就感。

青泉：画廊取名隐庐，有别的寓意吗?

古人云："大隐隐于市，小隐隐于野。"那些所谓的隐士看破红尘隐居于山林只是形式上的"隐"而已，而真正达到物我两忘的心境，恰恰是能在最世俗的市朝中排除嘈杂的干扰，自得其乐。因此隐于市才是心灵上真正的升华所在。对于艺术家而言，也是如此。是否能够真正创作出好的艺术作品，主要在于心态，能否排除干扰、抵制各种诱惑潜心研究。

"不识庐山真面目，只缘身在此山中"，当前的艺术市场，观念繁杂，投机取巧的事情不胜枚举。我们不一定都要像陶潜一样"隐于野"，也不一定都要像李白一样"隐于市"，而是要万物归乎一心。俗话说得好，"心静自然凉"，只要内心真诚、纯净，又何必去理会盗用艺术之名沽名钓誉甚至骗人钱财的丑事呢? 我们不妨静下心来：大隐隐于市。

希望艺术家以平和的心态创作，希望收藏家、艺术爱好者以平和的心态对待艺术品，这就是我把画廊命名为"隐庐"的寓意所在。

青泉：没错。您说的艺术圈的乱象我们也是感同身受。比如备受关注的范曾与郭庆祥的诉讼纠纷至今还没有定论，您对此有什么看法?

成宇：你这是给我下个套，呵呵。

范曾是我喜欢的艺术家，郭庆祥也是我尊重的企业家、收藏家。对他们二位我不好做评价，但是就事论事，我认为还是心态的问题。

流水线生产，这个问题取证较难，而且严谨的艺术家未必真的这么做，范曾作为知名艺术家，他更清楚对待艺术的态度问题。关于流水线生产的说法坊间流传很多版本，至于是谁亲眼所见，是否敢站出来还是未知数。不过这个事情对于艺术批评的进步，对于艺术家的鞭策作用是毋庸置疑的。

再说郭庆祥，如果买画是为了收藏艺术，不是为了投资，那么是否真的流水线生产又有何意义呢？

青泉：隐庐画廊目前经营的作品有什么特色吗？

成宇：目前画廊经营的作品主要还是以国画、书法为主。这些作品有些是我的祖辈收藏流传下来的，有些是我个人二十多年的收藏所得，还有一部分是来源于藏友和艺术家本人，所以比较杂。换句话说，一般的名家字画我这里都有。

如果一定说特色，我觉得应该是名人字画。这些作品的作者都是在当时社会某一领域做出卓越贡献的，有一定的历史价值。比如，开国将军王定烈的书法，戊戌六君子康有为、梁启超的书法，文化名人沈钧儒的书法，漫画家华君武的素描，郭沫若的信札等。我喜欢艺术名家的作品，也喜欢历史文化名人的东西，因为这些已经远远超越了艺术本身，有特定的历史韵味儿。

5月中旬，画廊展出了我十年前收藏的一幅民国八大山人的扇面，由田世光、胡佩衡、秦仲文、陈缘督等合作的，很多圈子里的人都非常喜欢，认为有可能是个孤品。类似这样的东西我还有很多，也许这就是特色吧。

青泉：根据您刚才所说，画廊经营的作品还是有一部分来自于藏家或者艺术家本人，那您是怎么来选择这些作品的呢？

成宇：无论是寄售代卖还是画廊先买断，我们考虑的是作品本身，不说赝品，就是真迹名家的作品还有早期的呢，还有不成熟的呢！艺术品本身比艺术家的名气更重要。作为画廊，必须要把好这一关，否则就谈不上艺术交流平台的作用。

青泉：您的隐庐画廊已经在爱家收藏市场多年了，经营过程中有没有比较让你难忘或者感动的事情？

成宇：如果仔细回想的话比较多。我就说两件吧。

我记得是去年的一个周末，有个老先生在爱家收藏市场闲逛，进到了我们画廊，在两幅作品前足足看了半个多小时。临走，我还邀请他坐下来喝了杯茶。他也没有多说什么。一周后，北京画院的一位工作人员找上门来，和我协商购买或者用其他作品交换这两幅作品的事情。我这才知道，原来那天来看作品的是北京画院的马海芳老师！

据工作人员介绍，马老师在我的画廊发现的两幅作品是出自他本人之手，是他年轻时候画的，马老觉得是他的精品之作，想买回去或者换回去。可惜的是，那两幅作品已经转让给收藏圈的藏友了。现在想想，挺后悔的，都怪自己眼拙，没有认出马老师来。失去了与马老师交流的机会，人家喜欢的作品我还给卖了，有点儿对不起他。如果有机会再见到马海芳老师，我一定当面赔罪。

还有一个事情就是别人感激我了。去年 5 月份，画廊里有一幅启功的书法，当时价格是 18 万元，收藏圈的朋友介绍过来的一位买家，口头说定了他要买。因为他着急出差，只留了 2 万元订金，作品也暂时留在了画廊。

两个月后他出差回来了,当时的这幅作品收藏圈有人已经出价 26 万元了。出钱的新买主甚至愿意承担我毁约的 2 万元损失。如果毁约，我至少多赚 8 万元钱。说实话，当时也犹豫了一下。后来考虑了自己做画廊的目的，还是觉得“诚信”最重要。最后，那个买家以 18 万元的价格拿走的，听说不久就送拍了，以 34 万元成交。这个获利的买家多次打电话要请我吃饭，呵呵，挺有意思的。

采访结束，我感到很轻松。与成宇交谈，他那种坦诚、直率让你倍感亲切，而更为重要的是他那种待人接物的平和心态能够很快影响到你。“大隐隐于市，收藏隐于心”这或许就是成宇和他的隐庐画廊的经典概括吧！

（文/青泉）

点评：

这篇软文采用了访谈形式。对于专业水平要求特别高的行业，如果短时间内查阅资料学习不能弥补短板，不妨使用这种方式来操作。结合这篇软文对撰写手法简单总结如下。

首先，要对采访背景来做一个交代，这个背景一般不需要太多专业知识积累，查阅一些宏观方面的资料，结合采访对象很容易撰写出来（本文前三个自然段）。

其次，针对软文的行动目标（需要传达的主要信息）列出提纲，站在读者的角度将提纲按照问题关心的重要程度排排序（不一定与实际采访流程完全一致）。

此外，软文的问题中，可以设计几个通俗易懂的话题，比如“让你难忘或者感动的事情”。也可以针对行业内的热点话题让采访对象发表评论，这样能够引起行业内人士的阅读兴趣，比如本文中的“如何看待范增和郭庆祥的诉讼纠纷”。

最后，采访类软文最好也来个结尾，可以写写花絮，可以写写采访感受，这样即使是访谈类的软文也会浑然一体。

12. 逆向思维类软文

国民之星：秋季挥汗如雨未必有益健康

又到了秋高气爽的时节，户外运动成了人们的最爱，选择秋季户外锻炼似乎成了一种时尚。尤其是对于希望运动减肥的朋友，大都认为汗水就意味着燃烧脂肪，挥汗如雨才能达成瘦身目标。

然而事实未必如此。据国民之星健康俱乐部营养专家介绍，秋季挥汗如雨未必有益健康，理由主要有如下三个方面。

第一，大量出汗有可能影响身体健康。出汗多少是因人而异的，汗液取决于汗腺的分泌，而汗腺的数量个体差异很大。此外，出汗多少还取决于体液含量，体液多的人运动时出汗就会多。一般来讲，胖人的体液比瘦人要少，尽管运动时胖人出汗多，但耐受水分丢失的能力却比较差。因此，如果以同样的出汗标准衡量胖人和瘦人的运动量，胖人明显要吃亏。

一味地追求挥汗如雨、大量出汗会使胖人的体液减少更多，如果不及时补液，可导致血容量下降、心率加快、排汗率下降、散热能力下降、体温升高、机体电解质紊乱和酸碱平衡紊乱，严重者引起脱水。而脱水导致机体的一些主要器官生理功能受到影响，如心脏负担加重、肾脏受损。

第二，大量出汗会流失营养。汗液中含有一定的血液成分，出汗时部分水分蒸发了，而固体物质如蛋白质、氨基酸等则留在皮肤表面，经皮肤表面微生物的作用，可产生一些具有汗酸味的物质。汗液中除了一些代谢废物外，还有许多对机体有用的物质，如矿物质、蛋白质、氨基酸、维生素等。随着汗液的丢失，这些营养物质也随之丢失了。

如果钠、钾等电解质大量丢失可导致神经–肌肉系统障碍，引起肌肉无力、肌肉痉挛等症状。著名营养学专家国敏元教授早在1993年就提出“全营养减肥理论”，认为肥胖不是营养过剩，而是由营养不均衡导致的。根据全营养减肥理论，如果为了减肥而挥汗如雨，往往欲速则不达。

第三，秋季温差大，容易着凉受寒。挥汗如雨的时候，人体的毛孔张开，一旦运动结束休息的时候，因为秋季天气凉，刚刚经历过盛夏的人体还没有完全适应过来，寒气很容易通过张开的毛孔侵入人体。轻则会察觉身体有僵硬感，重则感到腰酸背痛、手脚麻木。因此，无论是胖人还是瘦人，秋季里挥汗如雨，身体受凉的机会要远远大于其他季节。

其实，一个运动状态能否实现减脂与出汗量多少关系并不大。国民之星健康俱乐部CEO王通分析认为，出汗无非能够证明两点，一是散热，另外就是代谢。但是代谢掉的大部分是水分，补充完水分之后，体重就会立刻恢复过来。因此，挥汗如雨也不一定能达到最好的减肥效果。比如，参加1500米中长跑，你的心率可能会非常快，而且实现了挥汗如雨的目标，但更多的可能是让你感到呼吸困难，其实得到锻炼的主要是心肺功能，对减肥并不一定有效果。

综合上述，秋季里无论是胖人还是瘦人，运动都尽量不要挥汗如雨，适当地活动是值得提倡和鼓励的。如果胖人是为了减肥在秋季加大运动则大可不必。依托全营养减肥法，由北京格林沃德营养保健品有限公司生产的国民系列产品，强调营养均衡，减肥的同时能够确保身体所必需的营养，不必挥汗如雨减肥更轻松。

国氏旗下产品有国内减肥市场的老字号国氏全营养素，有适合白领女性的雅莱减肥饼干、纤美减肥茶，有服用方便的国氏减肥胶囊等。这些产品提取于天然谷物，无任何西药、泻药以及违禁成分。

如果说国氏系列产品能让减肥的你安心，那么加入国氏之星健康俱乐部则会让减肥的你感到舒心。在国氏之星健康俱乐部，会有专业的营养顾问协助你安排饮食和运动计划，有鞭策也有鼓励，有细心专业的指导，也有心与心的倾听与交流。

加入国氏之星健康俱乐部，让减肥不必挥汗如雨，让运动适量，让瘦身更科学，让你的生活与健康常相伴！

（文/易白）

点评：

逆向思维的软文，用头脑风暴法很容易创意出来。逆向思维的软文，标题已经具有了新意，但是对于提出的逆向思维的观点必须要阐述清楚，论据要足以支撑论点。本文的几个论述分析基本能够证明论点，如果能找到一些数据方面的支撑说服力会更强。

此外，这篇软文植入的广告内容相对较多，当时是为了实现全方面的检索效果。如果是投放到网络媒体的软文无可厚非，如果要是投放到平面媒体，还要进行改写，让软文再“软”一些。

13. 对比式软文

驾大 7 座 SUV 出游，软实力谁更胜一筹

又到了踏青出游的好时节，大 7 座 SUV 由此成为合家出动的最佳选择。大 7 座 SUV 市场车型虽然不多，但今年以来随着新酷威、新胜达的上市，原来的市场主力汉兰达遇到两个强劲的挑战者。这不，有个朋友开始犹豫了："如果是去年的话，我肯定选汉兰达，但是新酷威、新胜达一出来，还是要再综合比较一下啦。"

空间谁更宽敞？

三款 7 座 SUV 中，新酷威外形最长，达到 4910mm，轴距最长达到 2890mm，汉兰达车身长 4795mm，轴距为 2790mm，而新胜达最小，车身 4690mm，轴距更是只有 2700mm。而更长的轴距使得内部空间的可能性也大增：如果把新酷威的副驾驶和后两排座椅放倒，可以形成一个长度超过 2.9m，容量达到 1914L，可容纳 16 个 28 寸超大旅行箱的巨大空间，不要说是出游，搬家也都够了。

安全谁最到位？

在安全方面，三款 SUV 的表现各有长短，新酷威的安全配置包括多级安全气囊及三排安全气帘、电子车身稳定系统（ESC）、牵引力控制系统（TCS）、胎压监测显示系统等，获得了北美五星最高安全评价，还连续四年成为美国公路安全保险协会（IIHS）"年度顶级安全车型"。三者之中，只有新酷威是同级车型中唯一一款原车自带一体式儿童安全座椅的车型，这对于只有一根独苗的中国家庭来说就更为实用了。

享受谁更舒适?

三款 7 座 SUV 中的娱乐配置也是各有千秋。

新酷威的中控液晶屏达到了 8.4 英寸，集合了媒体播放器、GPS 导航等多项智能功能于一体。在第一排和第二排中间安装了一个带有屏幕的多媒体系统，可以通过遥控器进行操作，并且通过原车提供的无线耳机收听只属于自己的音频，另外还可以通过头顶 9 英寸液晶独立视频系统进行操作，享受专业级 Alpine 6 扬声器豪华带低音炮音响，还有 AUX、USB 接口，蓝牙连接，在旅行途中也可以看大片、听音乐。它的空调是三区独立的，让随行的老人和小孩可以自主选择想要的温度，不用再妥协和谦让，让乘坐成为一种享受。

相对而言，汉兰达只有在高配版本上才有中控液晶屏，没有独立空调；新胜达虽然全系都有中控液晶屏，但是第二排却没有这种享受，空调分区也只有两个。

购买谁最容易?

在价格上，新酷威已经全面进入了 30 万元区间，可以用国产合资品牌的价格享受进口车的品质。新酷威还为首批车主定制了“助威行动”购车金融计划，首付 50%就可以享受“两年零利率零手续费”的优惠。你还可以有更多的付款方式选择，比如最低首付 5 万元，或享受最少 3000 元的超低月供。而汉兰达和新胜达的金融政策相对就没有那么丰富。

（《东方早报》 2013 年 3 月 14 日　文/梅聪）

点评：

这是一篇平面媒体软文。这篇软文用了对比的手法，将三款 7 座 SUV 进行了对比。不过笔者聪明的是，拿新酷威的空间大、安全性能、乘坐舒适（配置）、金融政策几个明显有优势的角度去和汉兰达、新胜达对比，自然优势明显。按照这个逻辑，有购买 SUV 计划的读者看完这篇软文，不管是否会真的选择新酷威，估计大都不会直接出手购买汉兰达，而是先会到实体店感受一下新酷威再说了。

特别值得指出的是，这篇软文没有攻击竞争对手，“在安全方面，三款 SUV 的表现各有长短”、“三款 7 座 SUV 中的娱乐配置也是各有千秋”，这样的描述显得很客观，更容易让读者接受。

14. 联想式软文

国氏之星忠告：理性艺考，理性瘦身

春天带着生命和希望步履轻盈地走来，北国的冰雪融化，万物复苏。曾经一度火爆的艺考也随着北京电影学院、中央戏剧学院、北京广播学院、北京体育大学、四川大学等艺考面试的逐一开展和结束而引起人们的广泛关注。

艺考热，热了多年。究其原因，笔者认为主要有两个方面。

- 一方面是艺术类考生对文化课的成绩要求低，特别是家庭经济条件较好的学生，因为早年参加过各类特长培训班，或多或少都有一定的艺术特长。如果文化课成绩差了，自然就想到了艺考。
- 另外一方面是社会对明星的热捧。明星万人瞩目，或浪漫或奢华的生活让无数年轻的孩子都有当明星的梦想。

这两方面的客观条件加在一起，甚至连很多家长都坚持让子女走这条路，艺考似乎成了通向成功的捷径。

笔者曾经走访过几位艺考学生，他们当中有很多人就是被父母逼的。都以为艺考是条考大学的捷径，没想到这条路比正常高考更加荆棘丛生。据《今晚报》报道曾经有人竟在 1 个月内辗转 3 省市投考 9 院校。

艺术考试可能对文化课要求不高，但是从事艺术，对一个人艺术功底、文化储备、艺术天赋等要求却高得多。当一个学生报考艺术院校时，可能会占一点点文化课成绩要求不高的小便宜，但是想过以后怎么办吗？想过这条

路可能对自己只是条死胡同这样的事实吗？想过一个成功明星的背后是千百万个失败者的事实吗？对于父母而言，艺术之路真的是子女心甘情愿选择的吗？

艺考热的确需要冷下来静下来想想，或许能想出点道理来。与艺考同样值得思考的还有减肥。

据国氏之星健康俱乐部 CEO 王通介绍，每年因为艺考的面试环节而突击减肥的女生不胜枚举，她们为了在考官面前展示标准的身材，不得不急功近利地减肥。甚至慌不择路，选择了含有番泻叶或者其他违禁成分的减肥产品和药品，身体是在短时间瘦下来了，但是造成的身体伤害却已经不能挽回了。

已经是国氏之星健康俱乐部老会员的艺术院校大一女生王小姐感触颇深。她的文化课本来不错，在 2011 年艺考报名之前，为了让身体达标，从网上订购了某品牌的减肥茶，服用之后连续腹泻，为了瘦身她还是坚持服用了一个月。结果身体确实达标了，但是生了一场大病。这一病让她的文化课没有通过联考而与艺术院校擦肩而过。

偶然的机会，王小姐听朋友介绍国氏之星健康俱乐部以健康为第一理念给予会员科学的瘦身指导。抱着尝试的心态，王小姐成了俱乐部的会员。自然地接受了国氏之星推荐的北京格林沃德营养保健品有限公司生产的雅莱减肥饼干。两个月下来，瘦身成功，身体状况更好了，文化课成绩也非常理想。饱满的热情，健康的身体，坦然与自信，使她如愿以偿走进了艺术院校的表演系。

国氏之星健康俱乐部 CEO 王通认为，王小姐的案例尽管是个案，但是具有普遍的代表意义。因为艺考对于大多数女生的第一关就是外在的体型，国内减肥市场减肥产品和药品鱼龙混杂，如果一旦选错了产品，失去了健康甚至直接影响到艺考岂不可惜。

王通建议艺考女生早做准备，除了文化课程之外，更要善待自己的身体。如果需要保持体形购买减肥产品，一定要看清产品成分，尽量购买减肥市场上的老字号产品。比如国氏全营养素、国氏减肥胶囊、纤美减肥茶等，这些产品不含任何西药、泻药以及违禁成分。只有将消费者的健康放到首位的同时，让消费者实现瘦身的梦想才是值得选择和信赖的产品。

值得欣慰的是，3 月 16 日四川省 2012 年普通高等学校表演、编导类专业考试，据四川省教育考试院证实，表演、编导类专业考试的考生总数达到了 10964 人，比去年减少了 2663 人。考生人数下降表明报考开始呈现理性趋势。无独有偶，据业内人士透露，艺考大省山东考生也呈现了明显的下降趋势。

艺考日趋回归理性，减肥也必将日趋回归健康。理性艺考，理性瘦身！毕竟“条条大路通罗马”，“健康的身体才是革命的本钱”。

（文/墨子）

点评：

这篇软文为什么会从艺考的角度去撰写呢？艺考的主力大都是年轻漂亮的小女生、阳光帅气的男孩儿，他们最关心自己的身材，自然最关注减肥的话题，也是减肥市场的重要消费群体。

这篇软文运用联想的手法，艺考和减肥之间展开类似联想，发现二者的共性：盲目都不行！都需要理性。

文章从艺考谈起，客观评价艺考热的现象。自然引出艺考女生减肥的案例，最后从“王小姐”的个案进行分析，影射艺考要理性，减肥要健康。

文章结尾之前再次引用统计数据证明艺考日趋冷静，结尾再次点题显得更自然。

这篇软文在门户网站投放后，很多艺术类网站和艺术类院校网站主动转载，收到了很好的效果。我们在软文创意的时候，可以借鉴这种方法，大胆地联想。

15. 揭内幕类软文

整形医生披露行业内幕：多数韩国医生是假冒

“为了美挨几刀算什么！”当下，整形成为很多爱美女性的时尚选择。有人甚至抱着“没有最美，只有更美”的心态，恨不得将自己全身上下都整一遍。有消息称，中国已经成为全球第三大整形国家。然而，记者调查发现，火爆的整形市场处处潜藏危机。刀尖下寻美，若不小心，“步步精心”就变成“步步惊心”。

市场火爆伴随事故频发

近十年来，中国整形市场迅速成长，甚至被认为是继买房、买车、旅游之后的第四大消费热点。目前，中国整形市场实现产值达到3000亿元左右，行业从业人员超过2000万人，行业年发展速度平均呈40%以上的增长态势。

浙江大学医学院附属第一医院整形外科主任徐靖宏是杭州知名整形医生，他说，他现在每天几乎都要加班到晚上，手术预约已经排到了两三个月之后。“以前大家对整容整形很不屑，现在则已经成为一种时尚。”

记者在杭州另外一家民营整形医院采访时看到，来这里咨询的人络绎不绝。这家医院业务科室的工作人员说，他们一年整形手术的数量超过1万例，并以每年30%的速度递增。“现在是整形行业的春天。”该医院的工作人员吴文静说。

然而，与“美丽”伴随的是事故频发。中国消费者协会的一项统计称，中国整形业兴起的近10年中，平均每年因美容整形毁容毁形的投诉近两万起。

2010 年，“超女”王贝在做面部整形手术过程中意外死亡的事件，引发全民对整形行业规范问题的热议。

“韩国医生”可能是假的

“我做的手术当中，有 1/4 的人是第一次在别的地方整形失败了而找我来补救的。”徐靖宏说，多数失败的整形都是由非法医疗造成的。

徐靖宏说，最突出的问题是，美容院没有资质开展整形业务，但是部分美容院为了牟取暴利，非法为顾客注射肉毒素、玻尿酸、隆鼻、开双眼皮等，导致时有毁容事件发生。

记者调查发现，医疗美容执业医生应该具备三证——《医师资格证》《医师执业证》《医疗美容主诊医生执业资格证》，但一些不正规的整形医院或美容院存在大量无证上岗的情况。

业内人士还透露，目前整形行业混乱，一些国家从未批准或者被叫停的整形项目，如溶脂针、干细胞注射美容在市场上依旧流行。“网络上虚假信息太多了，很多被广告吹得天花乱坠，而科学信息却不畅通，导致消费者根本无法辨别。”

此外，现在整形机构以各种噱头吸引爱美女性，如走在大街小巷，不少整形广告都号称自家的整形医生来自韩国，且是最顶尖的，为很多明星都操刀过。但事实上，业内人士表示，所谓的韩国一流的医生多数是假冒的，或者仅仅是韩国的“江湖医生”，“好的韩国医生在当地都忙不过来呢，哪有空跑中国来？”

暴利是当下很多整形和美容机构铤而走险的原因。“成本几百元的东西，常常卖到上万元，且收费很乱。”一位业内人士说。记者调查中发现，同样的项目，民营医院的报价要比公立医院贵三五倍，甚至十倍以上。如当前流行的肉毒素瘦脸项目，公立医院的收费一般不超过 2000 元，而在记者咨询的 5 家民营医院中，有 4 家报价超过万元，有一家甚至开口要两万元。“如果是我们院长做，另外得加两万元的专家费。”一家医院的工作人员说。

来整形的多数是“美女”

曾在公立医院整形科工作 20 多年的美容主任医师谭燕表示，美容整形要营造良好有序的市场发展氛围，首先需要医务人员加强自律，使用正规的产品并提高技术；其次，经营者要以诚信的市场营销引导消费者；更重要的是，卫生部门也应积极制定市场规范，设置技术门槛，加强监督和惩处力度。

专家们还呼吁，女性不要过分追求过度美容。“现在来整形的多数是‘美女’。”在采访中一家整形医院的前台称，现在大家追求的是“没有最美，只有更美”。

“很多人只是在心理上有障碍，别人看已经很漂亮了，但她自己总是钻牛角尖，觉得还不够完美。”徐靖宏说，来找他咨询的人中有30%是不需要整形的，或者是整形没有多少效果的，对这部分人，他总是想办法劝他们放弃投资外表，转去投资心灵。

（《北京晨报》A18版 2013年3月14日）

点评：

这篇软文无论是立意、撰写、发布都做得可圈可点。这篇文章选择投放的是平面媒体，审稿要求比较高，因而标题和内文中都没有刻意去强调“浙江大学医学院附属第一医院整形外科”，只提到了1次医院名称，4次徐靖宏的名字。

这篇软文采用了新闻报道形式的语言，用“揭内幕形式”展开，文章开头用了恐吓式的写法，从“平均每年因美容整形毁容毁形的投诉近两万起”宏观数据引用，到“超女王贝因做面部整形手术时发生意外死亡”微观证明，非常有说服力。

两个内幕“韩国医生可能是假的”、“来整形的多数是美女”其实已经不是什么特别的行业秘密了，揭这两个内幕笔者把握的尺寸很适度。

如果一定要找出这篇软文值得改进之处，那就在文章内容的小标题提炼和段落划分上，“韩国医生可能是假的”这一部分可以再拆分出“民营医院整形多为暴利”，可以更加突出公立医院整形的优势。

16. 情感式软文（微信公众平台）

母亲节——最美鲜花送妈妈

母亲节——最美鲜花送妈妈

2014-05-08 芳源花艺

从花籽到花苞，从花苞到花朵。
在妈妈眼中我们是她生命中最美的花，守护着我们成长，陪伴着我们走过四季的轮回。终于有一天——花开了，她却老了，发如白雪……

门前老树长新芽
院儿里枯木又开花
半生存了好多话
藏进了满头白发
肉嘟嘟的小嘴巴
一生把爱交给她
只为那一声爸妈
时间都去哪儿了
还没好好感受年轻就老了
生儿养女一辈子
满脑子都是孩子哭了笑了
时间都去哪儿了
还没好好看看你眼睛就花了
柴米油盐半辈子
转眼就只剩下满脸的皱纹了

亲爱的，时间都去哪儿了，不禁潸然泪下。有多久不曾给妈妈打个电话，有多久不曾回家看望她老人家，5月11日是妈妈的节日，这一天我一定会回家……

芳源花艺——我们用心制作的每一束花，只为您对母亲那份浓浓的爱
温情鲜花热线：13007030702、13099045276

微信扫一扫
关注该公众号

点评：

这篇软文并没有用大量的篇幅去渲染情感，而是直接借用了《时间都去哪儿了》的歌词，有流行元素，有浓厚的母爱情感蕴含，真挚朴实。

特别值得借鉴的是，文章的开头和结尾，与《时间都去哪儿了》的歌词完美融合，与母亲节的话题高度锲合，“终于有一天——花开了，她却老了，发如白雪……”、“有多久不曾给妈妈打个电话，有多久不曾回家看望她老人家”，最后一句话更感人“这一天我一定会回家……”

文章广告的植入方式比较直接，但是与情感氛围相融，让人并不觉得反感，倒真有一种母亲节手捧鲜花回家送母亲的联想与冲动。

原文发布在微信公众平台，排版方式尽管不够漂亮，但是很朴实，在文章结尾，放了10束精美的插花，更能唤起购买欲望。

17. 论坛经典软文：欲扬先抑

教你如何吃垮必胜客

去过必胜客的朋友，想必会对必胜客的沙拉有很深的印象吧，小小的一个碗就要收几十元！

不过必胜客的沙拉是自助的。给你一个碗（碗越来越小，越来越浅了），你能拿多少，就给你多少。不过必胜客太了解人性了，所以规定沙拉碗只能装盛一次，不管你能装多少。

那碗并不大，而且很浅，简单地装，装不了多少，因而，如何保证自己的 32 元（价格真是一涨再涨，最早是 25 元一份，后来涨到 28 元，又涨到 30 元，现在已经是 32 元一份了）不至于被剥削了太多，尽可能地把那只可怜的小碗装满你喜欢的水果沙拉，也就成了一门有趣的学问。我每一次去，都会被这门精深的学问所吸引，为此，花了不少钱。

第一，要有一个好的思想认识。思想不解放，肚皮就不能解放，这是中国改革开放的一条重要经验。不要怕难为情，认为装了太多会显得太小气，没素质，有伤优雅。别这样，人家赚你的钱，都没觉得害臊，你担心什么呀？和搭积木一样，这是一种技术。

第二，放开思想之后，便是放开手脚。要想装得多，记住，一定要用手，千万不要用他们提供的勺子、夹子，那东西用起来不方便。我每次去，看到有些哥哥妹妹在那里小心地用夹子码，就替他们着急，太没经验了，这样装能装多少呢？真要堆高了吧，还不严实。

第三，在码的过程中，一定要心狠手巧，善于思考。切记，要想把水果垒得高，一定要少用色拉酱，有很多人以为色拉酱有黏合作用，把它当水泥用。我告诉你们，这是很危险的，色拉酱粘粘葡萄干、玉米粒还可以，但绝不能用它来粘黄瓜、菠萝等大块水果，不但粘不住，还容易打滑。要想把黄瓜，一层一层地像宝塔一样堆上去，就必须是实打实的，当中宁可有空隙，也不好用色拉酱去填，因为存在一个摩擦力的问题啊。站在旁边监督的那些服务员，一个个精得要死，他一看你用色拉酱，就知道外行来了。

所以，必胜客为了鼓励有更多的高手参与到"如何吃垮必胜客"的游戏中来，有一个很少有人知道的规定，水果只能拿一次，但色拉酱不但可以单独拿，还可以多拿几次，不受限制。

下面，我就说说如何具体拿。

在碗的最底下，先装满葡萄干，玉米粒，记住，尽量要干的，不要带太多的水。和碗口抹平，然后用勺子夯实。

然后，沿着碗口，慢慢地像砌墙砌碉堡似的，一圈一圈地码上厚度均匀的黄瓜片，每码三层，休息一下，在圈圈的里面，小心地放入诸如黄桃、菠萝等其他块状的水果，在空隙处，撒入玉米粒、葡萄干和土豆粒。

然后，再在上面铺一些胡萝卜条，记住，这些胡萝卜条的作用就像钢筋一样，是为了牵制加固围在外面的黄瓜的，所以，要一头搭在黄瓜上的，这个绝对是技术活，要一边搭一边思考，等会儿会不会妨碍继续搭黄瓜呢？如此，再一层一层地码上去。差不多了，可以用手，轻轻地试压几下，看看稳定性如何。

然后，在上面盖上几片生菜叶子，叫一个手掌大的，最好是力气比较大一点男生，一手托住碗，一手抚住上面，端回餐桌。如果这样不好拿，那就干脆一人捧，一人抚着。没事的，没人敢笑话的。这叫本事。在社会主义中国，放开肚皮吃点水果算什么鸟事？更何况还是花钱的呢？

"上有政策、下有对策"，江湖传说已久的沙拉必杀绝技……

看来每个到必胜客用餐的同胞，个个都是念过结构学、学过基础工程的土木/结构工程师哩。我们去必胜客的口号是："给我一个小碗，还你一个奇迹！"

我们吃必胜客的目标是："吃垮必胜客！"

我们叠沙拉的宗旨是："没有最高，只有更高！"

（摘自网络，原文配图较多，省略）

点评：

这是一篇 2005 年的论坛软文营销的案例，软文的创意也是欲扬先抑类型，抓住了必胜客的主要客户群白领女性和小资男生喜欢小情调又喜欢占小便宜的心理，最主要的软文帖子配以图片详细地教网友如何去盛沙拉，很容易让网友参与其中，尝试这种乐趣。

这篇软文的语言风格特别适合论坛传播，就像一个精明的女孩子在男朋友耳边炫耀她的成功经验。

值得指出的是，这篇原帖发布后，很多网民参与实践，更有厉害的网民自己改写"如何吃垮必胜客的方法"，让这个软文有了不同的版本，引起了更广泛的网民线下涌向必胜客。因此这也被营销界评为病毒式营销的经典案例。

这篇软文的行动目标完全达成，创意和撰写手法值得借鉴学习。遗憾的是当去必胜客堆沙拉成为一种时尚和文化的时候，2009 年年底必胜客取消了这种自助式沙拉。如果当时有其他竞争对手趁机推出，一定能够抢占必胜客的消费群体。

我们认为，如果自助沙拉亏损严重，完全可以将盘子做得更小，或者将沙拉的种类进行调整，甚至适当调整沙拉的价格，完全撤掉对于构建起来的品牌文化着实有些可惜。

18. 无厘头论坛软文

3月12日，北京地区将失去重力！

为什么放在口袋里的耳机线很容易纠结？如果说宇宙中广泛存在一种“打结力”，才导致了耳机线缠绕打结，你相信吗？

你可能会大笑，因为你只用脚趾头思考了0.1秒，就觉得这纯粹是玩笑。在你受过的科学训练中，你知道耳机线打结的原因是线团在口袋里打结的概率太高！从口袋里掏出耳机线时也有不打结的时候，因此证明“打结力”纯属无稽之谈。

那么，当一个苹果准确无误地砸中牛顿的头时，他说这世界上存在重力，为什么你就相信了呢？你不相信那是苹果树要把牛顿驱逐出苹果园的警告？

你会说那是因为牛顿的万有引力理论自问世以来，在宏观世界就从没有反例，不然，伟大的牛顿便不那么伟大了。

那“嫦娥奔月”不就是一个反例吗？好漂亮的一个女人，不知吃了些什么，就克服了地心引力，结果就飞到月亮上去了，幸亏她飞起来之前抓了只兔子，不然在那里真是太寂寞了。

你会说那是神话，是人们想飞起来的愿望，现代人早不满足飞往月宫了，要飞得更高，已经飞出太阳系了。

可是，现代的科学家已经在猜想：重力也许并不存在，只是一种幻觉，是多种物理效应“装腔作势”的结果。

首先是爱因斯坦说，万有引力是因为有质量的物体使得空间发生一定的扭曲而相互吸引，这其实就是对牛顿的重力半遮半掩的一个修正。

但荷兰阿姆斯特丹大学物理学教授，著名的弦论学家，埃里克·佛林德则大胆得多，他说，引力也许真的不存在！这不是说他白日飞升的本事，或者从来不摔跤，而是物理学家们不该把引力看作一种基本相互作用。应该有更深层次的原因才导致了引力“出现”，就像有了无数股民才“出现”了令人害怕的股票市场一样，就像橡皮筋的弹力并不是单独存在的一种力，而是构成橡皮筋的原子之间的微观电磁作用。

按照这种理论，我们只要破坏了橡皮间原子的联系，譬如老化，就会使橡皮筋失去弹力。同理，我们只要破坏了重力的某些因素，所有的人就能像神仙一样在空中高来高去。

依据这个理论，图腾宝佳公司的全体员工，私下决定于 3 月 12 日，在消费者节日到来之时，让北京地区失去部分重力，让厨房先飞起来！在这次大型促销活动中，有各种精彩超低套餐提前供您选择，许多产品打五折以上！

去看看吧，物价飞涨如重力一样只是假象。不是物价涨得太快，而是你没有找到图腾宝佳。来可劲地称杀吧！你根本用不着让自己的装修缩水，失了品位。

让图腾宝佳的老板跳楼去吧！因为到那时跳楼也没作用了，北京没有重力，他找不到摔死的地方！

（摘自天涯论坛 http://bbs.tianya.cn/post-free-2965472-1.shtml，因转载署名不一，未能确认署名作者）

点评：

2011 年 3 月图腾宝佳为迎接 3.15 在“3 月 12 日”策划了一个促销活动，该篇论坛软文目的在于推广这次活动。

软文创意是无厘头的方式，故意将一些毫无联系的事物现象进行莫名其妙的组合串联或歪曲，以达到搞笑从而引起网友关注和转载的目的。

这篇软文前半部分写得非常有趣，借用科学观点，不断提出又不断否定，让读者跟着作者的思路走。

到最后推论不下去的时候，来了个无厘头的联想和类比，读者尽管觉得有些荒唐，但是不得不佩服作者的良苦用心。对这种无厘头的闹剧多是付之一笑，但是无意中却瞥见了图腾宝佳的名称和促销活动日期，尽管不是特别兴奋但是也不会有太多的反感。

因此，论坛软文不怕语出惊人，关键在于趣味性，只要能收放自如，创意和写作方面尽管可以把胆子放大一些。

19．趣味论坛软文

原来现实中真的有“脸上贴金”这一说

某日本人在淘宝上闲逛，竟然看到这样一段商品描述：“本品采用黄金赋活术，在化妆品中加入食用级 24K 黄金金箔，显效速度更快哦！”

当时我寻思什么化妆品这么 NB，还要往里面加金子，这得卖多少钱啊？后来一看叫什么“禾润坊全效眼部啫喱”，我一看标价不过才 78 块钱，也没贵到哪里去啊！我突然就想你说这金子敷到眼睛上，那眼睛能受得了吗？而且以前只听过眼霜，也没听过什么眼部啫喱啊？

带着好奇心，我去网上搜索了一下，才发现下面这段描述：

“据《本草纲目》记载，‘金’有特殊疗效：镇精神，坚骨髓，通利五脏，延年益寿，并有上掠之功。对收敛、消除眼袋有特效。”

PS：就怕你们不相信，自己看看吧！

看来这黄金赋活术也不是没有科学依据啊！后来我又查了眼霜和眼部啫喱的区别，这不查不要紧，查出来一看真是吓我一跳，“经常使用眼霜和化妆品油腻的朋友，您有没有发现眼周围有莫名其妙的脂肪粒？那是因为过于油腻的化妆品或者眼霜的原因哦。去除眼部脂肪粒，要使用啫喱状的眼霜哦。”

市桥米雪尔美容院 - 米雪尔美容院 - 网易博客
古典医学《本草纲目》记载“金”有特殊疗效“镇精神，坚骨髓，通利五脏，延年益寿，并有上掠之功”。 “金”能安神、美容，活血壮体。近代医学研究表明：黄金...
blog.163.com/2008michelle888/ 2010-8-5 - 百度快照

网易女人频道-美容护肤
活性金眼霜 本品源自古典医学《本草纲目》记载“金”有特殊疗效“镇精神，坚骨髓，通利五脏，延年益寿，并有上掠之功”。对收敛、消除眼袋有特效。结合现代高新...
lady.163.com/11/0BNO/series/0BNO0BNV.html 2010-2-24 - 百度快照

【靓妃】靓妃化妆品美白修护系列 海报时尚网
适用人群: 均可 品 牌: 靓妃 适用肌肤: 任何肌肤 产品介绍： “靓妃”系列护肤品集既往历代宫廷贵妃美容美颜秘方之大成，一直是宫廷历代女人心之所属、人之向往...
www.haibao.cn/article/33643.htm 2010-7-24 - 百度快照

2010去黑眼圈最有效的眼霜~什么方法能去除黑眼圈和眼袋 - 跳蚤市...
2个回复 - 发帖时间: 2010年5月7日
“金”有特殊疗效“镇精神，坚骨髓，通利五脏，延年益寿，并有上掠之功”。对... 品牌: 香袭人 复方精油单品: 去黑眼圈 化妆品容量: 10ml 精油皮肤疗效: 去...
bbs.ly.shangdu.com/viewthread.php?tid=2582625 2010-8-8 - 百度快照

（摘自网络论坛，作者：清风流雨）

点评：

这篇软文创意和布局值得借鉴学习。标题以“脸上贴金”吊足读者的胃口，内文用语符合网络语言特点，随意、轻狂、质疑，之后搬出了百度检索截图，让“百度”惯了的网友备感亲切。

布局思路：发现问题→质疑→求证找依据→得出结论，也比较清晰。

这篇软文存在以下两个问题。

第一，文章植入产品品牌“禾润坊”名称只有一次。在百度截图中先后出现了“米雪尔美容院、活性金眼霜、靓妃、香袭人”四个企业或者品牌名称，读者不容易记住到底是哪个品牌能“脸上贴金”。

第二，最为关键的，“脸上贴金”已经吊足了胃口，也找到了证据，最后一段没有分析透，读者看得仍然是一头雾水，到底“脸上贴金”是不是真的？是炒作的噱头还是真的有意义？

如果这篇软文从这两个角度进行改写，效果会更好。

20. 事件营销经典论坛软文

神秘古诗泄露王功权私奔行踪，八大证据遭爆料

一觉醒来，世界变了，微博变了！几乎就是在我们睁开眼的那一刻，一首《私奔之歌》早已横空出世：总是春心对风语，最恨人间累功名。谁见金银成山传万代？千古只贵一片情！朗月清空，星光伴我，往事如烟挥手行。痴情傲金，荣华若土，笑揖红尘舞长空！

从诗歌里我读出这是一个痴情汉子，一个文学青年，一个诗人……撇开身家过亿，我觉得“私奔帝”更适合他。全世界都热闹了起来，你奔，我奔，他也奔，今天你奔了没？哈哈，这是多么令人向往的一个词，这是多么令人快乐的一件事。我们快乐地奔走相告，王功权奔了，奔不奔？奔不奔？

王功权奔哪里去了？有木有人知道？有木有？潘石屹连发两条微博寻找王功权无果，连曾经的亲密战友也不知道功权兄的去向，看来私奔之地不同凡响。发挥人肉能量，发掘私奔帝！

查了一下，2011 年 5 月 16 日王功权通过微博发布的私奔宣言：“各位亲友，各位同事，我放弃一切，和王琴私奔了。”

注意了，516，我要遛，我一下子理解了这 3 个数字的深层含义。顺藤摸瓜，看看王琴何许人？扒了扒，发现王琴在微博上曝光了近期去算卦的消息，卦象是：东北失朋，东南得朋！

东南，目标缩小了一圈。看看东南有什么特别，一扒拉，东南比较适合私奔的地也就是浙江、福建、台湾。这几个地方，可能性最大的就是浙江，

一是因为王琴是浙江人（王功权是吉林人）；二是因为王功权是信佛之人，而浙江天台山是著名的佛宗道源。莫非这对神仙眷侣是去了人仙相恋的天台山？

查百度，找谷姐，翻典籍，终于真相大白！功权带着琴琴私奔去了天台，有诗为证：龙楼功权不肯住，私奔直欲天台去。原来，诗仙李白在千年之前写就的古诗就已经泄露了功权的行踪，我们还在这里枉费心机！

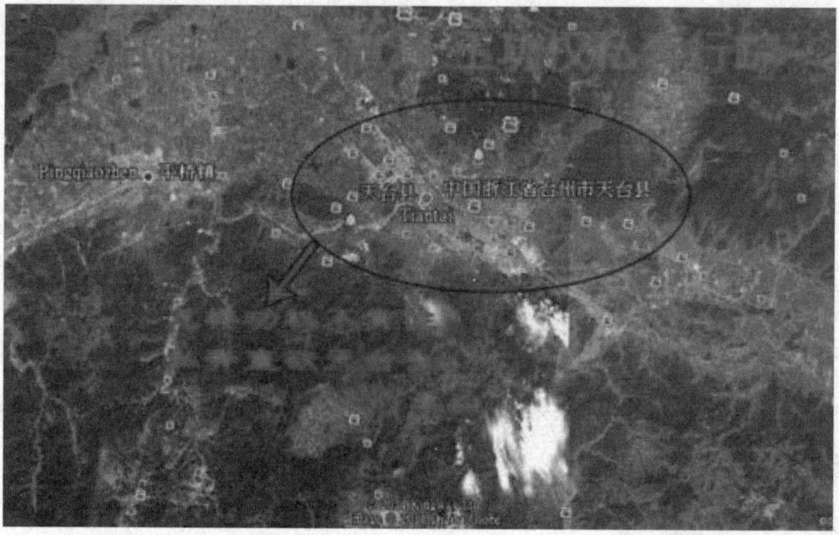

卦象、Google 地图、李白千年古诗不谋而合！有木有天台的朋友来场真人版的人肉搜索，看看能不能找到他们？事件分析回顾：

1. 王功权 516 私奔。

2. 王琴卦象显示东南得朋，明确方向。

3. 东南地区主要是浙江、福建、台湾。浙江可能性最大，是王琴的老家。

4. 王功权是信佛之人，浙江天台山是著名的仙宗道源，佛教的“天台宗”和道教的“南宗”都创于天台山。和合二仙、活佛济公等都在这修行得道。

5. 佛国仙山有无数的美丽爱情，有汉朝刘晨、阮肇采药遇仙故事。

6. 天台山有“长生不老药”的乌药和“救命仙草”铁皮石斛。以这几条说明，天台山具备私奔的必要条件。

7. 李白公元 741 年早已赋诗为二人作证：龙楼功权不肯住，飞腾直欲天台去！

8. 谷哥地图显示，王功权王琴二人已私奔至佛国圣地！各位勿念。

点评：

这篇软文是 2011 年 6 月，网络营销整合专家刘东明老师团队所创作，他们为天台山风景区事件营销做的最为经典的一篇论坛软文。

分析一下，这篇软文以下几个方面值得借鉴学习。

第一，文章标题直接点出本文最吸引人的地方“神秘古诗泄露王功权私奔行踪”，本来读者对于王功权私奔到哪里已经很好奇了，这里找到了古诗为证，确实很吸引人。

第二，文章布局巧妙。尽管标题已点出神秘古诗，但是文章并没有开门见山，而是设置悬疑，层层剥开，带着读者去分析私奔地点的可能性。

第三，广告植入巧妙。悬疑揭开之后，读者意犹未尽之时，对事件做回顾，总结出八大证据。在这八大证据之中，有三点为天台山的植入广告。

“浙江天台山是著名的仙宗道源，佛教的‘天台宗’和道教的‘南宗’都创于天台山。和合二仙、活佛济公等都在这修行得道。佛国仙山有无数的美丽爱情，有汉朝刘晨、阮肇采药遇仙故事。天台山有‘长生不老药’的乌药和‘救命仙草’铁皮石斛”。这种植入方式几乎不留痕迹，读者或捂着嘴笑，或者托着下巴思索，或者再仔细品味李白的古诗，不管读者作何反应，天台山及天台上的主要历史典故已经在读者脑海里有了印象。

第四，网络语言运用充分。“私奔之歌、有木有、人肉、查百度，找谷姐，翻典籍”使文章读起来韵味十足，妙趣横生。

如果非要找个毛病，那就是原来标题的文字“暴料”错了，应该为“爆料”。

21. 公关软文范例

牛根生致中国企业家俱乐部理事及长江商学院同学的一封信[1]

三鹿婴幼儿奶粉事件惊扰了每一个中国人的生活。宝宝的病痛、母亲的眼泪、消费者的责骂，都让我痛彻心扉。

作为中国企业家俱乐部的轮值理事长和长江商学院同学中的老大哥，出此大过，让中国品牌蒙尘，真是抱歉至极！同时，对各位理事、各位同学给予蒙牛、奶农以及中国乳业的竭诚帮助，深表谢忱！现将事件的范围、起因、经过以及蒙牛采取的行动汇报于此，望大家赐教。

一、事件范围

有人打过一个比方：如果把这一事件比作“地震”，那么，三鹿是“震中”，其他中国乳制品企业是“余震”。其实，短短一个月，三聚氰胺所殃及的范围已由“中国乳业”而“世界乳业”、由“含乳产品”而“食品产业”……

第一阶段，中国乳业祸不单行。三鹿事件爆发后，伊利、蒙牛、光明、三元、雅士利、圣元等几大民族品牌均深陷旋涡。

第二阶段，世界乳业拉响警报。据有关报道，雀巢、联合利华、新西兰乳企等一批跨国品牌均被检出。

第三阶段，含乳产品卷入其中。奶糖、巧克力、饼干、蛋糕、米糊等被检出，卡夫、玛氏、吉百利、乐天、金帝等跨国企业未能幸免。

1 因本文篇幅较长，有省略，省略处读者可到网上搜索查阅。

第四阶段，其他食品也起波澜。据报道，科学家在莴苣、芹菜、西红柿、土豆以及蘑菇等农作物中，都发现有残留的三聚氰胺。尤其在蘑菇中，其残留值最高达到每公斤 17 毫克左右。

正如一篇报道所讲，“世界陷入三聚氰胺恐慌中”。

点评：

首先文章开头先表示同情和立场。紧接着讲述三聚氰胺的事件影响范围“从中国乳业到世界乳业，从乳产品到其他食品（西红柿、土豆、蘑菇等）”，言外之意，三聚氰胺世界范围内都有，很多产品中都有，将读者的注意力进行转移。

二、祸起奶源

三聚氰胺事件发生后，全社会都在追问：究竟是在哪个环节加入的？

业内人士异口同声：“问题出在奶源环节。”

但部分业外人士声高震野：“问题出在企业环节。”例如，在央视早期的一个谈话类节目中就有人认为是企业添加的，在《联合早报》一篇报道中某知名人士也断言是企业添加的。在这个非常时期，难免有一些拥有很大话语权却又不十分了解情况的人，误传信息，误导大众。

虽然众说纷纭，但来自国家机关的调查结论毕竟在所有的声音中是最具公信力的，因为支持这个结论的是全国公安战士的浴血奋战。国家工业和信息化部李毅中部长于 10 月 3 日在答记者问时说：

三聚氰胺是化学品，是合成树脂的原料，从分子结构看，根本不含蛋白质，严禁用于食品加工业和饲料业。三鹿奶粉事件发生后，有关方面集中展开了对奶制品三聚氰胺污染情况的调查。到目前为止，尚未查出奶制品生产企业在生产过程中人为加入三聚氰胺的现象。在对河北省三鹿集团的 200 份原料奶所进行的三聚氰胺检测中，发现其中 56 个批次奶品中含有三聚氰胺，涉及 41 个原奶供应站。这说明目前主要问题集中在原料奶的收购、储存环节。

不法分子将三聚氰胺添加到原料奶中，钻的是凯氏定氮法测定奶粉蛋白质含量的漏洞。国标 GB/T5413.1-1997《婴幼儿配方食品和乳粉蛋白质的测定》明确，使用凯氏定氮法测定奶粉中蛋白质的含量，这一方法是目前国际通用的测定蛋白质的方法。凯氏定氮法，是指通过测量氮元素的含量，并利用氮元素与蛋白质换算系数，来计算乳制品中所含蛋白质总量的方法。在分析过程中，所有含氮物质均被统计成蛋白质总量。三聚氰胺含氮量高达66%，一旦被掺入乳制品中，就可以提高氮的含量，造成原料奶蛋白质含量虚高。而其价钱，只有蛋白原料的五分之一。于是一些不法分子就钻空子，在奶液中添加三聚氰胺，误导为“蛋白精”。这也暴露出我们在食品质量监管中存在重大安全漏洞。

目前，中国乳制品企业的奶源，从控制模式角度看主要来自两个方面：一是自有奶源，其实现了“从乳房到工厂，从工厂到餐桌”的全封闭运行，完全杜绝了掺假的可能；二是社会奶源，即由社会上的奶站代采原奶后再卖到企业。这次三聚氰胺事件，就是极少数祸国殃民的不法奶站钻空子造成的。企业最大的责任，就是没能把不法奶站送来的掺有三聚氰胺的原奶挡在门外，在管理上出现了重大疏漏。虽然受污染的只是一小部分奶源，却给相关消费者带来了严重的灾难，也给全社会造成极度的恐慌！

有人说，在奶源领域出现不法分子非法添加三聚氰胺事件，是由于乳业发展速度太快原奶供应不足造成。这个观点值得商榷，缘由有四。①中国乳业发展速度快是需求拉动的结果。需求大，配置的资源就多，发展速度于是快，这是市场经济的基本规律。②中国奶源只是在淡季出现适度短缺现象，到了旺季（夏季）往往还会出现过剩倾向——上游出现“杀牛倒奶现象”，下游出现“奶贱于水现象”。以内蒙古为例，买牛、供奶的速度排在全国前列，旺季牛奶过剩现象就非常突出。③中国乳业这10年的发展速度并不是全世界最快的，韩国、日本都曾经历过高速发展期——中国乳业1997—2007年发展最快，年均增长率为19%；韩国乳业1970—1980年发展最快，年均增长率为24%；日本乳业1950—1960年发展最快，年均增长率约为18%。④任何时代都不能把造假的原因归结为供需缺口——假黄金、假鸡蛋、假酒、假币……它们有的稀缺，有的不稀缺，但都不能将造假现象归因于供求关系。

不法分子是从什么时候开始添加三聚氰胺的？从目前河北警方破案的情况来看，大约是从去年第四季度开始的。传到内蒙古的时间要晚一些。

香港媒体把三鹿事件称作中国乳业的“9·11”。

美国的“9·11”，恐怖分子用飞机撞哪座楼，哪座楼就倒塌；乳品的“9·11”，不法分子把三聚氰胺加在哪儿，哪儿就出事。

点评：

公关软文的措辞要非常严谨。在这一部分，老牛的措辞尺度拿捏到位，非常值得学习。

“在这个非常时期，难免有一些拥有很大话语权却又不十分了解情况的人，误传信息，误导大众。虽然众说纷纭，但来自国家机关的调查结论毕竟在所有的声音中是最具公信力的，因为支持这个结论的是全国公安战士的浴血奋战。”既委婉地表述了自己的看法，又让相关部门觉得舒服，显得宽容和大度。

在举证李毅中的分析后，坦率承认企业管理方面有责任，这个态度能够让义愤填膺的读者情绪归于平静。对于奶源供应不足的观点，同样用“值得商榷”委婉措辞之后给出了四点理由。

在说明奶源污染时间上，运用类比的修辞手法，拿美国 9·11 作比，形象地指出乳品行业的受害时间点。

三、知不知情

1. 蒙牛人天天喝蒙牛奶，购买方式与内地消费者完全相同

三聚氰胺事件爆发后，社会一迭声地问：你知不知情？

不仅我不知情，我的团队也不知情。

…………（省略）

换句话说，蒙牛在内地市场上所销售的是全品相产品，既有用现代牧场高成本原奶制作的高端产品，也有用传统牧场较低成本原奶制作的普通产品，消费者可以根据自己的购买能力及购买意愿，自主选择适合自己的产品。同时，不同成本的原料导致不同价位的产品，这种情况不仅存在于食品行业，而且广泛存在于制造、服务各行业。因此，这里面存在的只是差异化产品以及差异化选择，并不存在差别待遇或歧视性待遇。无论是香港还是内地，蒙牛乳制品的安全标准都是一样的。

点评：

这一部分，老牛的标题用了“知不知情”，而没有使用“我们不知情”，让读者看完自然得出结论，比较高明。

在证明“蒙牛不知情”的论据安排上，举例非常充分，从蒙牛高管层到蒙牛招待联想控股柳传志一行，再到中外记者参观，从不同角度证明蒙牛不知情。

在讲述出口牛奶和本土牛奶的部分，通过分析国内牧场类型，运用了大量精确的数据，非常有说服力。段尾一句话画龙点睛：“无论香港还是内地，蒙牛乳制品的安全标准都是一样的。”言外之意，香港没有检测出来，大陆检测出来为偶然事件，是奶源方面人为添加的三聚氰胺。

四、大灾大救

三鹿事件爆发后，患病儿童的康复牵动着每个人的心。国家出台了一系列整顿乳业、保障食品安全、维护人民群众身心健康的重大举措……

…………（省略）

目前，蒙牛集团已新购入5000多万元的设备和试剂，设置了四道检验关：第一道关，原奶批批检验；第二道关，辅料批批检验；第三道关，成品批批检验；第四道关，引入第三方机构对成品进行抽检或复检。

点评：

这一部分老牛的公关思路更高明。先描述国家层面和当地政府采取的措施和态度，胡锦涛、温家宝讲话的引用，让蒙牛有了高度。接下来讲抽检结果，“明修栈道、暗度陈仓”，表面上表明蒙牛的态度，实际上将抽检结果用数据列表形式与其他品牌对比，用数据直接证明了蒙牛产品质量是最好的。

接下来，动之以情，用几组图片一方面展示蒙牛倒奶的实际行动，另一方面客观地描述检测三聚氰胺条件的实际困难。再次引入李毅中对牛奶检测窘境的分析，让读者切身感受到这些不仅是蒙牛之痛，更是乳品行业的痛，却又关系到消费者安全。

有了这部分感情铺垫之后，上升到了一个高度“救奶：全国总动员”，用了大量文字描写了党中央、国务院以及内蒙古两级政府和相关部门的监督、支持、配合，实际上向社会各界宣告有三级政府支持，蒙牛能够解决三聚氰胺事件，不会垮。最后指出蒙牛目前检验的四道关卡。这一部分还不忘软性宣传蒙牛，图片部分提到“三洗”，“这一做法由蒙牛于2000年在全国首创”。

五、大治大兴

国家与国家的竞争，战争年代靠军队，和平年代靠商队。

中国乳业是年轻的产业，幼稚的民族企业是在曲折中前进。

在党中央、国务院的英明领导下，民族乳业经历了前所未有的“大治”，管理更严整，链条更完善，“从田园到餐桌”的安全体系进一步确立。2008 年 10 月，国务院发布了《乳品质量安全监督管理条例》，国家 5 部委联合发布了《关于乳制品及含乳食品中三聚氰胺临时管理限量值规定的公告》，这成为乳品安全建设中的重要里程碑。

拿蒙牛来说，解决奶源安全问题，我们正在两条腿走路：

- 一是大力推进牧场现代化建设，除了发展万头、千头、百头现代牧场以及养殖小区，还将着力推进奶联社等养殖模式。
- 二是加强奶站管理，除了上面所说的“三盯一封闭”，我们还准备给奶站安装摄像头，24 小时监控，让掺假没有机会；同时，条件成熟时，可让奶农以奶牛及奶站入股企业，形成奶农与企业“利益一体”的新型股份制模式。

当然，从更宏观的角度看，食品安全始终是一个多元素、多维度的系统工程，在这个永续循环的生态圈里，食品企业既要与上下游的市民、农民、股民、网民形成一个无断裂、无缝隙、无障碍的“封闭型责任体系”，又要与这“四民”结成一个共生、共享、共赢的“均衡型利益体系”——只有这两个体系都强、都硬，构成一对“平行轨”，食品安全的“火车”才能真正跑起来。

我相信，一个犯过错误的企业、犯过错误的行业，一旦重新站起来，那就不再是“旧我”，而是一个千恩万谢、千思百虑、千方百计向全社会赎罪的“新我”。

大治之后，必大崛！

点评：

这一部分进一步提升蒙牛的高度，表面上写大治，国家出台的政策法规，实际上为了具体引出蒙牛解决奶源问题的两个方案。这两个方案是正在实施中的，或者说是战略方案。

中心段尾再次将企业问题上升到行业高度，“一个犯过错误的企业、犯过错误的行业，一旦重新站起，那就不再是‘旧我’，而是一个千恩万谢、千思百虑、千方百计向全社会赎罪的‘新我’”，语言表述富有感染力。

六、民族阵线

…………（省略）

眼下全球经济遇冷，多米诺骨牌效应正在逐步放大，请大家一定吸取我们乳品行业这个反面教训，举一反三，以坚定的决心、饱满的信心度过这场危机，同时，也不忘“缝好棉衣，准备过冬”。

再拜！

牛 根 生

二OO八年十月十九日

点评：

这一部分用“民族阵线”来命题，将蒙牛三聚氰胺事件再次升格，这不是一个行业的问题了，是一个民族阵线的问题了。

首先，用“另一种险境”开诚布公地指出蒙牛在资本市场面临的风险，段尾进一步指出：“能不能及时筹足资金，撤换回被质押在外国机构里的股份关系到企业话语权的存亡。作为民族乳制品企业的蒙牛，到了最危险的时候！”相信每一个关注中国本土企业发展、有爱国情结的人都会感到震惊，蒙牛三聚氰胺事件背后是不是真的有资本市场的阴谋？即使没有阴谋，面临资本市场的风险要大于市场风险，大多数人看完这段描述也会从痛恨蒙牛之情转换为同情蒙牛之心。

其次，在“超越常规的信任”部分，老牛详细描述了在三聚氰胺事件蒙牛面临巨大的资金压力之时，中国企业家俱乐部、长江商学院同学对蒙牛和老牛基金会的实际帮助或者资金支持的承诺。按照老牛的描述，三两天筹措几十亿的资金都不成问题，言外之意是向普通股民表明：蒙牛资金不成问题，能够挺得住！

中心段尾引用柳传志的话："我们不只是相信老牛，支持蒙牛，我们还看到了你身后几百万奶农的生计问题（不杀牛，不倒奶），几亿消费者的食品安全问题。"相信不只是蒙牛的股民，连普通消费者都会感到心里热乎乎的。

最后，"老牛将用行动感恩"，是最后一部分的结尾，也是全文的结尾，这一部分，老牛再打情感牌。讲述老牛自己的创业经历和理念，讲述老牛的做事原则，讲述家人情况，讲述承担的公司责任，表示"将再次发言创业精神"，最后再次承认错误表述重振蒙牛的决心。言辞恳切，非常有感染力和说服力。

总结：

综合上述，简单回顾一下这篇公关软文的撰写技巧。

1. 态度真诚

本文中老牛多次正面承认错误，这种中肯的态度首先就能获得消费者的好感。

2. 布局技巧

事件范围→祸起奶源→知不知情→大灾大救→大治大兴→民族阵线。

先抓重点，前三个大问题是消费者最关心的问题，解决了前三个问题之后，再层层递进，最后上升到重振民族品牌的高度。

3. 乾坤大挪移

本文中多次从蒙牛一个企业面临的问题联想或者推论到整个行业的问题，让消费者的视觉不限于蒙牛。事实上只有蒙牛受影响最大，从而在心理上同情蒙牛，更容易再次接受蒙牛。

4. 常打感情牌

本文多次用友情、亲情、民族感情、社会各界对老牛的关爱之情，老牛的感恩之情也多次穿插在文中，富有感染力。

5. 借权威和数字增强说服力

本文老牛多次引用国家领导、政府部门高官的讲话或者分析，多次列出了详实的数字来正面论证自己的论点，说服力很强。

6. 对不同声音不正面冲突

本文中老牛也回应了几个不同观点，但是都没有正面回应，措辞非常严谨，更没有表示出对提出尖锐问题者的不敬。在公关软文中这一点最应该牢记。

22. 销售信

致工业泵经销商：独家+牛逼的产品才有未来

亲爱的经销商朋友们：

在给您写这封信之前，我走访了十几家泵类产品的经销商。没有听到什么开心的话，所有经销商都在抱怨，而且抱怨的内容大同小异：抱怨利润薄，抱怨产品同质化。

他们半开玩笑地说："一个市场里，同样的产品十几家在卖。"一个聊得很开心的客户只要走出了店门，就可能因为 10 元的差价，被别人抢走了。自己除了拼价格，一点办法都没有。可是，当谈话继续，问他们是否有意向经销我们的独家产品（全国唯一），并且承诺是市场独家的时候，马上态度就高傲了，第一个反应是要铺货，第二个反应是价格高，认为市场只能卖低价产品。

走出门店，回头看看店内老板被暖气熏的通红的脸，忽然觉得这不是被熏红的，明明是被他自己打的。

只有牛逼的产品才会有市场，只有"牛逼+独家"的产品才会让您迅速成交客户，迅速产生转介绍，财富的陀螺转起来我们才会实现双赢！

杭州千岛泵业新研发生产的 S 系列 ZF 型自吸式化工离心泵无疑可以做到这两点：第一，ZF 泵包含两项专利，市场上目前无同类产品，并会对以后发现的侵权行为进行打击，保证市场独家；第二，同类型泵国内唯一敢质保三年（质量相同，但按售价的不同提供不同的质保服务）。

现在经销商的生意不好做，做好了品牌是别人的，做不好库存是你的。但对采购员来说，不论到哪家买都没什么区别，产品都差不多。生意更多拼的是价格、关系，讲的是人情、送礼。但最让人郁闷的是，有些时候，我们想拼价格都没机会，想讲关系都没门路。

这个时候，ZF 自吸泵除了产品本身销售给你带来的利润以外，更多时候，我们“独家+牛逼”的 ZF 自吸泵还可以充当你的一块“敲门砖”的角色。给您一个进入新业务单位机会。请注意，这是一定能够带动您其他产品的销售。

具体产品信息请查阅我公司网站产品页，不仅有产品介绍，还有用户反馈（http://www.hzqdby.com/products-id-3.html）。

下面陈述一下我们对铺货及价格问题的考虑。

关于铺货，公司不提供这样的政策。但公司给出的诚意是第一次预付款额度内 n 折的提货权限，因为铺货价肯定是按正常价供应的，而铺货价减 n 折的部分，是公司给经销商（因为不能铺货）额外提供的利润。n 折，就是把泵当电机卖；n 折，就是让你有足够的底气让厂家不付全款先试用，留住客户；n 折，就是你有足够的利润运用空间。对于一个新产品，客户是否能够很轻松地决定试用，是能否敲开业务之门的关键。另外，对没能付全款申请试用的客户，如果客户不满意，写个说明，盖个公章，公司按 n 折给你补上一台。

关于价格，我只能说宝马永远不可能卖桑塔纳的价格。但是宝马的经销商赚的钱多还是桑塔纳的经销商赚的钱多？地球人都知道，低价泵的利润来源是在产品上的偷工减料及不断更换的配件，但我们的 ZF 泵质量非常好，配件损坏率非常低，我们拼的是客户口碑，拼的是产品质量，我们不拼价格。最重要的，我们的专利产品客户根本就没有办法比价，我们是独家！但我们应该考虑，一个店，产品线也应该符合高、中、低的情况，会有捡便宜的客户，也有对质量要求高的客户，更加要有“独家+牛逼”的产品来吸引客户。

做我们的市场独家经销商有风险吗？有！如果你的销售渠道不畅，销售能力不够，我们可能会在代理到期后取消你的经销权并无息返还你的预付款。你会损失几十元的利息。仅此而已！

杭州千岛泵业有限公司不是一家小企业，它有 1000 万注册资金，23 亩土地，15000 平方厂房，有 31 年的历史。无任何银行借款和社会借款。

非常高兴，从“合作函”发出到现在短短十几天，已经有二十多家经销商来电询问合作事宜，并已有 12 家表达了合作意向，等待我们安排时间上门考察。这里面很有可能有你同一个市场里的同行。请抓紧机会吧！

杭州千岛泵业有限公司总经理
张波
地址：浙江省建德市新安江街道
有机硅功能区园区路 118 号
邮箱：hzqdby@hzqdby.com

点评：

这篇销售信，张总写得很朴实，开头拉家常，突然文字风格急转，“忽然觉得这不是被熏红的，明明是被他自己打的”，这样设计销售信中挖痛的环节很有创意，也很有冲击力，让目标客户沉思。

接下来介绍了产品的卖点，正是源于对自身产品的信心，介绍完两个超强竞争力的卖点之外，给出了“敲门砖”的另类用途。这个用途不是站在最终用户的角度，而是站在了合作商的角度，这一点难能可贵。

合作商关心的“铺货”和“风险”问题，通过自问自答的形式也进行了充分说明。证明企业实力，虽然用的文字不多，全部是“干货”、“净资产”的概念。

销售信结尾召唤合作商立即行动，用了“同行竞争和独家”的客户思维，告知了目前的招商进展，引起意向合作商的紧迫意识。

如果这封销售信配上合适的图片，文字颜色和大小再有适当变化，微信公众平台和朋友圈也是一个传播的好途径。

23. 微信群小软文两则（改编型）

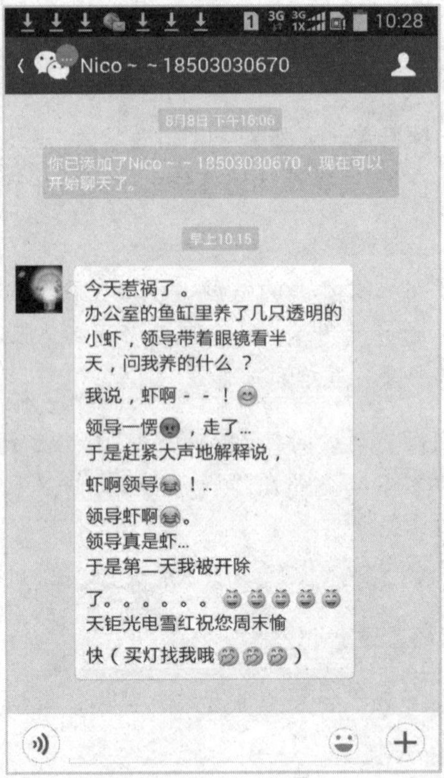

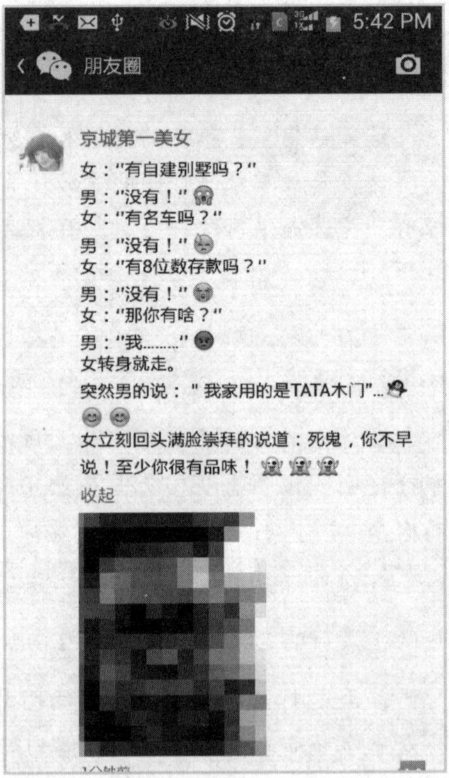

点评：

这两个微信群中的小软文，尽管不是原创，但是改得及时，率先传播还是有一定的效果的。

第一则植入的是“天矩光电”、“买灯找我”，尽管很简单，但是目的很直接，信息接收者在开心一笑之余对这个广告会有些许好感。

第二则植入的是 TATA 木门，植入得也恰到好处，把木门的品位和这个段子融到了一起。

值得借鉴的是现在微信群中标题党的新玩法，微信群中的信息一般是折叠显示的，只能看到第一行字，第一则“今天惹祸了”这行字很抓眼球。

不过需要注意的是，改编的段子不要太生硬，和推广的东西有锲合点最佳，另外大家改得太多的段子，传得多了，再经典也不好玩了。

24. 微信小软文（情感式）

11:20
今夜没有晚安，我们一起守候
今夜没有晚安，我们一起守候
2014-03-08　途牛旅游网
PRAY FOR MH370
微信号:lovetuniu
让我们用微博、微信，点燃守候之光。请搜救更快，再快些，分分秒秒都是希望。 转#央视新闻微倡议#【请用微博一起祈祷！】我们知道，航班失联的后果有可能是悲剧。我们郑重发出倡议：请不要用微博、微信等社交工具转发主观臆测、麻木不仁、随意攻击的帖子，乘客家属和朋友也在用微博等获取信息，不要给他们造成更大的感情折磨和精神压力。我们一起为239个生命祈祷！同意的，请默默转起。
举报

点评：

这篇小软文借马航事件有感而发，是一种真挚情感的流露。标题“今夜没有晚安，我们一起守候”，一下子让人觉得很亲切。文章开头用了“点燃守候之光”，很温暖。“请搜救更快，再快些，分分秒秒都是希望”，表达了大众以及马航失联家属们的心声。接下来转发的内容是央视的微博倡议，结尾“我们一起为 239 个生命祈祷！同意的请默默转起。”非常感人，说服力很强。

通读几遍，你从文字内容上找不到广告植入的痕迹，只有图片上右下脚有个微信号，再看是哪一家微信发出来的，才能看到是“途牛旅游网”。这是任何一个微信公众平台发出来都会自带的，从这个意义上来讲即使有广告效果，但是读者也不认为是植入。

借用这种事件做营销分寸必须要把握好，否则让读者觉得借力营销很容易引起反感。这篇微信软文做得恰到好处，文章不在长短，关键还是在内容和创意。

25. 微信公众平台软文（借东风创意）

震惊！比对完王全安嫖娼事件 300 个标题之后

近日，高玉伦被抓的舆论刚接近尾声，不知道是网友记起来了网传《监狱风云》还差导演和制片，还是世界上有些事情就这么凑巧，这不王全安就来了。

本来只是想从软文撰写的角度分析总结一下标题，让大家的微信公众平台和网络软文的标题和文章撰写角度多一些思路。于是比对了几百条标题，进行总结梳理后突然发现了一个惊人的信息，八种类型标题不一般！

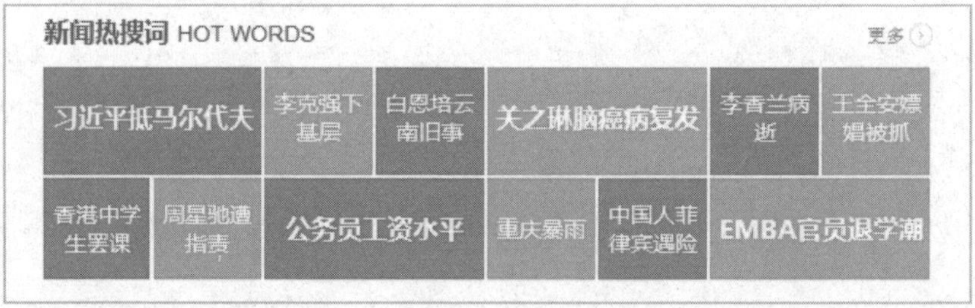

第一种类型：评论型

- 以人民网为例，标题为：媒体评导演王全安嫖娼被抓：别拿灵感说事
- 人民日报海外版微博：王导不吃窝边草，欲望总被多金恼
- 中国日报网：王全安多次嫖娼丢尽了嫩妻脸面

这种类型的文章标题观点鲜明，撰写文章只要围绕观点论述即可，比较简单。

第二种类型：对比型

- 新浪四川频道：导演王安全嫖娼被抓 美妻张雨绮纽约正看秀
- 大众网：老婆走秀被赞 老公嫖娼被抓
- 深圳新闻网：王全安嫖娼被拘 与张雨绮恩爱照盘点
- 搜狐网：去年娶她今年嫖娼少妻张雨绮好忧伤

这种类型的文章撰写角度比较狠，属于伤口上洒盐的类型，标题上动的脑筋会比较多，也真辛苦煞费苦心的小编们了。

第三种类型：新闻型

- 青年导报：《白鹿原》导演王全安涉嫌嫖妓被抓
- 网易：知名导演王全安北京嫖娼被抓

这种类型的标题中规中矩，披露的信息都有官方公布的依据，是老新闻人尊重新闻、严格按照政府新闻言论的相关规定出牌的路子，忠于事实、忠于党的精神必须要赞一个！

第四种类型：问题型

- 人民网：导演王全安嫖娼被抓的“槽点”咋这么多？
- 网易：王全安嫖娼被抓，会怎样道歉？
- 网易：追问王安全：老婆那么靓为啥还嫖娼？

这种类型的文章撰写角度基本和评论型的类似，只不过换了个文章标题，问题的答案就在文章中。这种类型的标题建议在微信公众平台上多用，如果问题设置得好，读者点击的概率会大大增加。

第五种类型：挖历史型

- 大众网：王全安嫖娼被抓 好色由来已久：初恋孔琳最爱余男
- 王全安嫖娼被抓：起底王全安张雨绮各自情史（组图）
- 国际在线：导演王全安涉嫖被抓 曾称张雨绮是“真爱”

这种类型的文章和标题目前在网上最多，几乎要挖出人家祖宗十八代，对于小编们的探索精神也要鼓个掌。不过有个小小的建议，历史可以挖，但是绝对不能杜撰，最好也不要根据挖出来的历史盖棺定论。

第六种类型：预测未来型

- 国际在线：王全安嫖娼被抓 律师称最高可有5年牢狱之灾
- 网易新闻：导演王全安连续3日嫖娼被抓 事业恐遭重创

这种类型的文章目前还不多，不过随着事情的发展，相信会逐渐多起来。客观的事实，理性的思考，好好预测未来，监督王全安，也警醒他人吧！

第七种类型：公关型

- 中国经济网：王全安嫖娼被抓：面对，让张雨绮赢得尊重
- 青海卫视：王安全嫖娼被抓 老婆张雨绮回应共同承担
- 安徽电视台：王全安嫖娼被抓 张雨绮返京发声“共同承担”
- 新浪娱乐：王全安嫖娼被抓 张雨绮最佳造型盘点：女神再美也发愁
- 观察者：王全安嫖娼最新：与娇妻聚少离多 赵薇建议多沟通

这种类型的文章和标题也会逐渐多起来，不管是真的有公关还是有网友善意的支持，王全安为错事担责，名人与百姓同样不能例外。认罪服法，社会多一些宽容和理解，这也是一种和谐。

第八种类型：局部放大型

- 凤凰资讯：王全安连嫖三日被抓
- 北京文艺网：嫖娼现场曝光 王安全800玩3M

这种类型的文章将细节的某个点拎出来，让这个局部去放大，文章和标题如果不考虑好容易断章取义，也容易陷入标题党的圈子。

同一个事件，不同的标题，不同的文章撰写角度，你是不是有所启发了呢？

2014年9月20–21日北京软文营销实战训练营，传播正能量，从营销的角度策划软文，从法律的角度规范文字，实战训练等你来。

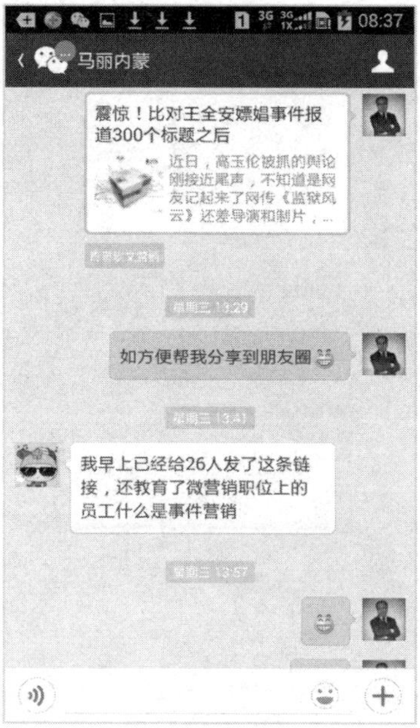

点评：

这是笔者借力王全安嫖娼事件成为百度热度关键词所撰写的一篇软文，行动目标是为了推软文营销训练营。既然是软文营销的培训，既要借力又要与推广内容相关，于是从比对文章标题入手，总结了标题的类型，并加入了评论。

因为该篇评论没有加入是与非的鲜明观点，考虑到正能量的传播以及对社会的影响，没有推送到网络门户进行大规模传播，只在微信公众平台进行了推送，用个人微信又进行了转发。即使这样在当天的传播效果已经很可观，通过该篇软文新招了几名学员。

当时王全安事件发生的时候，近几天之内没有重大新闻发生，否则这个东风可能随时被刮走。对我们软文营销的启发是借东风速度必须要快，要与推广内容相符。比较有意思的是，当时自己转发到个人微信后，特意找了几个朋友让帮忙发一下，没有想到他们自己已经主动转发了。

第3篇

软文营销90问

开展软文营销的企业或者软文营销的初入行者，经过一段时间的实践，就会产生诸多问题，本篇精选了青泉在软文营销培训过程中学员经常提问的 90 个问题，具有一定的代表性，能够更有针对性地帮助您解决软文营销中的困惑。

此外，软文营销太需要创意和活力，看本篇问题的同时，其中的内容能否引起您的质疑呢？能否进一步引出您的问题呢？

问题来源于思考，思考是创意的源泉。只有问题不断，思考不断，软文营销才会更上一层楼。

1. 软文营销合法吗?

虚假广告在我们国家目前是被法律所禁止的。从立法的角度考虑，虚假广告的危害是明显的。首先，虚假广告以虚假的第三方身份蒙骗读者，促使读者产生原本不会产生的消费需求，损害读者利益；其次，以欺骗的方式，虚假广告可能比合法的广告获得更强的宣传效果，进而使虚假广告主比合法广告主获得更多的交易机会，属于不正当竞争。我国《广告法》第13条明确禁止这类广告行为。

事实上，我们认为，只要怀有一颗对社会负责任之心，拒绝为一些假冒伪劣商品、拒绝为一些色情交友、以诈骗为目的的各类山寨网站做软文营销，软文营销为合规企业、个人服务的同时，注意不要过度夸张产品功效、服务水平，软文营销对读者、对企业、对社会是能够实现多赢局面的。

正因如此，软文营销对于软文调研、策划、撰写、发布和评估各个环节都提出了更高的要求，那就是要讲究社会责任。

2. 软文营销有风险吗？应该如何防范?

有风险，风险主要来自于两个方面。

- 一方面是软文营销没有效果，必须要从软文营销的五个关键环节上逐一找原因进行分析。
- 另一方面就是法律风险。软文借势是常用的操作手法，很多企业都有这方面的困惑，特别是针对名人。这就需要搞清名誉权的法律责任认定（具体可以参考本书软文营销风险部分侵犯名誉权案例）。

在软文营销的操作实践中，即使用到了名人，只要没有虚构故事，软文中提到的名人根据上下文语境没有对名人造成负面影响，传达的是正能量，就不会有法律风险。

3. 软文营销现状如何?

百度一下“软文营销”，搜索结果显示有294万多条。软文营销真的火了？不过打开若干网页之后，才发现这里面良莠不齐。

有撰写的，有发布的，也有很多号称“一条龙服务”的。其实很多公司往往只是一些个人在操作，不具备软文营销团队的实力，软文的写作大多数都是在互联网上 Ctrl+C 和 Ctrl+V，根本就不具备软文营销必备的基础。80%以上的软文服务公司都不会和你讲调研、策划之类的，上来就和你谈能打包发多少个网站、写软文、发软文价格多优惠。

这种状况误导了客户，导致很多客户不重视软文质量，一味地关注软文发布覆盖区域，软文发布数量。其实软文质量直接关系到百度收录、关系到直接引入的流量、关系到网站的优化排名等。发布量再大的软文，付了费不说，关键是没有人愿意看，软文流于发布形式了。一篇优秀的软文，只需要发布几个新闻源网站就会获得大量的转载，让人爱不释手，主动传阅，这样你才会真正感受到软文的魅力。

4. 软文营销适合哪些行业?

从软文营销的作用和优势来看，软文营销几乎适合所有的行业。即使是客户非常小众的企业，软文营销也能起到品牌建设的作用。

当然，对于不同类型和处于不同阶段的企业来讲软文营销的作用也不相同。初创期的企业，软文营销的作用应该体现在帮助建设渠道和促进销售。成长期的企业，软文营销的作用主要在于塑造品牌。成熟期的企业软文营销的作用主要在于品牌维护。

一般在实践中，家电、汽车、房地产、医疗、保健品、服装、饰品、艺术品、美容、化妆品等行业应用较多。

5. 软文营销的专业机构有哪些?

其实一般大型的广告公司和公关公司都能操作软文，只不过软文在他们的业务范围中是一个点罢了。也有一些个人和公司化运营的团队，如上海的严刚、北京的所治国、泉之媒、推一把、老谢软文等。

广告公司和公关公司的优势不用讲，只要费用出得起，操作的水平还是比较好的。其他各个机构优势不同，泉之媒软文侧重策划，青泉软文写手均为资深记者，文章质量比较高，发布起来会比较容易。推一把的站长资源非常丰富，论坛软文的传播速度快是业内公认的。老谢软文优势在于撰写速度，适合站长类软文。当然也有很多不为笔者所知的诸多民间段子高手、自媒体达人，文笔或幽默、或犀利，风格鲜明。

6. 软文营销需要投入多少费用?

佛家有句话很好，叫作“欢喜的付出”。企业开展软文营销，投入费用应该量力而行。软文营销的最大特点是费用完全自己控制，可以根据实际业务开展的具体情况随时灵活调整。建议投入费用不超过公司销售业绩的 5%，因为软文营销的优势是成本低，投入费用高会大部分花在发布上。软文营销靠的是高质量的软文，赢在内容，并不是数量。

以一款产品或者一项服务为例，一般来讲，集中十几篇系列文章操作即可，有了一定基础后，偶尔保持热度就行了。如果是外包，撰写千字文章每篇费用在 200 元至 3000 元，发布可以选择免费渠道也可以选择付费渠道，平面媒体发布费用一般每字 0.5 元至 5 元，网络媒体全国门户发布费用一般在 50 元至 200 元。

7. 软文营销的周期一般是多久?

从青泉操作的多个成功案例来看，软文营销的周期在一年左右。总体策略是先集中发力，之后根据监测和评估实施效果结合业务进展情况灵活调整，保持一定的热度即可。软文营销见效大多需要一个沉淀的过程，因此一年的周期比较合适。

当然，如果是为了配合某一活动或者项目的推广，周期可以缩短。

8. 企业开展软文营销是外包还是建团队?

中小企业如果没有企划部或者品牌部，可以将此项任务划入市场部或者网络部，在软文撰写方面可以全员参与。公司领导必须注意，要密切关注软文营销工作进展，将企业发展理念融入进去。在软文发布渠道上，注意有针对性地选择媒体。

成长期和成熟期的企业，开展软文营销建议选择外包。因为处于这一阶段的企业品牌维护和品牌形象更重要，对软文的撰写要求比较高。专业的人做专业的事情，外包合作伙伴的选择上除了公关公司和广告公司外，建议重点考虑专业的软文营销团队。

9. 为什么说软文营销要向竞争对手学习？

如果我们在某个地方经常看到竞争对手的信息出现，这本身就已经说明这是一种有效的方式，要不然竞争对手也不会没事找事。

学习竞争对手往往是我们最好的学习途径，在网络上，对大部分人来说，我们不需要别开生面的创新，我们只需要在用户习惯的基础上进行一些微创新，微创新的来源在于对整体市场的把握、对自己的了解、对竞争对手的了解。

因此，了解竞争对手软文营销的呈现方式，在此基础上进行创新很有可能超越竞争对手。

10. 软文营销目标客户的心理是怎样的？

好奇，不喜欢平庸，追求新鲜事物是所有人都会有的心理，我们的文章标题是否可以引起用户的好奇？我们的内容是否可以引起用户的好奇？

从众，大部分人都有从众心理，如果人家都说《泰囧》影片拍得好，就算自己本来认为一般，也会被潜移默化地影响。

占便宜，有价值。每个人都谈便宜，希望以较低的代价获得较高的价值，我们的软文内容，应该做到让读者感觉到他会在其中得到便宜（价值）。

11. 软文营销的最高境界是什么？

软文调研、策划、撰写、发布、评估各个环节做得尽善尽美。撰写出来的软文无论你怎么看都很难确定它是不是软文。软文传播方面，很多媒体主动转载，软文的行动目标能够轻松地实现。

软文营销的结果是：媒体产出了有价值的文章，读者获得了有益的信息，企业提升了知名度和美誉度，直接拉动了销售，多方共赢的局面达成，这就是软文营销的最高境界。

12. 软文推广就是软文营销吗?

把“软文推广”看作“软文营销”是实践中很多企业常犯的错误。软文推广实际上只是软文营销的一个环节。“软文推广”好比企业生产出来了产品只管进行产品销售，至于产品是否迎合市场、是否有质量问题、是否售后完善等一概不管，只是为了销售而销售。

软文推广也是为了推广而推广。软文营销是用营销的理念作为指导，以软文作为具体表现形式的营销方式，其中包括调研、策划、撰写、发布、评估等一系列流程。

13. 一些企业做过软文为什么没有效果?

提起软文，很多企业家会说做过，但是没有效果。追问一句：“为什么没有效果？”大都回答不上来。当问到他们是怎么做的，他们给出的答案要么是找媒体记者写的，要么是从威客上找写手做的。

其实，软文和软文营销是两个完全不同的概念。做过软文而没有获益的企业，绝大多数仍然停留在软文操作的阶段，根本没有上升到软文营销的层面。

软文营销是一个系统的工作，需要调研、策划、撰写、发布、评估这样一个流程，然后在动态中进行调整。即使是脑白金用软文打天下的时代，也需要系列软文来操作才能达到最终目标的。

我们将软文营销的流程简化一下，软文营销也至少涉及四个重要环节，确定行动目标（调研）、创意（策划和撰写）、发布（实施）、修正（评估）。在如今信息爆炸的时代，一篇软文更显得势单力薄。当然某些负面新闻会效果出乎意料的好，正所谓“好事不出门，坏事传千里”。

仔细思考一下，企业请一个媒体记者来为企业写一篇软文，他有没有可能严格地按照上述流程去操作？从威客网上请一个写手来写，他有可能在撰写软文之前详细调研吗？即使企业出的钱让记者或者写手满意了，软文经过了调研，软文创意也很好，但是最终没有找到合适的发布平台，效果还是不会理想，更不用说动态地修正和调整了。

所以，当你说软文营销没有效果之前，一定要真正搞明白软文营销如何实施。

14. 网络时代软文营销的优势主要体现在哪些方面?

首先，速度快，传播范围广。继博客之后，微博、微信开始大行其道，其中的很多内容都成为了网络媒体深挖的新闻源。“表哥”、“房姐”、“房叔”、“房婶”、“重庆十一郎”等，频繁发生的网络反腐事件就是很好的证明。

其次，传播更精准。网络时代庞大的信息量，让搜索引擎的使用已经成了网民的网络生活习惯。蕴含关键词的软文对于 SEO、SEM 的作用越来越大，网络软文传播的目标客户也越来越精准。

15. 软文的要素有哪些?

对谁说，说什么，如何说，何时说，何地说，即 5W（Who，What，How，When，Where），五项要素缺一不可。

对谁说：软文的目的就是要把你要所表达的信息传达给目标受众者，因此对谁说就是锁定要传达的对象。

说什么：就是把你要表达的概念、核心思想或信息准确地说出来。在写作时应将产品的主要功效或与众不同的特色用最精练的文字表现出来，而不必面面俱到。

如何说：软文写作中最重要的一个环节，直接关系到软文质量的优劣。即你准备通过何种方式将你的思想有效地传递给目标受众。要生动新颖，可读性强，尽量挖掘主要的、独特的卖点。通常整篇文章只要具备一两处闪光点就行。在技巧上可以应讲述一些消费者不知道的新鲜事。事实上，消费者不是专家，如果能将产品背后一些不为人知的事实挖掘出来，就会增加文章的可读性和趣味性。

何地说：就是选择在什么样的媒体上投放。

何时说：即选择什么时候投放软文。虽然投放软文是一项长期不断的宣传策略，但实际操作中还是有一定技巧的。例如，新项目上市之前的软文，是“预热”作用，能制造一定的悬念和神秘感，并为新项目正式上市起到良好的铺垫作用。在新项目上市一个时期后的软文，则能强化消费者的记忆并促进其产生购买欲望，而且有利于开发商的终端推广，增强他们的销售信心。

16. 什么是软文撰写的构思?

软文撰写中的构思是从整体上对文章的抽象把握和设计，以抽象思维为主。构思，简单地说就是整体思索，“想”文章。构思的中心内容是形成主题。文字符号表达的构思就是提纲。也可以这样理解：构思的外化和成果就是提纲，实际上相当于用序码和文字符号所组成的一种图表。

17. 什么是段落，有哪些要求?

又称自然段，是文章中以段首空格形式的、相对独立的结构单位。文章应该说是积句而成段，积段而成章。一个比较规范的段落就是一篇小文章，其构成和文章的结构相似。

软文中对段落的要求如下。

- **统一**。一个段落集中表述一个意思，出于文章结构的需要，有时候会用到过渡段，除此以外，尽量少用兼意段（一个段落表达多个意思）。
- **完整**。一段的意思要说完，不要在未完的情况下又开始一段。
- **适度**。段落长短没有一定标准，根据内容多少而定。既然软文都是有目的的撰写行动，根据目的植入是否自然为准即可。

18. 什么是软文立意，有什么注意事项?

立意就是一篇软文所传达的主要意思。它包括全文的思想内容、作者的构思设想和软文行动目标等，其概念的内涵要比主题宽泛得多。立意产生在写作之前。区别于立意，一般意义上所说的主题，就是指作品的中心思想和文章的中心论点及基本观点。主题没有立意的全部特征，立意大于主题，包含主题思想。

软文的立意要注意以下几点。

1）立意鲜明

立意鲜明指所确立的主题能旗帜鲜明地表示：爱什么，憎什么；赞成什么，反对什么。

2）立意符合规律

所确立的主题反映了自然的本质和规律，反映了生活的本质和主流，符合自然和社会的发展规律。违背规律的软文没有说服力。

3）立意集中、单纯

尽管软文的行动目标是我们写软文的第一目的，这个行动目标往往有商业目的，这是软文区别于单纯文章的重要特征。但是并不影响文章对于立意集中、单纯的要求。只有立意集中、单纯的软文才会实现“锦里藏针”的效果。

4）立意深刻、新颖

所谓深刻是指所能够反映生活的本质及内部规律，能揭示事物所包含的深刻的思想意义。而新颖是指所确立的主题是认识、新感受，能给人以新的启示。

在软文营销的实践中，往往是根据软文的行动目标在软文创意的过程中完成软文的立意。

19. 软文撰写如何找灵感?

1）日常生活中找灵感

现实生活与网络相辅相成，有现实生活经验的素材，读者更容易理解，而不是那些显得文绉绉的干燥文字。软文撰写的灵感只有贴近网民的生活才会接“地气”，才能经常发掘日常生活中的妙点，以这个为起点开拓思维。

2）交谈中找灵感

三个臭皮匠顶个诸葛亮，多人的智慧一定胜过你一个。在寻找交谈对象时，最好找不同行业的。正所谓当局者迷，旁观者清。要虚心、耐心地听别人讲话的内容，从中找出对你有价值的东西，长此以往你就能够走进一个不一样的写作空间。

笔者曾经到一个朋友家中拜访，主人家里有一位 97 岁高龄的老红军，特喜欢拉着人聊天。笔者作为到访的客人，自然也不会例外。本以为要浪费掉一些时间了，出于礼貌硬着头皮过去聊。聊天的内容无非是老人参军时候的一些故事，很多都耳熟能详了。

老人的话虽然絮叨，但是有几句话非常经典，他说有本事的人要亮出本事，“萤火虫只有让屁股亮起来别人才会知道你是萤火虫”。他形容他的连长抠门，“他是拉屎还要捡豆吃的人”，这些入木三分的描写让笔者当即掏出手机记录了下来。因此，只要用心，和任何人交谈你都能够获得收获，获得灵感。

3）市场和大街上找灵感

市场和大街是最多灵感来源的地方，因为人流量大，三教九流云集，容易发现各种事件的源头。不要怕吵闹，只要善于发现，勤于总结，开拓思路，灵感自然也很快就来了。

4）网上寻找

在互联网上浏览新闻、浏览排行榜靠前的博客信息，阅读微信、微博群中群友转发的经典话题段子，多思考，灵感就会源源不断。

20. 如何培养写软文的素质?

经常锻炼语言表达能力。用最简单的语句概括一件事情、一个商品或者一项服务，之后用最复杂的方式再来一遍！为什么要把简单的问题复杂化?其实这样最容易锻炼写软文的概括能力和切入点，也能让你把一切东西看透彻，表达出来。

经常思考。对发生在身边的事情、媒体报道、道听途说的各种事情，大到国际风云变幻，小到居家生活中鸡毛蒜皮的事情都要多思考。因为这些事情将来都有可能是写软文的素材。

勤于表达、勤于思考，无论你的学历如何，无论你的文章是否有文采，坚持一段时间后，相信你写软文就会信手拈来。

21. 软文撰写中如何应用辩证法思想?

马克思主义哲学中运用对立统一的规律看待事物的方法，在软文撰写中同样适用。软文的写作和任何事物一样都是对立统一、相辅相成的。

辩证方法从各个不同的方面理解可以分为不同的类别。

从主客体关系上来分，有主观与客观、有我与无我等；从构思上来看，有形与神、虚与实、大与小、藏与露、全与不全、抽象与具象、有限与无限、似与不似、单纯与复杂、夸张与写实等；从表达方法上来看，有疏与密、曲与直、断与续、出与入、正与反、抑与扬、巧与拙、生与熟等；从文章风格上来看，有华丽与朴素、自然与雕饰、强烈与冲淡、阳刚与阴柔、沉着与飘逸等。

深入理解辩证法思想，软文撰写就会内容丰富、变化无穷。熟练运用辩证法思想，软文创意方面的技巧中逆向思维就会信手拈来。简单分析几个词语如下。

1）虚与实

虚是读者通过联想和想象而间接获得的信息。虚实结合一是化实为虚，如“化景物为情思”，二是化虚为实，把抽象感情与哲理赋予具体而生动的形象，运用比喻。

2）小与大

小与大指的是描写对象，想要描写大的对象，也可以从小处入手。一味写小就会限于琐碎，小家子气，格局不够；一味写大则流于张狂，显得空洞。大与小结合才更有说服力。小，如“竹外桃花三两枝，春江水暖鸭先知”。大，如“无边落木萧萧下，不尽长江滚滚来”。又如，“红杏枝头春意闹”，“窗含西岭千秋雪”，以小见大，意境深远。

3）有我与无我

有我，是自我意识。无我，是对自我的超越。一是指忘我，即心灵自由驰骋，和外物交融在一起，达到的物我两忘的境界；二是指大我，在说我的时候其实是在指国家、民族和时代。

有我才能真诚，有个性。软文撰写中有我才能让读者感到真切，而无我才能不受限制有历史感，才能让文章有高度。

22. 写软文和在学校写作文有什么区别？

写软文和写作文有很多写作方面的技巧是相同的。但是，在学校里面写文章，倡导的是一种逻辑思维能力，基本要求是围绕一个命题只要不跑题就行。软文需要与企业信息、推广需求及社会关注点进行整合，如果是网络软文还要考虑搜索引擎的关键词收录，一句话：软文是必须要有行动目标的！

企业在利用软文营销的过程中，不是漫无目的地写软文，都有一个核心的价值或者理念，这是写软文与写作文最大的区别。

23. 软文如何撰写更能够引起读者的共鸣？

软文如果能够引起读者的共鸣，就能够更好地打动读者，从而实现软文的行动目标。主要操作方法有两个。

- 一是要紧紧抓住时代背景，从宏观和微观两个方面来阐述。在目前中国社会处于社会转型期，急剧的社会变革强烈影响着人们的心理，贫富差距、通货膨胀、医疗卫生、子女教育、养老问题、分配不公、官员腐败、高物价、高房价、生存压力等让不少民众产生焦虑、紧张的情绪。以上问题是生活在这个时代的人们必须面对的问题，无论写哪种类型的软文，涉及以上内容都非常容易引起共鸣。
- 另外一个方法是从消费者的个性需求入手。在以市场经济为主的今天，社会物资非常丰富，也造就了消费者人群的细分。任何一种产品或者服务面临的客户，有高端人群，有中产阶级，也有草根、屌丝，这些人中间有热爱流行事物的，有喜欢个性张扬的，有喜欢经典时尚的，有经济条件差的，有经济条件好的。以买电脑为例，有人想买台便宜质量过得去的，作为普通家用；有人喜欢玩游戏，对电脑运行速度要求很高；有人要用电脑来处理大量的图形文件，要求电脑性能卓越；有人只用电脑办公，对电脑功能和性能没有特别要求……用一篇软文来满足所有人群的需求，基本不可能。只有针对某一群体的个性来进行深入挖掘，才有可能引起读者的共鸣。

此外，多“换位思考”，打感情牌、经验牌也容易引起读者的共鸣。

24. 写软文常用的修辞手法有哪些？

比较常用的比喻、拟人、夸张、对比、排比、对偶、反复、借代、比拟、象征、寄寓（寄托），互文、设问、引用、呼告、反问、顶真等。

比喻，即表示两种不同程度的事物，彼此有相似点，使用一个事物来比方另一个事物的修辞方法。又可以分为明喻、暗喻、借喻、博喻。

比拟，借助丰富的想象，把物当成人来写，或把人当成物来写，或把甲物当成乙物来写。又可以分为拟人和拟物。

夸张，为了达到某种表达效果，对事物的形象、特征、作用、程度等方面有意扩大或缩小的方法叫夸张。又可以分为扩大夸张、缩小夸张、超前夸张。

排比，把三个或三个以上结构和长度均类似、语气一致、意义相关或相同的句子排列起来。

反复，为了突出某个意思，强调某种感情，有意重复某个词语或句子。又分为间隔反复和连续反复。

对偶，字数相等、结构形式相同或基本相同、意义对称的一对短语或句子，表达两个相对或相近的意思。又可以分为正对、反对和串对。

设问，为了引起别人的注意，故意先提出问题，然后自己回答。

反问，又称激问、反诘、诘问。用疑问的形式表达确定的意思，用肯定形式反问表达否定，用否定形式反问表达肯定，只问不答，答案暗含在反问句中。

借代，不直接说出所要表达的人或事物，而是借用与他密切相关的人或事物来代替。

反语，用与本意相反的词语或句子表达本来的意思，以说反话的方式加强表达效果。有的表示讽刺揭露，有的表示亲密友好的感情。

对比，是把两种不同事物或者同一事物的两个方面，放在一起相互比较的一种辞格。

联想，由当前的某一事物想到另一事物。

通感，是利用多种感觉相互交通的心理现象，以一种感觉来描述表现另一种感觉的修辞方式。

双关，利用词的多义及同音（或音近）条件，有意使语句有双重意义，言在此而意在彼，就是双关。

顶真，用前文的末尾作为下文的开头，首尾相连两次以上，使邻近的语句、片断或章节传下去，首尾蝉联，用符号表示就是“ABC，CDE”。这种修辞手法又叫顶针或联珠。

拈连，指甲乙两个事物连在一起叙述时，把本来只适用于甲事物的词语拈来用到乙事物上，这种修辞手法又叫“顺拈”。例如，蜜蜂是在酿蜜，又是在酿造生活。

25. 软文的新闻性词汇有哪些?

这些词汇多用于新闻性软文中。

时间、地点词汇：比如“近日”、“昨天”、“正当××的时候”、“×月×日”和“在我市”、“家住××街的××”等，这些时间及地点的概念可以引导读者产生与该时间、该地点的相关联想，加深印象，淡化植入的广告信息。

身份词汇：一般而言，大多数企业在软文写作时喜欢用“××公司”、“××产品”如何，看不到也感觉不出写作者的身份，这就让读者在阅读的时候没办法把自己融到文章的角色中。读者阅读时对于自我角色“找不着北”，将会导致读者无法在阅读中判定自己的立足点和视觉点，就会产生旁观者看热闹的感觉。如果用“笔者”、“记者” 等身份词汇，会让读者与作者更容易融合，站到一个角度看问题，读者的视角、观点也会“跟着作者的感觉走”。

新闻源由词汇：比如“据调查”、“据了解”、“笔者还了解到”、“在采访中了解到”、“据××说”、“笔者亲眼看到”、“据××媒体报道”等，这些词汇让读者更能感到信息的真实与有据可查。当然，信息本身必须是真实的。

26. 什么是新闻源？为什么大家都很关注？新闻源能否作为考核软文的标准?

新闻源是随着搜索引擎出现的概念。新闻源是指根据《互联网新闻开放协议》，抓取某些网站新闻或资讯内容，从而将其作为内容来源的一种机制。我们定义新闻源的主体是网站，新闻源就是“能够在搜索引擎新闻里搜索到的信息（文章）”。简单理解，搜索引擎的新闻引擎搜出来的信息就是新闻源信息，被新闻引擎收录的网站就是新闻源网站。

新闻源在网络领域内地位举足轻重，具有公信力与权威性，也是辐射传播至国内媒体网络的源点。从定义上分析，新闻源指的是媒体，也就是新闻源网站，如新浪、搜狐。需申明一点，新闻源是就搜索引擎而言的，无法脱离搜索引擎而独立存在，大家习惯说的新闻源，可能是默认的百度新闻源，实际上新闻源还有谷歌新闻源、搜搜新闻源、搜狗新闻源等。

新闻源媒体具有一定的权威性，信息发布后可以引起媒体界的关注与转载，而使软文营销的效果被无限放大。因此大家才关注新闻源这个概念。

在软文营销的实践中，我们发现号称新闻源的媒体非常多，有些媒体是名义上的新闻源，就是说可以被搜索引擎的新闻引擎检索到，但是根本没有成为信息传播的源头媒体，没有其他媒体关注。很多媒体为了经济利益，将某些板块承包给一些广告公司，这些承包者功利性更强，已经失去了媒体本身的价值，所以也没有媒体来关注这些新闻源，这些媒体有新闻源之名，无新闻源之实。

综合上述分析，我们认为，新闻源不是考核软文营销效果的唯一标准。

尽管新闻源收录的软文可以认为是一篇不错的软文，但是新闻源并不是软文效果的直接体现，不是新闻源的软文也不是效果绝对不好，文章的立意新颖、内容实用、语言幽默，同样会被读者关注，取得良好效果。特别是医疗、保健品相关软文，因为百度屏蔽了很多行业关键词，因此新闻源收录不能作为考核软文的唯一标准。

27. 什么是用户体验？软文营销研究用户体验有什么意义？

ISO 9241-210标准将用户体验（User Experience）定义为“人们对于针对使用或期望使用的产品、系统或者服务的认知印象和回应”。因此，用户体验是主观的，且其注重实际应用。

ISO定义的补充说明如下：用户体验，即用户在使用一个产品或系统之前、使用期间和使用之后的全部感受，包括情感、信仰、喜好、认知印象、生理和心理反应、行为和成就等各个方面。该说明还列出了三个影响用户体验的因素：系统、用户和使用环境。

把用户体验引入软文营销中，笔者认为也很有必要。实际上软文中的用户体验就是读者体验。读者能否把软文读完，读完有什么感受，记住了哪些内容，这些对于软文达成的目标至关重要。

软文研究用户体验，研究重点在于软文所带来的愉悦度和价值感。从影响用户体验的三个因素来考虑。

- 所谓系统，就是系列软文之间的呼应，合力的效果大于单篇文章。
- 所谓用户，就是读者自身的特点，比如教育背景、性别、年龄、生活习惯、信仰等。
- 所谓使用环境，在软文营销中就是读者的阅读环境。软文呈现在何种载体上，这种载体读者一般在什么环境下阅读，研究这些对于软文的撰写和发布都有现实的意义。

28. 软文用户体验的原则是什么？

1）有用

最重要的是要让软文有价值，这个价值是指对读者而言的。要么读者能从软文中获取信息，要么读者能从软文中受到启发，要么读者能从软文中领略阅读的乐趣。总之，软文不能让读者白看。

2）易读

不容易读懂的软文，影响力是有限的。软文不是论文，没有人会拿着工具书去查。人们接触的各种类型的软文铺天盖地，读起来绕口的软文根本就不会有机会让读者看下去。

3）友好

举个例子，最早的时候，客户加入百度联盟，百度会发这样一个邮件：百度已经批准你加入百度的联盟。批准，这个语调让人非常难受。后来百度改成了：祝贺你成为百度联盟的会员。文字上的这种感觉也是用户体验的一个细节。

4）视觉愉悦

视觉愉悦的目的其实是让软文从形式上就很美，增加软文的吸引力。笔者经常撰写和发布网络媒体软文，发现新浪上的文章排版会非常讲究，有些地方门户网站排版很随意，甚至标题太长也不压缩，成了两行，还不整齐。内文标题也不加黑，个别地方还排不齐。从形式上来讲，这样的软文吸引力就不够，也不便于读者阅读。

平面媒体的软文排版要求就更高了，字体、字号、行间距都要讲究，即使不是硬广，如果有美工协助设计，效果会好得多。软文注重视觉愉悦也是能创造出读者黏度的。

29. 软文的字数是多少合适?

一般网络软文的标题字数控制在 16 个字到 20 个字之间，正文字数在 500 字和 1500 字最为合适，如果字数太少无法传播足够的信息，字数太多很多浏览者也没有太多的耐心看完，基本上看个大概意思。

平面媒体软文根据报纸和期刊的版面来确定字数。但是必须指出切不可一味迎合平面媒体的版面安排，如果被平面媒体删掉了大量文字，核心卖点说不透，软文不够“软”，建议当期的平面媒体发布推迟到下一期版面充足时再发布，也未尝不是好事。

除了微博 140 字之外，博客、论坛、微信中的软文，字数其实不必苛求，只要软文质量高，有价值，可以不必受字数限制。

30. 软文常用关键词有哪些? 如何应用?

笔者认为，除了那些新闻性词汇，“浅析、浅谈、解密、解析、实战、攻略”也经常出现在各类软文中。那么如何理解这些词语呢?

1）浅析、浅谈，表明自己对某个事件或者观点的理解

例如：

- 浅谈养老金双轨制改革

2）解析、解密，结合某事件或者问题进行的阐述，可以是资料整合之后的提炼，也可以是有内幕性质的爆料

这类文章可以让读者关注的并不完全是撰写者的观点，而是解析的事件或者问题本身。

例如：

- 解密2013年房叔、房婶事件
- 解密“例外”品牌借力彭丽媛style营销

3）实战、攻略，一般是撰写作者本身的实战经历的分享性文章

例如：

- 2013减肥攻略
- 利安达石油投资快速获利实战案例分析

31．软文常见的写作顺序有哪些?

主要有如下四种。

第一，按时间先后顺序写。旅游类软文常用这种手法来写。

第二，按地点变换的顺序写。活动推广的软文可以使用这种手法来写。

第三，按事情发展的顺序来写。按事情的起因、经过、结果的顺序来写。软文营销中的故事性软文大都使用这种方法。

第四，按不同内容的类别顺序写。对比的软文，可以用这种方法来写。

值得指出的是，软文组织材料的顺序是多种多样的。就一篇软文而言，写作的顺序也是灵活多变的。至于到底应该采用哪种顺序，要依据材料的特点、软文要植入的广告来定。一句话，软文组织材料的顺序应该是软文行动目标最恰当的表现形式。

32．软文的表达方式有哪些?

表达的基本方式有五种：一是叙述，二是描写，三是抒情，四是议论，

五是说明。

叙述，是作者通过一般性的陈述，介绍、交代人物、事件、环境及其发展演变过程的表达方法，回答“是什么”的问题。叙述有两类：一是概括叙述；二是具体叙述，概括叙述又叫简述、略述。叙述的方法主要有顺叙、倒叙、插叙和补叙。

描写，就是用生动形象的语言，把人物的状态、动作、景物的性质、特征、环境的色彩、布局等具体地描绘出来。它回答的是“怎么样”的问题。具体、形象、生动地再现客观事物，给人以亲临其境的真实感。描写大致有四种类型：人物描写、环境描写、场面描写和细节描写。

抒情，即作者在文章中抒发主观感受和思想感情。主要有直接抒情、叙述抒情、借景抒情和议论抒情四种方式。

议论，即分析评论客观事物，表现自己的观点和态度。常用的方法有夹叙夹议、寓理于情（借抒情阐述观点）、借端生议（由所描绘的事物联想发挥而进行议论）、寓议论于篇外（在文章开篇或结尾之处，加上一种既有独立性又与篇章内容有某种联系的议论文字）、引证代议（引用名人名言代表自己的观点）。

说明，即用言简意明的文字，把事物的形状、性质、特征、成因、关系、功用等解说清楚，或者把人物的经历特点表述明白。说明的方法主要有比较说明、分类说明、比喻说明、诠释说明（下定义）、举例说明、引用说明、问答说明、描述说明、图标说明、数字说明。

软文撰写要根据软文创意结合素材来灵活选择表达方式，不必受限于一种表达方式。所谓文无定式就是这个道理。

33. 叙述时要注意什么问题?

首先，要线索清楚。确定一定的线索，才能理丝有绪，无论多么复杂的情况，都能自成条理。

其次，要交代明白。叙述要达到告诉读者“是什么”的目的，就要把握叙述的六要素，即时间、地点、人物、事件、原因、结果。这样读者才会得到一个完整、清晰的印象。

再次，要详略得当。叙述一件事，对它发展过程的每个阶段不能平均用力量，叙述几件事，也要有个侧重点。要根据文章的具体情况，做到详而不杂，细而不荒，简而不陋。

最后，要善于交替使用各种叙述方法（顺叙、倒叙、插叙、补叙），使叙述峰峦起伏，跌宕多姿。

34. 叙述常用哪些人称？它们各有什么优缺点？

常用的叙述人称有三种：第一人称——我、我们；第二人称——你、你们；第三人称——他、他们。

使用第一人称，优点是讲的是“我”、“我们”的亲自见闻，有助于表达作者的思想感情，真实、亲切、自然。缺点是只能从“我”、“我们”的角度去写，在刻画人物，描写景物环境时要受时间和空间的限制。

使用第二人称，优点是有专家型的气势，缺点是给读者距离感比较远。写软文建议尽量不使用第二人称。

使用第三人称的优点是比较客观，可信度强，不受时间、空间限制，能够自由灵活地将叙述对象讲述出来。缺点是客观色彩较浓，缺乏第一人称叙述的亲切感。

软文撰写中尽量多使用第一人称、第三人称。

35. 叙述的方法有哪些？有哪些注意事项？

顺叙法，顺叙是按时间的先后顺序来叙述事情。运用顺叙，要注意剪裁得当，重点突出。否则，容易出现罗列现象，犯平铺直叙的毛病，像一本流水账，读者很难读下去。

倒叙法，倒叙并不是把整个事件都倒过来叙述，而是除了把某个部分提前外，其他仍是顺叙的方法。倒叙时要交代清楚起点。倒叙与顺叙的转换处，要有明显的界限，还要有必要的文字过渡，做到自然衔接。特别要注意，不要无目的地颠来倒去，反反复复，使文章的眉目不清晰。

插叙法，插叙是为了表达文章中心的需要。有时是为了帮助读者了解故事情节的追叙；有时是对出场人物的情节进行注释、说明。使用插叙一定要服从表达中心思想的需要，做到不节外生枝，不喧宾夺主。在插入叙述的时候，还要注意文章的过渡、照应和衔接，不能有断裂的痕迹。

补叙法，用于对上文的叙述补充说明，一般是片断性的、简要的，不具备完整的事件，也可以把解释或说明的文字放有前面，以引起下文。

分叙法，先叙一件，再叙另一件，也可以几件事情进行交叉的叙述。采用分叙时要根据文章内容和表达中心思想的需要确立叙述的线索，还要交代清楚每一事件发生和发展的时间。

详叙法，详叙一般用于对每件事发展变化过程的具体叙写。详叙时要抓住人物的特征或事情的细节进行详尽、细致的描叙。使用这种方法要注意，该详则详，该简则简，一切以中心思想为中心。

略叙法，就是简单叙述。它与详叙相结合，疏密相间，能形成叙述的起伏。略叙一般用于文章的开头和结尾。要注意略叙的内容一定要与中心思想关系不大，或者略叙读者也能看明白。

36. 什么叫人物描写？人物描写包括哪些种类？有什么要求？

人物描写包括：肖像描写、行动描写、语言描写、心理描写。

1）肖像描写

即对人物的音容笑貌、衣着服饰、神情姿态等外部特征的描写。肖像描写的方法很多，从描写的角度上说，有通过作品中人物介绍进行描写，有通过不同人物对比进行描写，有侧面烘托描写；从描写的手法上说，有一次完成的描写，有静态的描写和动态的描写；从运用笔墨的程度上说，有精雕细刻的工笔描写，也有轻描淡写的白描。肖像描写的要求是：一要以形传神，抓住外表上富有代表性的特征；二要独特、新巧，切忌因袭雷同。

2）行动描写

即对于人的具体行动的描写。行动描写的要求是：要具体、生动地展示出人物行动的方式方法和步骤，圆满地回答人物“怎么样做”的问题。

3）语言描写

即用个性化的语言表现个性化的人物。语言描写的方式有两种：一是独白（作品中人物自言自语），二是对话（两个或两个以上的人互问互答）。搞好语言描写，首先，语言一定要符合人物的身份，处境、思想和性格特征，使人看后相信这个人只能这样说话：其次，语言要准确、简洁、传神。

4）心理描写

即直接描写人物在特定环境中内心活动的方法。它是对人物的思想感情、理智、整个精神世界的直接透视，能较好地把人物内心最隐蔽的东西暴露出来。

心理描写的方法主要有：心理剖析，用语言、行动显示，用梦境、幻觉表现等。

进行心理描写必须注意：一不要把作者的感情强加给人物；二要铺垫好寄托心理活动的必要环境条件；三要与其他描写方法交错穿插，不宜进行过长、静止、单调的心理描写。

软文撰写中，故事性软文要多用肖像描写和心理描写让故事更生动。语言和行动描写多用于写体验型软文，可以比较容易地植入软文的行动目标。

37. 什么叫环境描写？环境描写有什么作用？

环境描写，指的是对那些和作品中的人物或/和作者所抒发的感情发生直接关系的客观外界条件的描写，它包括自然景物和社会环境两个方面。

环境描写的作用主要有五个方面：

- 显示作品背景，点明时间、地点及社会背景。
- 衬托人物性格，表现人物的精神面貌。
- 推进情节发展，增加故事的真实感。
- 突出文章主题，反映社会生活。
- 抒发思想感情，袒露作者胸怀。

在撰写人物传记、企业发展历史等相关软文时，环境描写的作用不容忽视。

38. 什么叫场面描写？场面描写的方法有哪些？场面描写有什么要求？

场面描写是指对人物之间在一定时间和环境中所形成的相互关系而构成的生活画面的描写。或可以说是人物描写的综合形式。

场面描写的方法主要有两种。一种是鸟瞰式，即从整体着眼、较全面地、概括地写出场面的总的景象和总的气氛。这种方法，不求“点”上的细微，而求“面”上的广度，关键是写出一个完整的艺术画面。另一种是特写式，即把场面中具有代表性、特征性的典型情景集中、细致地凸显出来。

场面描写的要求有两点：写同一时间，同一环境下所发生的事件，要注意它的四周，把时间、地点等跟人物结合在一处，要有人还要有画面；截取事件过程的横断面，要写出动静之态，显示人物之间的关系。

撰写故事性软文场面描写拿捏到位，能让文章跌宕起伏，增强阅读性。

39. 什么叫细节描写？细节描写有什么作用？

细节描写，即对人、事、景、物的富有典型意义的细枝末节的刻画与描绘。细节描写的作用主要表现在如下四个方面。

- 可以促成情节的曲折和复杂。
- 可以表现人物鲜明的个性。
- 可以展现环境景物的独有特征。
- 可以增强主题的表现力。

40. 描写的方法有哪些？

常见的描写方法有六种，即直接描写、间接描写、工笔描写、白描、表态描写、动态描写。

直接描写与间接描写，都是从描写时所站的角度上说的。直接描写又叫正面描写，它是从正面描写人物、事物和环境，使其形貌直接地显现出来。间接描写又叫侧面描写，它不直接描写对象本身，而是借描写其他，间接烘托出要描写的对象。

工笔描写与白描，是从描写的程度上来说的，工笔描写，即浓笔重彩、精雕细刻的描写。白描，即轻描淡写，简单地勾勒。

静态描写与动态描写，是从描写对象的变化上来说的，静态描写，即对平面、静止的人物与景物的描写。动态描写，则是对人物或景物发展变化的情态的描写。

41. 描写的要求是什么？

描写的要求有以下三点。

1）要真切具体

也就是要抓住描写对象的特点进行描写，使其状态、色彩、情调跃然纸上。

2）要选好角度

描写的角度有好几种：旁观者的角度、当事人的角度、见证人的角度。选角度要从自己的独特感受出发，要符合人们观察、认识事物的通常逻辑，要注意以点带面。

3）要精练生动

精练即语言精确、凝练，生动即文字活泼形象。

42. 描写的常用技巧有哪些？

1）动作描写要细致分解

例如：

罗纳奥多带球，冲到禁区前，飞起一脚，把球踢进网中。

细致分解后：

罗纳奥多用脚一颠，接到传球，带球迅速冲到禁区前，一转身绕过对方防守，避开守门员，飞起一脚，把球踢进网中。

2）语言描写要插入动作神态

例如：

提到减肥茶，她不屑地说："大多不靠谱，都是忽悠人的。"

插入动作神态后：

提到减肥茶，她眉头一皱，嘴角微撇，不屑地说："大多不靠谱，都是忽悠人的。"

3）写外貌要融入情节，体现个性

例如：

父亲是一个胖子，走过去自然要费事些。我本来要去的，他不肯。只好让他去，我看见他戴着黑布小帽，穿着黑布大马褂，深青布棉袍，蹒跚地走到铁路边，慢慢探身下去，尚不大难。可是他穿过铁道，要爬上那边的月台，就不容易了。他用两手攀着上面，两脚再向上缩；他微胖的身子向左微倾，显出努力的样子，这时我看见背影，我的泪很快地流下来了。

这是《背影》中的节选文字，将父亲的外貌与情节融合到一起，描写生动、感人。

4）景物描写要层次清晰、角度多样

例如：

在这幽美的夜色中，我踏着软绵绵的沙滩，沿着海边，慢慢地向前走去。海水，轻轻地抚摸着细软的沙滩，发出温柔的刷刷声。晚来的海风，清新而又凉爽。我心里，有着说不出的兴奋和喜悦。

这是《海滨仲夏夜》中的文字节选，作者从触觉、视觉、听觉、嗅觉等角度进行描写，读者也从多角度感受到夏夜沙滩的美丽，有一种亲切之感。

43. 抒情的要求是什么?

- 要有真情实感，不可为文造情、无病呻吟。
- 要同内容和谐一致、保持一致格调、形成有机联系。
- 要有积极、健康的情趣。

44. 议论的要求是什么？

- 议论要有独到见解，要有深度、有分量、有所指。
- 要精当贴切。精当，即言简意明、切中要害、恰到好处。
- 要因文制宜，植入软文中的议论如果肩负广告使命一定要少而精。

45. 最容易上手的软文形式是什么？为什么？

根据一般的操作的经验，访谈类软文最容易上手。

首先，访谈类软文撰写比较容易。访谈形式的软文大多都是由访问者围绕着受访者的特点或者经验来准备访谈提纲，然后让受访者根据话题谈一些感受， 或者通过话题做一些思维上的延伸和拓展。软文撰写只需要如实记录受访者的讲话，稍加润色即可成文。

其次，访谈类软文广告容易植入。可以直接让受访者点评需要植入的广告内容。将植入广告通过受访者谈话讲出来，只要不刻意地去夸大宣传，访谈软文的软硬就已经适度了。

再次，访谈类软文容易被关注，转载率相对较高。软文发布的平台无论是媒体还是博客、论坛，读者都愿意接触一些知名人士或者能力、见识卓越的行业精英。如果被访者有一定的人脉，通常被访者也会极力地帮助宣传该软文，因此访谈类软文自然转载率大大高于其他形式的软文。

最后，访谈类软文审稿容易通过。由于SEO的普及，越来越多的网络软文肩负着提升网络营销排名、做外链的任务，然而大部分网络软文质量更是参差不齐，审稿通过率很低。访谈类软文广告植入容易，加上名人或者精英效应，有可能引起新的话题，因此网站编辑比较喜欢访谈类软文。从软文审核方面来讲，审核自然更容易通过。

46. 软文配图有哪几种形式？

1）直接使用宣传图片

这个形式是最常见的，通常我们写完一篇软文后，会搭配一些相应的图片，目的是吸引更多的读者，也有解释说明的效果。可以直接使用产品或者服务宣传的硬广，可以是经过设计的，也可以是没有经过设计的，甚至直接将产品图片作为配图使用。

2）制作图表作为图片使用

图表虽然不像彩图那么吸引人的眼球，但是比起单纯的文字表述，它还是很有效果的。因为图表是一些文章不可或缺的组成部分。图表也能让人一目了然，给文章增色不少。特别是有相关数据和同类产品或者服务做对比的时候，适合使用图表。

3）用文字做图示作为图片使用

主要用于讲解中，目的是使表达更加清楚明了。而图示的种类也是比较多的。选择什么样的图示，一般根据个人爱好或者整体的美观度而定。

47. 提纲的作用在哪里?

提纲的作用在于指导起草，使构思视觉化，以便软文撰写从总体上更为准确概括地把握、修改和提高。

列宁曾经说过：“提纲确实是很重要的。”他要求“写得详细些”。老舍也曾经说过：“尽管我们只写二三千字，也需先出个提纲，安排好第一段说什么，第二段说什么……有了提纲心里就有了底，写起来就顺理成章；先麻烦点，后来可省事。”茅盾的长篇小说《子夜》，提纲就有 4 万多字，可以当作中篇小说。

48. 编写提纲的程序是怎样的? 有什么需要注意的?

第一，拟制标题。标题要确切，要与内容符合，不能写跑题，含义大小与文章一致，还要与文体风格一致。除此以外，标题还要精练和醒目。具体标题的撰写详见第 1 篇中的常用标题套路。

第二，写主题句。主题是文章中通过全部材料所表达的基本认识，具体表现为一个逻辑判断句（10 个字左右）。常见的套路是“通过……说明了……应该怎么做……”，这一公式化的主题认识其实讲的是全文内容。主题体现为逻辑判断。这种判断应当集中、明确。

第三，简述内容（包括关键词）。内容简述或者内容提要。在科学性文章中，它包括主题和层义及要点。在文学作品中可以写作情节梗概、剧情简介等。如果作品字数在几千字以上，最好写一个内容简述，字数在100左右。

第四，选择结构。指的是中间部分的安排。是用总分总还是总分，是采用递进式还是并列式深入。

第五，标明层义。可以写长句，也可以写短句，自己能看明白即可。

第六，写出段义及要点。写出段中主句即可。

笔者认为，在软文撰写的实践中，开始按照这个要求去做提纲会感到比较吃力，但是这个过程有利于成文。最重要的，这样做的过程中实际就是写作的过程，有可能在列提纲的过程中衍生出新的标题和立意，从而构成系列软文。

不管是白猫还是黑猫，只要能拿到耗子就是好猫。软文撰写服务于行动目标的，列提纲的详细程度以轻松写作为原则。切不可为了列提纲限制了立意，让写作变成很痛苦的事情就舍本逐末了。

49. 提纲很重要，一定要先列提纲吗？

提纲固然重要，但是也不能绝对化。软文撰写的新手，列提纲会让文章更紧凑。但是实践中写得多了，完全可以一气呵成，就没有必要列提纲了。毕竟软文写作不同于文章写作。

即使在文学创作中，也有人反对编写提纲。列夫·托尔斯泰说："我就从来不写提纲。按照提纲写出的是僵死的、不真实的、没有用处的东西。"司汤达说："一写计划我就索然无味。"

笔者认为，只要软文撰写来了灵感，有了立意，只要写起来得心应手，不列提纲也罢。因为有时候完全按照提纲来写，反而会限制写作的灵感和思路。

但是必须注意，如果是需要客户审核的软文，最好还是列出提纲，可以让客户针对提纲先提意见，免得软文写完"动大手术"浪费时间。

50. 议论型软文的通用模式是怎样的?

1）段首主句

如果一句不能概括完整主要意思，可以写补充句。

2）段中分论

可以采用并列法或者递进法。并列法的分论，论证方法可以使用因果论证法为主。通过分析问题，剖析事理，揭示主句和论据的因果关系，从而阐明主句的正确。简单地说，就是分出并列的几条来论述。

递进法的分论可以采用例证法（以事实作论据）、引证法（以观念为论据）、比喻法（通过打比方，用具体事实证明抽象道理）、对比法、反证法等。总之，是让论证的观点层层深入。

3）段尾主句

与段首主句意义相同，但可以更进一步地述说，或与段首文字有所变化。这里，需要特别说明，以上规范段模式的段中分论包括了几乎所有的论证方法，而在软文具体撰写时选择使用即可。

51. 在论证过程中，最常用的论证方法有哪些？需要注意什么问题?

最常用的就是引证、例证、对比、比喻。

引证法，就是引用道理论据进行论证。

例证法，就是运用事实论据进行论证。引证法和例证法这二者结合起来，我们称为“摆事实讲理”。这种方法是写议论性软文的最基本方法。运用这种方法应注意的主要问题是：只摆出事实和引用理论是不够的，必须加以分析，在引用事实或理论论据后，要充分讲道理，道理讲透彻了，文章才能有说服力。

对比论证，是把两种相反的或有差异的事物进行比较。通过这样的对比，肯定正确的，否定错误的，使论点更加突出，更加鲜明。

比喻论证，就是用打比方的方法来讲道理。运用比喻的方法可以把道理讲得更浅显易懂，使人容易接受。

52. 观点式软文撰写有哪些技巧?

观点式软文字数不需要太多，三五百字即可。一事一议，表达完一个观点，就可以结束。一个观点就是一篇文章，如果有多个观点，可写成多篇。

写作时注意语言的锤炼，文章越精越简短有力越好，把多余的废话、水话删除。如果没有素材，不知道该怎样表达，可以和行业内专家聊天、交流，把含有精彩观点的对话部分整理成文章即可。

53. 什么是知识软文？撰写知识软文有哪些注意事项?

随着人们对互联网的依赖不断加深，人们越来越喜欢利用网络来查询产品或服务，获取行业相关信息。知识软文就是以企业所在行业相关知识、产品涉及技术原理、企业服务技能等知识性质内容为主，其中穿插企业信息的软文。

撰写知识软文要注意以下事项：

- 不能完全简单复制常识，更不能出现知识虚假或者不够详细的问题。
- 不能把企业信息穿插过密，更不能让企业信息不够显眼。

54. 医疗类软文撰写的注意事项有哪些?

目前，医疗类软文面临两个挑战：一个是网络软文方面搜索引擎对医疗类关键词的屏蔽，另一个是患者久病成医，对于软文已经具有了一定的辨别能力。因此医疗类软文撰写除了另辟蹊径想标题外，还要紧紧围绕“一个中心，两个基本点”来操作。

一个中心：就是可信度。多元化的患者，有个共同点——怀疑一切！你的概念再诱人也没用，你的折扣再有力度也没用，患者不看，即使看了也不信！所以，软文的投放要想立竿见影，首要的问题是要获得消费者的信任。

两个基本点：隐蔽和科学。要用精心梳理的素材和结构化的逻辑顺序，逐步引出产品，使读者对产品产生向往和购买欲望。涉及医疗行业技术和医学知识的时候，必须认真查资料，虚心请教医疗专家，不能不懂装懂，不能过度包装，如果经不住推敲，医疗软文就会彻底失败。

55. 医疗行业软文如何撰写?

近年来，百度对医疗行业的很多关键词进行了屏蔽，网络营销方面，医疗类软文的撰写和发布难度不断增大，对软文的撰写提出了更高的要求。

医疗类软文撰写之前必须要清楚目标客户 （患者）的具体问题，清楚了他们（患者）心中疑问的原因，重点描述这些问题的解决方法，从而让客户信赖。对于医疗患者来说，他们最需要的就是解决痛苦，获得健康。医疗类软文要以患者为根本，悉心讲述如何消除痛苦，如何恢复健康，让患者对这种疗法或者手段有足够的认识，为后面自己的产品埋下伏笔。

必须要注意，一些“××病怎么治？”“××病医院哪个好？”“治疗××病最好的医疗”之类的话题，已经被多家医院写过了，即使重新写了软文，但是词句相似的可能性很大，只要网上有相似信息，百度收录的可能性还是很低的。因此只有在标题上不断创新，特别是寻找一些公益性的话题很关键。

56. 医疗软文常写哪些内容?

医院或者医疗行业的新闻热点、医院的案例分析、医学常识、诊治误区剖析、专家说法、医院先进设备、医院诊疗技术、专家问答、医院专题活动、医院历史、荣誉、消费者口碑、技术协作、重大课题、科研成果、媒体报道、公益活动等。

57. 电商产品类软文撰写技巧和注意事项有哪些?

电商软文的类型也可以分为好多种（详见本书中关于软文的分类），其中使用最多的就是产品推介，下面主要就产品类软文在写作过程中进行总结。

首先，电商产品类软文更需要塑造价值，引导消费。软文的中心思想要尽量与消费者需求达成一致，从消费者想了解的问题入手，然后进行价值推送，最后做其他描述。

其次，电商产品类软文在图片布局上，以及文章行文结构上应该简单，通过图片点缀，加上解决方案问题式写作，让消费者在阅读长文中有选择性。因为消费者在浏览电商类软文的时候更容易跳跃。

最后，在开头和结尾分别布局消费者最为关心的几个问题，避免一个网站或者网店描述如出一辙，对于消费者而言，在最后一刻引导他们进行消费很重要。例如，讲清楚客户见证、承诺保证、当下购买的好处等信息。

58. 平面媒体软文必须要坚持的原则有哪些?

平面媒体软文最好不放在广告版，文章周围最好全是正文，最好是与企业所处行业有关的专刊、专版、专栏。

文章撰写要求避免自卖自夸式的口吻，尽量回避易让消费者认为文章是广告的一切名词、图片和形式。

挖掘新闻点或者创造概念必须语言精练，充分理解产品或品牌所具有的特征、功效和内涵，必须要记住如果想说服消费者，首先要说服你自己。

59. 平面媒体软文有哪些类型?

常见的平面媒体软文有三种。

一种是按字数来计费的，一般字数在 100～200 字左右的，文后都标注有咨询电话和经销地址，这种软文开门见山、直奔主题。

另一种是专栏，把一个版面分成若干个“小豆腐块”，按块来计费，这类软文可以不拘一格地去创作。

还有一类是新闻性软文。即使也要付费，但它的编辑和排版方式与报纸风格相统一，即字号大小、字间距、行间距与报纸相同，也不加线框，不要加咨询电话和经销地址。这类软文的撰写质量非常高。

一个产品可以将三个类型的软文结合使用效果才会更好。

60. 平面软文中的字体艺术与阅读有关系吗?

有。硬广中的字体艺术具有美学功能，是设计的一个重要因素，软文中的字体艺术对阅读率的有直接影响。以下四种字体的特性是硬广设计与效果评估中得出的经验，对于平面软文来讲，有重要的借鉴意义。

- 黑体字——较严肃，适合男性产品。
- 圆头字——较温馨，适合女性产品。
- 楷体字——较轻松，适合故事描述。
- 宋体字——较传统，适合传统产品。

眼睛是一种遵循习惯的器官。最简单易读的字体是最为人们熟悉的字体，奇形怪状的字体也会降低阅读率。

平面软文中的字体对齐方式也不外乎左右齐头、左齐头、右齐头三种类型，采用那种格式取决于编排需求，但是右齐头的方式阅读起来最累。

61. 平面媒体软文排版有哪些要求?

不同的媒体会有所区别，但是以下几个方面是大多数平面媒体的要求。

字体：标题（包括引题和副题、小标题）的字体、正文的字体均应和发布媒体惯用的新闻字体一致。对字体的装饰（如底纹、阴影、立体等）也要和新闻的设计风格保持一致。

字号：除过字体的设计与新闻保持一致之外，字号也要和新闻稿件惯用的字号一样，这样才会从整体上让读者感到“像新闻”。

分栏：对较长的软文稿件（一般 800 字以上），在设计时就要进行分栏处理。分栏时，要参考发布媒体的分栏方式，严格把握每栏的栏宽长度。一般大报的每版以 5 栏划分，每栏约 6 厘米宽，小报的每版以 4 栏划分，每栏约 5.5 厘米宽。

边框：每种报纸的新闻稿件边框线都有其固定的风格，各地报纸媒体也都不尽相同，甚至没有边框，这些都是软文广告编排设计时要参考的细节。

行距、字距：一般来说，新闻正文的行距一般以 1 毫米为佳，1 厘米的距离内只能排三行字。字距一般小于 1 毫米，1 厘米内可以排 3.5 个字。软文编排设计时严格把握行距和字距的疏密，再配合字体字号的一致，足可以和新闻稿别无两样。

62. 平面媒体软文有哪些表现形式?

1）采用新闻报道、专题报道等形式

报道中多涉及企业的历史、生产、管理、企业竞争力、行业优势、企业文化等有关企业形象的内容，采用通讯、评论、消息、人物专访、专家访谈、纪实报道、专家咨询、科普宣传等样式。这类软文具有一般新闻报道的外在形式，通常没有明显的产品销售信息，且不在标有“广告”字样的版面中，因此是最具隐蔽性、最为典型的一类软文广告。

2）采用新闻报道和硬广混合的形式

一种表现形式是新闻报道与广告是分开的，但是这种分离只是版面上的分离，如把手机功能的软文报道放置在新闻版，而把手机广告放置在广告版中；也可能是时间上的分离，如把软文报道与广告安排在不同日期的报纸中；还可能是报纸的分离，即把广告置于报纸 A 中，而把软文报道放置于报纸 B 中。

另外一种表现方式是软文报道与广告同在一个版面上，或合二为一。在这种组合中，广告属性的隐蔽性较差。常见的是将软文安排在“特别报道”、“行业专栏”等版面，或者将软文安排在“广告版面”，但使用减弱广告标识的视觉吸引力，并在行文中着意采用新闻报道风格等方式，使读者忽略版面标记和软文的推销性质。

63. 平面媒体软文有哪些技巧?

根据实践经验，得出以下结论供软文营销执行团队参考。

- 红字标题比黑字标题好。
- 宽标题比窄标题好。
- 有副标题的比无副标题的好。
- 有标志性图片的比没有的好。
- 内文一个重点比多个重点好。
- 排版格式横的比竖的好。
- 彩色专刊比黑白专版好（当然得预算充足的情况之下）。
- 单数版比双数版好。

- 单数版左边比右边好，双数版右边比左边好。
- 不同颜色比单一颜色好。

64. 博客软文撰写和推广有哪些注意事项?

文章标题除了吸引人之外，还可以重点融入关键词，这个关键词可以是要推广的产品或者网站的相关关键词，但最好不要和网站关键词重复。

文章内容原创最好，如果是伪原创首段一定要自己写，搜索引擎很看重首段，最好能出现两到三次关键词，可以做围绕主关键词的长尾关键词。

做好关键词描文本，这样可以为网站增加外链或者带来流量。有价值的博客文章很容易被访客一键转载到他自己的博客，一键转载那些链接也被附带转载了。

还要注意，软文内容要适合博客圈子。文章内容要和圈子或者其下属板块的主题相关，博文推广方面可以搜索你博客主题相关的圈子，然后尽量多加那些人气比较旺的。用你的博客去“踩”访问量大的博客，多去留言。

最后一定不要忘记发完一篇博客文章，要推荐到圈子，大多网站只要一键推荐就行，这样就会事半功倍。

65. 论坛软文有哪些特点?

论坛软文，要让别人看了以后自动地回复，因为软文不被网友自发回复，那就等于说只能被小部分人看到。所以还要制造一定的热点让网友主动回复!

论坛性软文应该具备以下三个特点。

第一，足够诱惑力的标题。惊悚、惊奇、惊艳、夸张、反语，总之要精彩，必须要有诱惑力，让人一看标题就有点击开阅读的冲动。

第二，引人入胜的开头。开头不能没有新意，否则跳跃式的阅读很快就会让软文丧失被阅读的机会。

第三，开放式的结尾。就是给大家充分的继续讨论的余地，就好像美国人拍摄的大片一样，往往在你最希望看到结局的时候突然没有了?为什么没有?就是让你意犹未尽，然后自己参与。写软文也是这样，而且特别重要，不能引发议论绝对不是好的论坛软文！

66. 论坛软文发布如何选择论坛？

选择精准性高、人气旺、活跃性好及黏度强的论坛。具体来说，选择论坛可以从总用户数、在线用户数、热门板块文章的浏览量和回帖量来分析。

相对来说，总用户数高、在线用户数低说明论坛建立时间长或曾经热过一段时间；总用户数低、在线用户数高说明论坛黏度高。某板块中文章浏览量高说明该板块有人气；文章回帖量高说明该板块的用户喜欢看该类型的内容或能产生共鸣。如果我们所撰写软文和该类文章比较相似，那么这个论坛这个板块就是最适合的了。

67. 为什么投到论坛上的软文总是被拒收？

首先，考虑一下你的文章质量，观点够不够犀利，可读性强不强。

其次，看一下你的软文投稿的模块对不对，如果那个阶段同种类型的软文太多，这种情况下你可以缓缓再发，等大家都玩累了，机会就属于你了，毕竟论坛每天都有一定的收录量。

68. 论坛软文被删，账号被封怎么办？

对于没有选择外包服务的企业来讲，投放论坛软文可能经常被删除文章或封 IP，特别是新账号在管理严格的论坛中，因此最好在前期注册多个账号。

选择好论坛后，先看看他们的公告板块，了解其管理员的要求和管理思路，尽量去遵守这些管理要求。

69. 论坛软文常用技巧有哪些？

软文形式的帖子很容易被管理员直接删除。除了可以使用的软文创意之外，以下几种方法特别适合论坛软文操作。

1）寻求帮助，自问自答

提问寻求帮助的帖子在论坛里最常见，不少论坛甚至专门开辟出问答板块来供网友们相互解决问题。比如“我想上一下软文营销培训课程，大家有没有上过的推荐一下!”这篇帖子发出后，后面紧跟一帖“我上过泉之媒的软文营销实战训练营，效果挺好的，讲的很多都是干货。”必须要注意的是，回答的这个 IP 和提问者 IP 切记要不同。此外，还可以多换几个账号，多回几个帖子，甚至回的帖子中可以有与软文营销实战训练营无关的内容，只要是软文相关的话题都可以。

2）站在消费者角度自然对比

本书前面所讲的软文创意中有作对比的方法，不再赘述。但是论坛软文中的对比可以更随意些，可以更接近消费者的思考角度。比如为大众途胜做的软文帖子，标题为“20 万左右买 SUV，逍客、起亚智跑、大众途观哪个合适？大家给个意见”。帖子内容可以是大白话，不要有太多术语，但是一定要重点将大众途观的优点讲出来。后边帖子的前几楼用不同账号跟帖，同意楼主的意见。必须要注意的是，不能恶意诋毁对比的对象（逍客、智跑）。

这种对比还可以表现为排行榜的形式。

3）且听下回分解

我们平时听评书，经常被吊起胃口，一句“且听下回分解”牵着我们走。这是因为评书每一个章节后边大多会设置一个开放性的结尾，这样的好处是借着上一章节评书的故事情节，续写下一章节。同样我们在写论坛软文时，也可以留一手，当然前提是如果你觉得你的这篇故事性软文写得非常精彩，这样说不定下篇软文同样会受到众多网友关注!

70. 新闻软文和论坛软文有什么差别?

新闻软文是以新闻形式通过媒体发布出去的软文，论坛软文是以论坛帖子形式发布出去的软文。新闻软文在论坛里发，就成了论坛软文；但论坛软文因为形式过于松散、内容过于自由，一般不能直接当新闻来发布，当然也不排除有可以直接当新闻发的论坛软文。

新闻软文和论坛软文的主要差异在于语言和表现形式，新闻软文语言较规范，要用新闻语言，而论坛软文语言比较随意，里面用一些网络语言网友比较喜欢。

一般来讲，企业做软文营销，会策划出各类类型的软文，新闻稿和论坛帖分开写，如果想提高工作效率，也可以把新闻稿改写成论坛软文，按照论坛语言的风格来修改就可以，在有感情表达的地方加上各种表情符号，用一些网络流行的词汇，如“有木有”、“偶”、“童鞋”、“你懂的”，还有最近出现的“且行且珍惜”、“星星去哪儿了”、“任性”、“duang ”等。

就一篇软文而言，策划它之前就应该考虑好是发布新闻，还是做论坛营销，如果是新闻软文，也可以发布到博客、论坛上。但是，如果策划的是论坛软文，想发到新闻网站上去就难了，即使用银子解决了一些小站的发布问题，效果也不会好。

71. 站长软文投放多少数量合适?

“韩信点兵，多多益善”。刚开通的小型网站，内容不够完善，且没有被搜索引擎收录，这时添加文章要以数量为主，至少每天三到十篇，每个栏目都要顾及到，尽量不要出现有的栏目下面就一两篇文章。网站至少要有两个资讯栏目：一个是新闻栏目，另一个是行业产品类栏目。

网站已经上线有一段时间，网站的内容比较充实，如果搜索引擎已经收录了很多，这类网站每天需要保持更新五篇左右的文章。如果网站在搜索引擎的快照经常更新的时候，每天只需更新两篇即可。

72. 站长软文伪原创如何改写?

尽管我们不提倡伪原创，但是对于小站的站长来讲，有时候是不得已而为之的事情。通过搜索引擎，如百度、谷歌、搜狐、必应等，在上面输入网站关键词，搜其中的资讯（资讯可以是技术资料、新闻资讯、行业销售方式资讯等），以发现一些适合自己网站内容的文章进行改写。

首先，文章的标题一定要和素材文章标题不一样，伪原创标题可以用以下五种方法快速修改。

1）数字替代

例如：健康瘦身必须注意的六大事项

我们可以改成：健康瘦身必须注意的几个事项

2）文字替换

例如：健康瘦身必须注意的六大事项

我们可以改成：减肥必须注意的六个问题

3）文字排序

例如：六大事项健康瘦身必须注意

我们可以改成：健康瘦身必须注意六大事项

4）评论式

例如：健康瘦身必须注意的六大事项

我们可以改写成：浅谈健康瘦身必须注意的六大事项

5）直接冠名

例如：健康瘦身必须注意的六大事项

我们可以改写成：××关注健康瘦身必须注意的六大事项

其次，要修改内容，甚至结尾都要修改。主要方法还是相同意思的词语替换，内容相近的文章把关键词进行替换。也可以去除一部分文字，增加自己的语言之后重新编排。章段落前后关系不是很紧凑的，或者是并列关系的，在不影响文章原意、也适合用户浏览的前提下，把原有的文章段打乱，重新排序，把文字较少的段落合成一段。文章的结尾，结合原文章加入自己的观点，植入自己的广告。

73. 站长软文采集要注意什么问题?

如果采集的文章在互联网上的出现率已经很高，在某种程度上是一种范文了，此类文章的浏览量与评论都已经达到了一定高度。这种文章必须注明转载，并且留下原创地址。这既是对别人劳动成果的一种尊重，也免得让自己成为网友调侃的对象。

74. 站长软文原创方法及途径有哪些？

1）个人经验的总结

每个站长都有自己擅长的领域，只有在擅长的领域，站长们才容易写出好的文章。其实大多数站长每天都会维护自己的站点，每天都会有不同的问题出现，只要经常总结自己遇到的问题，找到解决的方法，记录下来文字就是你的心得体验，植入广告就是软文了。

2）多去相关论坛和博客

多去相关的论坛逛逛，看看别人写的文章，自己有没有不同的观点，这些不同的观点你拿来写，就是原创。还有在论坛里，新手站长们每天都会问很多问题，特别像网站推广方法、网站优化方法之类的问题，解决别人问题的文章就已经有了价值。

3）通过看评论的留言和评论

一般的文章下面都会有留言和评论，特别是博客文章，你可以通过这些评论，来看看别人对这篇文章的看法，再自己思考一下，如果自己也有更深的看法或者不同角度的观点，赶紧写下来。

4）要关注最新 IT 资讯

最新 IT 资讯，在互联网行业混的，都感兴趣。这些最新资讯也最容易引起我们的想法，比如马云、马化腾的最新动态，比如团购网站倒闭潮，无一不是写文章的最好素材。

5）通过翻译国外网站

去一些国外的网站，把最新的内容翻译过来，然后自己修改通顺，就是一篇原创文章。英文好的不在话下，其实英文不好的也没有关系，在线翻译软件同样能让我们能够搞明白主要观点。

6）关注热门事件

可以通过“百度风云榜”来关注最新的热门事件来结合写文章，很多站长就是专门通过写热门事件文章来拉流量的，比如最近发生的表哥事件。

7）利用搜索引擎

我们想写什么文章的时候，搜索下要写的文章的关键词，肯定会找到很多文章的，可以把别人的文章记下来分析一下，去粗取精，然后再把自己的一些看法和经验写上，也是一篇软文。

75. 微博软文有哪些常用写法?

140 字的微博，必须要短小精悍。有限的字数，还要植入广告，确实有难度。分享以下五种方法。

1）广告式微博软文

这种软文适合各商家、各企业的官方微博，由于商家官方微博的粉丝基本上是购买过商家的产品或是潜在的购买者，所以可以直截了当，广告式地宣传企业、商家最新推出的产品或者服务及最新推出的优惠活动。因为受众明确，还是会受到一些粉丝的关注，但是转发概率不大。

2）分享式微博软文

这种软文一般是站在第三方角度，通过分享的方式来宣传某件产品或者服务，与论坛软文分享类的操作方法相似。例如“最近在 XX 驾校学车，买烟送教练没收，教练也很负责任，赞一个。”这个软文看上去虽然像广告，但是微博的分享属性抉择着这类内容是很受欢迎的。

3）炒作式微博软文

这类软文通过挑衅的方式，甚至是对骂的方式来提高网友的关注度，引起网友对微博的转发，最终达到扩大传播的目的。这类博文操作之前最好与对手充分沟通，否则官司缠身也有可能得不偿失。

4）故事性微博软文

这类微博软文一般新鲜、有趣，看上去不像广告，更像是一则笑话，或者是一篇微型小小说。这类软文的关注度非常高，而且转发概率非常大。

例如：老公刚到家门，突然听到有男人打呼噜的声音，男人在门外犹豫了5分钟，默默离开，给老婆发了条短信："离婚吧!"然后扔掉手机卡，远走他乡……三年后，他们在另一个城市偶然相遇，妻子流泪："当年为何不辞而别?"男人简述了当时的情况。妻子转身离去，淡淡地说："那是瑞星杀毒软件……!"

5）创意式微博软文

写对联、打油诗，改造名人名言，改造网络流行词语，以及其他表现形式，核心就是一定要有创意。这类微博软文也会受到回复和关注。如果能引起网友共鸣和讨论，传播效果就更佳。

76. 网络软文的关键词如何寻找和设置?

关键词的设置要注重用户的体验，把自己放在用户的角度，想想目标客户会搜索什么样的词，甚至必要的时候列出一些关键词让你的老客户给你建议，这样比自己拍脑门想出来得更靠谱。

关键词多用长尾词，可以参考关键词的分析工具，如谷歌关键词分析工具、百度指数、站长工具等，对自己想出来的关键词进行分析对比。也可以直接找到热点词结合自己的产品或者服务名称进行修改。

必须注意的是，软文中的关键词要与文章能融为一体，至少不能太生硬。否则，关键词设置合适了，阅读效果太差会让软文失去魅力，舍本逐末就不值得了。

77. 网络软文中的长尾关键词如何拓展?

网络软文中最容易使用的就是长尾关键词，可以从以下几个方面拓展。

1）加入产品的质地、特点、功能

例如以"自行车"为目标关键词，"双人自行车"是根据该产品特点拓展的长尾关键词。

2）增加应用领域和地域

例如以“发电机”为目标关键词，“工业发电机”是根据应用领域拓展的。

3）引入品牌名称、通用型号

例如以“平板电脑”为目标关键词，“三星平板电脑”是根据产品品牌名称拓展的。

4）增加商业模式

例如以“牛仔裤”为目标关键词，“牛仔裤批发市场”、“牛仔裤代理商”、“牛仔裤品牌加盟”都是通过商业模式拓展的。

5）增加服务方式

例如以“软文营销”为目标关键词，“软文营销培训”、“软文营销外包”是通过服务方式拓展的。

6）企业性质

例如以“网络营销”为目标关键词，“网络营销机构”、“网络营销公司”、“网络营销专家”都是通过企业性质拓展的。

7）销售模式

例如以“拉杆箱”为目标关键词，“拉杆箱直销”、“拉杆箱团购”、“拉杆箱批发”都是根据销售模式拓展的。

8）网民搜索意图

例如以“减肥”为目标关键词，“怎么减肥”、“如何减肥”、“减肥方法”都是通过网民搜索意图拓展的。

78. 如何迅速解决不能写网络软文的困扰?

每天坚持写一点儿文字，坚持一周就会有收获。建议先从标题练习，到第一段练习，到分句练习，到结尾练习。如果能成篇最好，即使没有成篇也没有关系。

可以使用本书提到的最容易入手的软文表现形式：访谈式和观点式。找业内有影响力的或者是从业多年的朋友聊天，用录音笔记录，将内容如实地以文字形式展现，提炼出标题就是一篇不错的软文。用完以上两种方法后，想迅速写软文就得模仿，模仿业内软文，进行改写。

要想轻松写软文，行动起来就已经成功了一半。坚持下去就是成功！

79. 为什么提倡网络软文的原创性？

原创性的文章不仅读者喜欢看，对于搜索引擎来讲意义重大。如今伪原创的文章已经很难再骗到百度蜘蛛了，伪原创的收录率越来越低。只有高质量的原创文章才会博得百度蜘蛛的喜爱。因此，我们建议实施软文营销的企业宁可多花人力、物力、财力，还是要做质量高的原创软文。

80. 网络软文发布的渠道管理者有谁？他们喜欢什么样的软文？

一般我们发布软文的网络途径有论坛、贴吧和门户网站，我们涉及的人就会有版主、吧主、网站编辑等，一般情况下渠道管理者喜欢的软文有以下特点：内容相关、文章有价值；不会对自身造成直接的竞争；可以有广告，但是不能让人很反感；最好是图片加文字；文章加精或者推荐的概率大。

81. 销售信在移动互联网时代还重要吗？

提到软文，必须要提到销售信。有人说销售信已经过时了，在我看来，销售信在移动互联时代是变得更丰富了，更重要了。

其实销售信，核心是一种思维，一种站在客户的角度去思考和撰写的方式。有了移动互联网，销售信能够点对点地传播。此外，营销型页面的设计、WAP 版页面的设计，都可以用销售信的方式去表现。

82. 如何快速写销售信?

即使不去系统地调研，至少也要简单思考和求证一下写给谁看，要推广的项目或者产品的价值点在哪里，拿什么来证明这些价值点，为什么客户要和我们现在成交，这些问题用最简单的表述写出来即是速成的销售信。如果有足够的时间，再去仔细推敲，逐一丰富内容。

83. 写销售信的注意事项有哪些?

首先是语言风格。销售信的语言风格要适合阅读，通俗易懂。如果要用术语，一定要有解释，不要把读者想得很专业。

其次是传播点和卖点锲合的问题。比如金龙鱼调和油，卖点肯定是健康调和油，但是读者对于“健康调和”就是一个概念，写出“1∶1∶1”就更生动，读者容易理解，也就将“健康调和油”的概念自然接受了。

再次是信任度的问题。销售信为了增强可信度，必须要有客户见证这个版块内容，这部分切记不能夸大，尤其是编写的案例更要反复推敲几次。一旦被识破，销售信就丧失了价值，前功尽弃且不说，让人贻笑大方就有损品牌形象了。

84. 微信中的软文具体在哪里应用? 各有什么特点?

微信中的软文主要可以在以下几个地方应用：微信群、微信朋友圈、微信公众平台（订阅号、服务号）。微信群中的软文不宜太长，不容易带图片，除非图片上加文字。微信朋友圈中的软文比较灵活，可以用公众平台链接形式展现，微信公众平台的软文表现形式就更丰富了，图文混排、纯文字都很容易。

此外，还可以考虑用二维码加文章标题做成图片，把软文做延伸（本书第 5 章软文整合营销章节中有介绍）。

85. 微信公众平台软文的植入方式有哪些?

主要可以考虑以下几种植入形式：

第一，可以围绕要推广的内容编故事。

第二，把logo、品牌名称或者广告语以文字形式植入图片中。

第三，可以改编网络段子，把涉及时间、地点、人名、事件的文字换成要推广的项目。

第四，软文开头以自我介绍形式自然植入，如泉之媒小编收集汇总了相关信息，现分享给大家。

第五，软文结尾用版权形式植入，例如感谢阅读、阅读更多文章请关注博文视点公众号、如需转载请注明出处。

86. 微信软文植入广告的注意事项有哪些？

企业在利用微信软文植入广告的同时，必须要注重用户体验，要用客户感兴趣的内容，提高用户黏度，从而与用户进行深度沟通，获得口碑传播。

第一，植入式广告要符合品牌和产品的整体形象，要考虑正面积极的效果。以医疗类设备类软文为例，就不太适合做幽默恶搞的段子植入。

第二，植入的数量不能太频繁。适当频次的植入广告往往会取得比较好的效果，但正所谓物极必反，倘若植入广告过多，很可能会引起副作用。搜狗搜索引擎微信文章格式下，输入"点赞20000+的微信软文，是如何炼成的？"这篇文章传阅量很高，标题和内容很有创意，不过频繁的植入"微博之夜"，而且内容比较长，看到后半部分很多读者就会有点烦。

总结一句话，微信软文植入广告自然就好。

87. 微信软文中哪类型的标题最吸引人？

关于软文的标题在本书中有专门的章节论述，这里重点考虑碎片化时间下的微信读者，大部分有跳读的习惯，总结四种更容易上手的思路和方式。

第一，名人导购式。通过一个大众认可的人物，或者公众熟知的群体的观点来组织标题。

示例：

- 马云告诉你他怎么跑业务
- 李开复写给创业者的十个忠告
- 北大养生专家推荐的养生方法

第二，情感拉动式。通过人的七情六欲吸引眼球。

示例：

- 千万微信好友看完都哭了
- 让百万人笑喷的十个幽默段子

第三，利益诱惑式。用很诱惑和很吸引人的数字来组织标题，主要从要推送的内容对读者的利益角度出发。

示例：

- 10 块钱投资换回百万微信粉丝的秘诀
- 快点，利安达石油发红包了
- 10 个好友中奖了，验证过了！

第四，夸张诱导式。这类标题的核心是通过夸大背后数据给人造成一种势头来组织标题。

示例：

- 看完这个视频，99%的人都辞职了
- 8 千万人都收藏了的水果吃法
- 10 万人验证过的的石油投资宝典

88. 微信公众平台的软文效果如何考评？

本书软文营销效果评估一章已经论述过，软文的考核指标建议综合一下去考核相对比较客观。微信中的软文在公众平台转发方面更容易考量，在搜狗中微信文章格式下，基本都能检索出来。微信朋友圈的转发目前没有客观的评估依据，除了腾讯后台有数据之外，很难有第三方的监测办法。对于微信公众平台文章最后出现的阅读数量，也是相对考核指标，因为目前已经有了专门刷这个阅读量数字的收费服务，有些公众平台为了面子会去购买。

89. 微信公众平台的软文是否还需要注意植入关键词?

参考SEO的做法，建议植入。因为互联网是开放性的平台，公众平台的文章未来从搜索引擎一定能够搜索到（目前搜狗、360可搜到，预计未来百度也会敞开接口）。

简单说可以把稿子分成两类：一种是很软的文章，文章质量很高，这种植入关键词不能影响阅读；还有一种是相对硬一些的关于公司的资讯、新闻类，可以多植入一些关键词。

90. 互联网思维比较火，软文营销是否可以借鉴?

当然可以借鉴。其实互联网思维并不是一个新的东西，其发端于国外的5F法则，“Fragment 碎片化思维、Fans 粉丝思维、Focus 焦点思维、Fast 快一步思维、First 第一思维”。

- 对于碎片化思维，玩软文营销要注意文章的轻和重之间的配比，碎片化的时间通常来讲不适合读大稿，适合小文章。
- 粉丝思维，软文营销不能操之过急，要培养粉丝。
- 焦点思维，比较好理解，每一篇软文集中精力打一个点，也就是软文的中心思想。
- 快一步思维，软文多抓当下发生的事情，多抓现场。
- 第一思维，我认为是软文要多创新，特别是在微信公众平台上的文章，文字与图片的演绎已经没有了边界，只要你能想到就能够实现。

后　记

玩了十多年文字，曾经用系列软文帮助过一些企业迅速提升销售业绩，曾经用软文帮助过多家企业塑造品牌，也曾经用软文帮助过一些企业成功维权和巧妙化解危机。

然而让我感到痛心的是，至今为止提起软文营销，很多中小企业依然并不了解。有一些刚认识的企业家朋友问我是做什么的，我回答说是做软文营销的。他们要么替我解释一句“搞宣传的”，要么略带不屑的眼神说我是“写手”。

其实，别人说什么并不重要，本来从事文字工作的人群数量庞大，诗人、作家、媒体记者、编辑、文案、文秘等，这一行门槛低，凡是有一点儿文字功底的都在写东西。

重要的是我发现很多中小企业有很多优秀的素材和开展软文营销的良好机会，却营销无门！特别是随着 2013 年下半年以来微信的迅速普及，自己微信朋友圈、企业自己的微信公众平台成为了软文传播重要的免费渠道，很多中小企业却只知道转载心灵鸡汤和直接发布广告，在内容创造方面束手无策，更别谈软文营销。

本打算仍然在幕后工作，做好自己的事情也就行了。偶然的机会，结交了网络营销实战专家石建鹏、江礼坤、刘东明，后来又陆续结识了网络营销数据库专家罗安林、云海汇首席架构师邱道勇和项目管理专家康路晨。大家多次往来熟悉之后，他们都建议我站到台前来。

我不敢说自己有多深的资格来领军软文营销行业，估计在网络论坛中“拍砖”多得能把我砸死。但我深知，一个人的能力有限，一年服务十几家企业已经感到吃不消。如果把自己多年的经验和体会与更多的人分享，就能够让更多的中小企业了解和熟悉软文营销，也能够引来更多的软文高手为中小企业服务。如果大家都来总结软文营销的经验让软文尊重社会公序良俗，遵守法律法规，软文改变的将是一个行业！

软文营销，应该具有领导的高度、营销的理念、销售的经验、记者的嗅觉、文案的功底、策划的创意、律师的严谨。我不想做行业的先驱，也不想做行业的先烈，仅以此书献给所有致力于软文营销的有识之士。让我们共同努力，让软文助力中小企业营销腾飞，让软文为中小企业成长保驾护航！

青 泉

二〇一五年四月修订

好评来袭（本书第1版读者评价）

很实用——软文营销的流程设计得很好，软文撰写的套路很实用。全书基本上没有所谓的工具表格占用篇幅。能够直接提高软文营销人士、个人站长、网店店主、企业企划人员、文案、中小企业主等的效率与业绩。

案例辅助，易于掌握——网络营销中软文营销应该说是重中之重，微信、微博、博客等都不离开软文，书中对软文营销做了非常详细的讲解，在后面又举出了大量的案例帮助吸收，强烈推荐这本书。

新手上路，成手借鉴 ——当当网的书一如既往的，而且这本尤其不错，从各个角度去给分析，值得一看，建议大家购买。一旦读起来就难以释手，有种顿悟的感觉，新手阅读，能够很快上路，少走很多弯路，为创业节省时间，对于成手来说，也很有借鉴作用，好评！

非常好的一本书，我看了两遍，越琢磨越有味道——软文的书非常少，曾经买过文案的书，但是总结得都不如这本书系统。特别喜欢理论部分的软文营销风险分析，非常到位。强烈推荐！

这本书很实在，教方法——买过一些文案相关的书，很多都是夸夸其谈，说自己做得如何成功。这本书很实在，教方法，书中的方法越琢磨越有意思，有启发。案例部分结合点评看完，感觉上了一个层次。给个好评！

内容浅显易懂——如果对软文感兴趣，这本书作为启蒙书很不错了，书的内容比较有趣，不是全理论的书，讲得比较浅显易懂。值得购买！

脉络很清晰——目前是互联网发展最蓬勃的时候，网络营销势必是各企业最关注的问题，书中给了读者一个非常清晰的认识网络营销的思路，以及网络营销案例，值得大家去细细读一番！

非常实用的一本书——软文营销的基本的东西全讲到了，非常有指导意义。喜欢案例点评部分的分析，挺到位，深入思考能够获得新的启发。赞！

全文与试读部分一样精彩——也算是当当的老顾客了，经常在网上买书。偶尔买完就后悔，因为书的目录和内文不一样，有的书试读部分非常精彩，拿到手后，发现整本书只有试读部分最精彩。这本书内容与目录名副其实，书比较厚，手感也不错。当然内容更好，如果有需要了解软文营销、需要提升文案水平的，这本书放心买吧，靠谱。

软文营销的书不多，这本书写的角度很好——看完这本书，完整地了解了软文营销的常识，原来这里面也有很多道道的，很受启发。不过以网络软文居多，平面软文也有涉及。总体来讲已经很难得了，值得推荐。

…………

第 2 版围绕移动互联网的发展，新增：新的观点 + 新的案例 + 新的问答

更具时代特色，更精彩，更实用！！！

反侵权盗版声明

举报电话：（010）88254396；（010）88258888

传　　真：（010）88254397

E-mail：dbqq@phei.com.cn

通信地址：北京市万寿路 173 信箱　电子工业出版社总编办公室

邮　　编：100036

关于本书用纸说明

亲爱的读者朋友：您所拿到的这本书使用的是 **环保轻型纸**！

环保轻型纸在制造过程中添加化学漂白剂较少，颜色更接近于自然状态，具有纸质轻柔、光反射率低、保护读者视力等优点，其成本略高于胶版纸。为给您带来更好的阅读体验并与读者共同支持环保，我们在没有提高图书定价的前提下，使用这种纸张。愿我们共同分享纸质图书的阅读乐趣！

电子工业出版社博文视点